竞争环境下
考虑在线评论的商家
两阶段运营决策研究

周玉 温廷新 王道平◎著

中国财经出版传媒集团
经济科学出版社
Economic Science Press
·北 京·

图书在版编目（CIP）数据

竞争环境下考虑在线评论的商家两阶段运营决策研究 / 周玉，温廷新，王道平著 . -- 北京 ： 经济科学出版社，2025. 6. -- ISBN 978 -7 -5218 -6991 -0

Ⅰ. F713. 365. 2

中国国家版本馆 CIP 数据核字第 2025XW5829 号

责任编辑：崔新艳
责任校对：李 建
责任印制：范 艳

竞争环境下考虑在线评论的商家两阶段运营决策研究
JINGZHENG HUANJING XIA KAOLÜ ZAIXIAN PINGLUN DE
SHANGJIA LIANGJIEDUAN YUNYING JUECE YANJIU
周 玉 温廷新 王道平 著
经济科学出版社出版、发行 新华书店经销
社址：北京市海淀区阜成路甲 28 号 邮编：100142
经管中心电话：010 -88191335 发行部电话：010 -88191522
网址：www. esp. com. cn
电子邮箱：espcxy@126. com
天猫网店：经济科学出版社旗舰店
网址：http：//jjkxcbs. tmall. com
北京季蜂印刷有限公司印装
710×1000 16 开 10 印张 180000 字
2025 年 6 月第 1 版 2025 年 6 月第 1 次印刷
ISBN 978 -7 -5218 -6991 -0 定价：55. 00 元

前　言

数字技术引导新的商业模式不断发展，电子商务模式迎来新的发展时机，但网络购物中消费者对产品真实信息的了解不足阻碍了电商模式的进一步优化创新。在线评论作为消费者了解产品信息的一个重要途径，直接影响着消费者的购买决策和网络商家的运营决策。因此，为在市场竞争日益加剧的背景下提高产品的竞争能力，本书一方面考虑了在线评论对消费者产品质量估值的影响，帮助商家合理制定产品质量改进、定价等运营决策；另一方面，考虑商家越来越多地采取评论优化措施，研究了商家针对在线评论数量和内容等优化策略的决策问题。研究主要从四个方面展开。

（1）在竞争环境下考虑在线评论与消费者异质性的商家产品质量策略与定价决策。分析不同类型消费者在受到第一阶段在线评论的影响后，在第二阶段从不同产品中获得的期望效用的变化，构建单一商家改进产品与两商家均改进产品情形下的商家两阶段收益模型。研究结果表明，消费者好评关注度的提高会加剧市场竞争，在线评论对产品质量改进与定价的影响不会完全抵消初始较高比例知情消费者的优势；只有当自身产品质量明显优于竞争产品时，商家才会在双方均改进产品情形下投入比自身单一改进产品情形下更高的质量改进努力；商家将质量改进成本系数控制在一定范围内，才能通过率先在第二阶段改进产品质量而获益。本书还给出了商家的在线评论管理和产品改进提供了相应的管理建议。

（2）进一步考虑商家营销策略与在线评论的交互影响作用，研究实施新客优惠的商家产品质量改进与两阶段定价决策。分析新客优惠策略对消费者产品选择的影响，求解两商家均不实施新客优惠、单一商家实施新客优惠和两商家均实施新客优惠情形下的最优决策与利润。研究发现，产品知情消费者的比例决定了第二阶段产品质量改进水平以及产品需求随消费者好评关注度的变化情况；当商家单独实施新客优惠时，继续购买其产品的消费者支付价格比均不实施新客优惠情形下提高；当两商家均实施新客优惠时，改进产品商家的产品改进效率决定了其与竞争者提高或降低产品的价格。此外，还考虑了新客优惠策略对消费者剩余的影响，为电商平台促销活动以及实施新客优惠的商家提供了借鉴。

（3）结合在线评论对商家决策和利润的影响，分析商家评论优化行为的有效性，基于在线评论与商家差评回复策略来研究商家的两阶段定价决策。考虑差评回复对消费者差评感知和产品估值的影响，构建了两商家均不回复差评、单一商家回复差评与两商家均回复差评情形下的商家两阶段利润模型。通过决策结果对比与数值分析，发现产品质量低于竞争产品时，相比于双方均进行差评回复情形，单一回复差评情形下商家的回复努力水平更高；单一或均回复差评时，产品第一阶段定价的高低取决于与竞争产品的质量差异，第二阶段定价的高低还会受到消费者差评关注度的影响；与竞争产品的质量差异控制在一定范围内，差评回复能够提高商家的总收益。本书还给出了控制差评回复成本的管理建议。

（4）将研究问题扩展到允许产品无缺陷退货的背景下，研究考虑评论优化的商家两阶段定价与库存决策。考虑消费者收到产品后的不同决策行为，对两阶段中产品的购买概率、好（差、不）评概率以及退货概率进行解析表示；运用报童模型构建商家在不同评论优化策略下的收益模型，求解商家两阶段中的最优定价与库存。结合数值分析发现，好评邀请策略使第二阶段产品的购买与退货概率均有提高，而返现金额控制在一定范围内，好评返现策略下第二阶段产品的购买与退货概率均会提高；好评邀请策略下商家的收益具有延后性，好评返现金额的提高并不总是有利于商家利润。本书还给出了在两阶段市场规模的不同变化情形下对商家较为有利的评论优化策略。

本书的研究成果为网络商家的运营决策和电商平台在线评论系统的管理提供了科学依据与理论参考。

目　录

第1章　绪　　论

1.1　研究背景与问题提出

随着互联网对各行业影响的不断深入，数字技术引导的新商业模式不断发展。党的十八大以来，我国高速发展的互联网技术促进了消费者行为和消费内容的变化，推动了消费模式的不断创新，使备受重视的网络零售市场日益发展壮大。网络零售模式因其不受时空限制、更多选择等特点，向各年龄段用户的渗透率进一步提高，电子商务平台迎来一个新的发展时机。但网络购物市场快速发展的同时也带来了一些较为现实的问题，最突出的问题之一就是消费者无法直接接触线上销售的产品，进而可能购买到质价不符的产品。这种问题的存在也使消费者在网络购物时会尽可能多地搜寻关于产品的信息。在线产品评论作为网络渠道中消费者获取产品信息的重要来源，是消费者认知产品质量的一个重要途径。用户生成内容的普及使越来越多的消费者习惯通过电商平台、评分网站，发表产品的购买、使用体验，这些在线评论进而形成产品的口碑信息，后续消费者在购买产品时可以参考其口碑信息。同时，随着商家推出越来越多的体验型产品，消费者也会习惯在购买前了解其他消费者的体验感受。德勤事务所的调查报告显示，43%的消费者浏览产品评论后提高了购买意愿，48%的消费者则改变了购买方案，也有9%的消费者放弃了购买计划。诸多研究同样表明，网络渠道中，来自其他消费者的产品评论信息比来自企业披露的产品信息具有更高的可信度，对消费者购买感知和购买决策的影响也更为显著。网络销售模式下，产品的多样性特点提高了产品之间的相似性与可替代性，进而使网络商家不得不面对日益加剧的产品价格与质量竞争；而电商平台的促销活动、产品时效性以及部分产品定期更新换代等性质使产品同时呈现多周期销售的特点。在此背景下，早期在线评论对后续产品的销售将产生更大的影响。

科技的迅猛发展使竞争环境下的商家不断进行产品迭代、改进，来抢占更高的市场份额。2022 年，国务院发布的《开展质量提升行动的指导意见》提出，要坚持以改革创新为根本途径，积极引导、推动各种创新要素向产品和服务的供给端集聚，提升质量创新能力，以新技术新业态改造提升产业质量和发展水平。越来越多的消费者倾向于在购物平台甚至各类社交平台中分享产品的使用信息，这些评论一方面会影响其他消费者对产品的估值，另一方面也会为商家的产品改进提供一定的建议。如三星 Galaxy Fold 折叠屏手机初期小范围线上销售过程中，由于折叠结构设计的缺陷，消费者不满产品质量并发表大量负面评论，之后三星不得不推迟该系列手机的正式销售时间，在对手机进行质量调整后重新发售。此外，产品的早期评论也会影响消费者对商家后续升级产品的期望或估值。一些针对消费者行为的研究同时也指出，消费者在选择产品时，对产品不同属性的关注度有所不同，即存在偏好异质性。因此，商家进行产品改进升级时，有必要将早期消费者发布的在线产品评论对后续消费者产品估值的影响，以及消费者的异质性偏好对其自身效用的影响，纳入产品改进和定价等运营决策过程中。

随着产品市场的不断发展壮大，市场竞争不再仅仅是价格与质量的竞争，也成为商家优惠促销策略的竞争。大数据技术的快速发展、电商平台的数据赋能功能使商家对客户的细分化程度提高。竞争环境下，为进一步提高自身改进产品对消费者的吸引力，一些网络商家基于消费者购买历史对新到达的消费者和原有的消费者实行差别定价。一些新面世产品或换代产品较普遍采用的方法是实施新客优惠，如为首次购买产品的消费者提供新客优惠券、赠送样品以及提供折扣优惠等。虽然新客优惠策略在电子商务平台中被广泛应用，但相比统一定价策略，新客优惠策略给商家带来新的运营问题，如优惠券能否弥补自身产品质量的不足、不合理的优惠券金额是否会降低产品盈利水平，以及商家间的优惠竞争是否会使商家陷入囚徒困境等。因此，在消费者日益注重产品评论且产品质量透明度提高的环境下，如何借助新客优惠券有效提升产品市场份额与利润，新客优惠券策略对市场竞争及消费者剩余具有何种影响，是商家计划实施新客优惠策略时需要考虑的问题。

在线评论已经成为消费者制定产品购买决策以及商家网络营销的重要依

据，但正面在线评论能够帮助企业提高盈利，负面在线评论则会妨碍交易的实现，且由于消费者对产品估值的异质性以及对产品性能要求的差异，部分消费者会通过发表负面评论的方式表达不满。随着消费者对负面评论的感知程度越来越高，这些负面评论会直接影响后续到达的消费者对产品的期望估值与购买决策。一些商家意识到负面评论的不良影响效果，开始重视解决负面评论问题。早期一些电商平台允许网络商家删除产品的负面评论，但这种做法导致了消费者的不满并降低了消费者对平台评论系统的信任度。我国从2019年1月1日起正式施行的《中华人民共和国电子商务法》明确规定，电商平台具有保留消费者评论的义务，不得删除消费者对其平台内销售的产品或者所提供服务的评论。在此背景下，越来越多的网络商家开始安排专门人员根据负面评论制定回复方案。也有相关研究表明，优质的回复信息会进一步提升消费者对产品的信任。因此，商家有必要考虑如何设置负面评论回复策略以提高产品的市场需求与利润。

根据《网络交易管理办法》的规定，在线商家需为消费者提供无缺陷退货保证，即产品没有任何质量功能缺陷时，消费者依然可以无理由退回所购买的产品并且得到全额退款。而电商平台中的退货率是反映商家运营状况的一项重要指标，高退货率会直接增加运营成本并影响产品采购和营销策略。中国行业研究网数据显示，2013年“双十一”电商退货率平均占到销售量的25%，部分商家高达40%。退货的原因包括消费者认为产品与想象中的差别大、冲动购买和质量问题等。考虑到评论对消费者决策行为的影响，一些网络商家尝试通过评论优化方式美化产品评论，如好评返现、邀请好评等方式。若这些成本直接表现为价格的大幅提升，加上产品质量信息部分失真，可能会使产品退货量激增，最终造成商家经济利润的损失。此外，评论优化投入也会影响当期及后续阶段产品的需求及利润。因此，在产品真实质量越发透明的背景下，需要从退货率控制方面考虑商家相应的运营决策，并针对开展评论优化活动商家的定价与库存联合决策问题展开研究。

1.2 研究意义

本书既考虑了在线产品评论对消费者价值感知的影响，又考虑了在线产品评论对企业运营管理的影响，从供应链视角，基于在线产品评论，研究企业的运营管理策略，为当前商家的线上运营管理提供一定借鉴。本书研究内容的理论意义与现实意义如下。

1. 理论意义

在线产品评论作为消费者认知产品的重要信息来源之一，不仅影响消费者的价值感知和购买决策，也对商家的运营管理产生重要影响。企业如何基于在线评论进行有效的运营决策也受到学术界的关注。本书通过分析在线评论对消费者行为的影响以及基于在线评论下商家的营销策略，将企业与消费者、消费者与消费者之间的信息互动同时纳入企业运营决策范畴，是对行为运营管理理论的丰富和补充。研究内容的理论意义具体包括以下几点。

（1）本书将产品质量分为产品客观质量与产品体验质量，考虑了早期在线评论对后续消费者产品质量体验估值的影响；并基于显著性理论得到产品质量改进后不同类型消费者的期望效用函数，根据异质型消费者的效用函数推导竞争产品之间的需求转移情况，由此构建商家的两阶段利润模型并求解最优产品改进与定价策略。本书分析了不同类型消费者比例、消费者显著性水平以及好评关注度对网络商家产品改进与定价决策的影响，研究成果对考虑在线评论背景下商家的产品质量改进与定价相关研究具有重要意义。

（2）本书在网络商家根据在线评论改进产品的背景下，考虑了网络商家差异性优惠策略对自身与竞争产品知情消费者期望效用的影响；在研究商家最优产品定价与质量改进水平决策的同时，给出了有效提升商家利润的优惠券金额范围；剖析了消费者相关特性以及优惠券金额对商家运营决策与利润的影响，为企业在消费者更加了解产品真实信息的背景下，通过价格优惠策略有效提升自身产品市场竞争力提供了理论支撑。

（3）本书进一步考虑了网络商家评论优化策略的有效性。基于 Hotelling 模型得到存在产品错配情形下的消费者效用函数，根据消费者给出的产品正面评论和负面评论数量，细化在线评论的影响作用；结合商家的负面评论回复策略，分析后续消费者的产品期望估值，由此得到商家的最优差评回复努力水平与产品价格。同时揭示了商家负面评论回复对市场竞争的影响，丰富了网络商家的评论优化管理相关理论。

（4）本书研究了存在退货的情形下网络商家的评论优化行为对产品定价与库存的影响。首先根据早期消费者效用得到第一销售阶段后的产品正面评论和负面评论数量以及退货产品数量；然后考虑了网络商家不同评论优化策略对第二阶段产品需求与退货量的影响，运用报童模型决策两阶段最优产品定价与库存量；分析了不同评论优化努力投入对商家运营决策的影响，完善了退货背景下考虑评论优化的产品定价与库存联合决策理论。

2. 现实意义

互联网信息交互技术的进步和社交软件的广泛应用，为企业与消费者提供了更多的信息获取途径，信息的增多一方面为企业捕捉消费者行为特征、识别消费者需求偏好创造了条件，有助于企业更好地熟知市场结构从而制定和实施更加有效的运营策略；另一方面为消费者提供了更多的个性化产品信息，有助于消费者更好地认知产品质量，减少质量感知的不确定性，降低购买风险。针对前述研究背景与问题，本书研究内容的现实意义主要包括以下几点。

（1）本书基于在线评论，研究了竞争背景下商家的产品质量改进与两阶段产品定价问题；考虑了市场中消费者对质量和价格的不同偏好，结合在线评论对消费者体验质量估值的影响，衡量不同类型消费者对产品质量改进以及产品价格的反应，并以此分析消费者需求的转移情况，为商家的产品改进与定价决策提供了参考借鉴。

（2）本书分析了在线评论与差异性优惠活动交互作用下，网络商家的产品质量改进与定价决策。结合在线评论对消费者体验估值的影响，衡量了差异化价格优惠与产品质量改进背景下消费者需求的转移情况，说明了产品质量改进与产品优惠活动的交互影响效果；并在给出最优定价与质量改进策略的基础上，为竞争环境下计划实施差异化价格优惠的商家提出了避免囚徒困境的有效优惠券金额设置方案。

（3）为降低产品负面评论对产品需求与利润的影响，本书考虑了网络商家评论优化方式中负面评论回复策略的有效性，分析了竞争产品间质量差异与负面回复策略对商家两阶段产品需求与定价的影响，为网络商家是否考虑进行负面评论管理以及电商平台如何管理平台中商家的评论优化措施提供了参考。

（4）本书考虑了产品无缺陷退货背景下，商家通过评论优化方式提高产品销量的同时，如何有效结合产品价格折扣将产品退货率增量控制在一定的范围内，并实现自身利润最大化。分评论优化前、优化后两个阶段为网络商家的最优库存与定价决策提供了参考，同时分析了不同评论优化策略在两阶段市场规模不同变化情形下的适用性。

1.3 研究方法与技术路线

1.3.1 研究理论与方法

本书具体使用的研究方法有文献研究法、博弈论方法以及最优化方法等，具体方法说明如下。

1. 文献研究法

文献研究法是指通过对相关研究领域的文献进行检索、整理，得到已有文献的研究现状与进展，同时发现现有研究的不足以确定主要研究内容，形成相关科学问题的方法。本书通过对在线评论影响、产品质量改进策略、产品优惠策略以及产品退货策略等相关领域的文献进行梳理与回顾，发现已有文献在研究中存在的不足，并逐步明确本书的主要研究问题；也通过对已有文献研究方法的总结归纳，得到支撑本书工作的相关研究方法。

2. 博弈论方法

博弈论是运筹学的一个重要学科，国内外学者主要借助该方法来研究发生相互作用的参与者之间的博弈行为，为参与者提供优化策略。供应链成员的利益相互依赖，成员必须考虑对方的行为，以制定最合理的策略实现最优利润。因此，博弈论被广泛用于研究供应链均衡问题，在分析供应链成员的定价、服务策略等方面具有独特优势。本书从消费者效用角度出发，考虑在线产品评论对消费者产品估值的影响，应用博弈论方法来分析竞争商家之间的博弈情况，得到竞争型商家不同策略下的最优定价以及相关运营决策。

3. 最优化方法

最优化方法主要运用数学方法研究各种系统中的优化途径及方案，为决策者提供科学决策依据。最优化方法的主要研究对象是各种管理问题及其生产经营活动，通过在有约束或者无约束条件下对目标函数进行可行性分析，求解最优方案，实现系统最优或者满意性最优。本书旨在研究竞争型网络商家在制定决策时如何实现自身利润最大化，因此，采用最优化方法和理论对商家的决策变量进行求解。

4. 数学建模法

数学建模法是指通过符号、函数关系来规定评论目标和内容系统，并且通过数学公式来表达参数相互间的变化关系。本书首先建立在线产品评论下消费者的效用模型，然后进一步求解产品需求并构建商家期望收益模型，运用博弈论方法求得最优均衡解。本书结合敏感性分析法与对比分析法研究不同策略下关键参数的变化对商家决策和利润的影响，比较不同策略下各商家的决策与利润，得出商家的最优策略。

5. 数值仿真方法

数值仿真方法是指使用数值计算和图像显示的方法达到对问题研究的目的。本书通过对模型参数赋予适当的值，使用 Matlab 仿真软件将分析结果用图形直观地表达出来。借助数值仿真方法分析相关参数对商家定价以及利润的影响，并验证了所得命题与推论的准确性和可靠性，进一步挖掘决策变量与利润随相关参数的变化规律与变化幅度。

上述理论贯穿于本书的四部分主要研究内容，具体如图 1－1 所示。

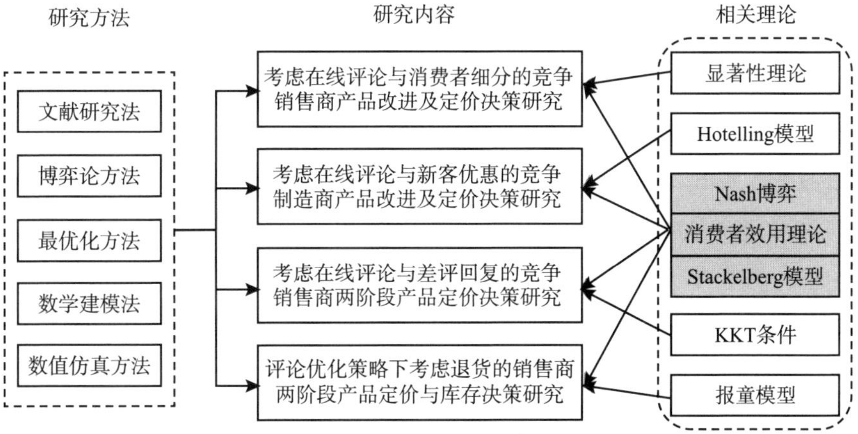

图 1－1 研究方法与理论

1.3.2 技术路线

本书从在线评论对网络商家运营决策的影响与网络商家的在线评论优化策略两个方面入手，对商家生产运营中在线评论的影响及评论优化展开研究。首先，对本书的研究背景、研究问题、研究意义与方法以及技术路线进行说明（对应第1章）；然后，从在线评论相关研究、商家产品质量改进策略的相关研究、商家优惠策略的相关研究以及产品退货相关研究四个方面，对与本书研究内容有关的国内外研究成果展开系统分析（对应第2章）；在此基础上，通过数学建模和运筹学知识依次研究了考虑在线评论与消费者细分的商家产品改进与定价决策问题、考虑在线评论与新客优惠的竞争商家产品改进与定价决策问题、考虑在线评论与差评回复的竞争商家两阶段产品定价决策问题以及在线评论优化策略下考虑退货的商家两阶段定价和库存决策问题四部分内容（对应第3～6章）；最后，总结各章研究结论和研究不足之处，说明下一步研究重点（对应第7章）。本书研究内容和技术路线如图1－2所示。重点研究内容如下。

（1）考虑市场中的消费者具有一定异质性偏好的情形下，在线评论对网络商家定价决策以及产品质量改进决策的影响，构建了基于在线评论的商家两阶段利润模型；分析两竞争产品商家第二阶段的产品质量改进水平以及两阶段定价随消费者好评权重、不同类型消费者比例以及消费者产品特征偏好程度等参数的变化规律。

（2）基于仅一方商家改进产品质量的背景，分析了当第二阶段消费者根据评论修正产品质量估值时，不同新客优惠券发放情形下两商家决策变量与利润的变化规律。考察新客优惠策略在消费者日益注重产品评论且产品质量透明度提高的环境下，对商家市场份额与利润的提升能力以及对市场竞争及消费者剩余的影响。

（3）基于在线评论，研究考虑差评回复的竞争商家两阶段产品定价决策，分析第一阶段产品在线评论对第二阶段到达的消费者产品期望估值的影响，构建基于在线评论的竞争型产品两阶段利润模型并求解，对商家不同差评回复策略下的决策变量与利润进行对比分析。

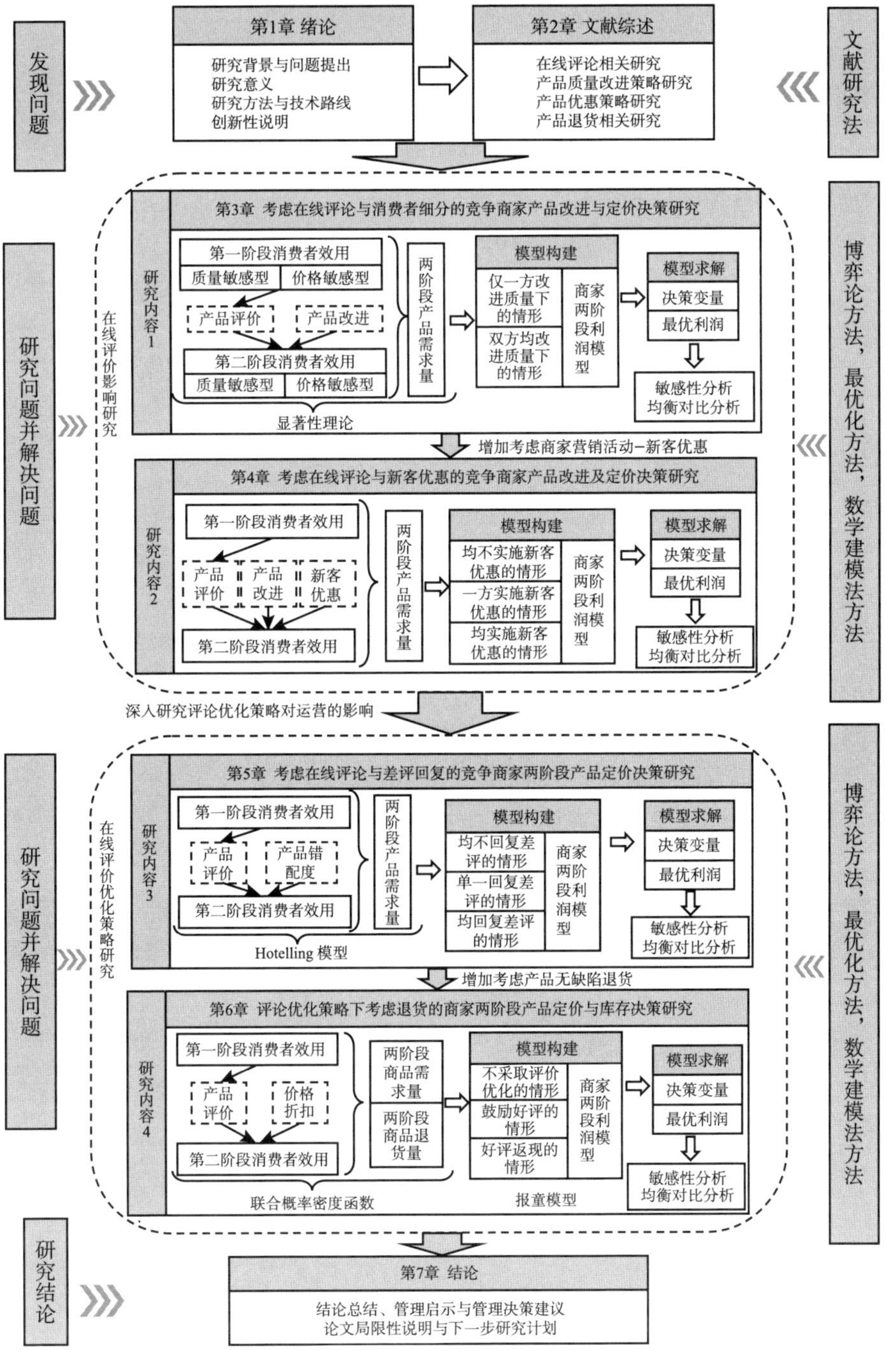

图1－2　研究内容与技术路线

（4）考虑消费者因产品感知差异做出的正面评论、负面评论及退货反应，结合其在两阶段中的不同行为特点，对两阶段中产品购买概率、好（差）评概率以及退货概率进行解析表述。在此基础上，分析网络商家不同评论优化策略对最优利润的影响，构建商家两阶段期望利润模型，联合决策最优的产品价格与库存量。

关键技术方面，假设两竞争网络商家之间符合 Nash 博弈，基于消费者行为理论，以商家经济利润最大化为目的展开建模；模型的求解运用逆向归纳法，并结合数值仿真方法对求解结果进行分析。

1.4 创新点

本书在竞争背景下，针对分两阶段销售产品的竞争商家，考虑了第一阶段消费者发布的评论使第二阶段消费者更加了解产品真实情况的情形，构建起竞争商家的两阶段博弈模型，研究商家的最优运营决策，并分析相关参数对商家运行决策与利润的影响规律。本书首先研究了竞争商家不同产品质量改进策略对产品定价、质量改进策略以及利润的影响；基于商家的产品质量改进策略，引入商家对新、老消费者实施的差异化价格优惠方式，研究了价格优惠策略在产品质量信息日益透明背景下，对产品的质量不足是否具有弥补作用。其次，分析网络商家评论优化策略的有效性，考虑商家针对产品负面评论的管理措施，分析了商家负面评论回复对运营决策与市场竞争的影响。最后，考虑存在产品退货的情形，基于两阶段中产品的正面评论、负面评论以及退货数量，对商家不同评论优化策略下最优定价与库存展开研究。研究内容的具体创新点说明如下。

（1）国内外学者针对商家的改进换代产品的定价决策提供了多种参考模式，已有大量学者通过实证分析或数据挖掘研究发现，在线评论对商家产品定价、产品改进以及市场竞争能力具有重要影响。同时，很多文献指出，消费者在面临产品选择时会存在显著性思维，即过多关注产品的某一个属性，且相同类型消费者所关注的属性也会有所不同。为使产品的质量改进更加符合市场需求，有必要将消费者的显著性思维纳入商家运营决策过程中。本书尝试构建一个竞争环境下基于在线评论与消费者细分的商家两阶段收益模型，将产品质量细化为产品客观质量与产品体验质量，考虑正面评论、负面评论对后期消费者产品体验质量估值的影响，进一步剖析消费者相关特征参数对商家决策和利润的影响，启发商家将产品在线评论与消费者特征纳入产品质量改进升级过程中，以保证产品质量改进对商家利润的积极作用并提高产品的市场竞争能力。

（2）已有较多文献从不同角度就商家的差异化价格优惠策略对商家收益与消费者剩余的影响展开研究，为有效延长产品的生命周期，需要深入探究商家如何利用价格差异化策略实现与消费者的“双赢”。学者们从多方面论证了评论对产品真实信息的揭示作用，为产品质量更加透明的背景下商家的产品定价提供了决策建议，但有必要进一步考虑评论中反映的产品体验质量与差异化优惠策略的交互作用对竞争环境下商家决策的影响。在以往产品价格优惠与在线评论对决策影响的相关研究基础上，本书首先考虑了在线评论对消费者的产品体验质量估值的影响，然后结合商家的差异化价格优惠策略分析了消费者的需求转移情况，求解商家的最优决策与利润；并探究消费者特征参数与产品改进效率参数对商家最优决策与利润的影响规律，为如何提高电商平台和商家促销活动及新产品质量改进的有效性提供了参考依据。

（3）考虑到在线评论对消费者购买决策的影响日益增加，一些商家开始积极开展评论管理与评论优化活动。现有文献较少细化正面评论、负面评论对消费者决策的不同影响效果，从供应链角度研究电商平台中商家评论管理策略的成果也相对较少，但较多文献论证了负面评论相对正面评论受到消费者更多的关注。因此，本书重点考虑了商家对负面评论的管理措施，首先通过分析消费者在收到产品后的真实效用，计算得到第一销售阶段后的产品的正面评论和负面评论的数量；然后分析了商家回复第一阶段的产品负面评论对第二阶段消费者产品估值与产品需求的影响，修正消费者第二阶段对产品的期望估值，通过构建商家两阶段运营决策模型并求解，指出了竞争产品间质量差异对商家差评回复努力投入的影响，给出了差评回复策略能够提升商家利润的产品质量条件限制；最后进一步揭示商家产品质量对其差评回复方案的影响，为电商平台优化评论系统、提高系统的可靠性提供了管理建议。

（4）考虑到网络购物中大多数产品需要提供产品退货服务，而评论优化策略使产品需求量增多的同时也会使产品的退货数量有所提高，本书进一步将消费者在网上购物过程中因产品价值感知不确定性导致的无缺陷退货扩展到网络商家的评论优化策略中。以往研究主要基于商家的退货方案与消费者退货成本展开研究，主要集中于商家的退货策略、产品定价以及产品定价与库存联合决策等方面。但考虑到评论对商家后续决策以及产品退货率的多方面影响，有必要将商家评论优化策略与定价和订货决策相结合。基于现有研究，本书考虑消费者购买产品前的初始价值认知和购买后的感知差异，给出第一阶段消费者的行为决策概率；考量上一阶段消费者评论对下一阶段消费者产品初始价值认知的影响，依次给出产品购买概率与退货概率，分析不同评论优化策略下两者的变化规律，并对两阶段产品定价与库存进行决策；依此探究网络商家评论优化策略对产品定价、库存以及其自身利润的影响，论证了网络商家的评论优化策略在不同市场规模变化下的有效性与适用性。

第2章 文献综述

基于第1章中的研究背景和问题，与本书研究内容相关的文献主要包括在线产品评论相关研究、产品改进决策相关研究、商家的优惠决策相关研究以及产品退货决策相关研究四个方面。

2.1 在线产品评论相关研究

早期的在线产品评论影响着后续消费者的行为，进而影响产品相关利益方的声誉与利润。较多企业已意识到在线产品评论的重要性，并开始对评论进行优化管理。基于此，本节有关在线评论相关研究综述主要分为在线评论对消费者行为的影响研究、在线评论对商家决策的影响研究以及商家的在线评论管理策略研究三个方面。

2.1.1 在线评论对消费者行为的影响研究

随着大量在线产品评论出现在购物网站平台中，消费者开始越来越多地依靠在线评论来寻找他们偏好的产品并搜索他们需要的商品信息（Chen Yubo and Xie Jinhong，2008；Zhu Feng and Zhang Xiaoquan，2010）。迪克西特等（Dixit et al.，2019）的研究表明，网络评论的价值在于其提供者能否客观、准确地对产品进行评论，并帮助潜在消费者做出购买决策。在线评论也会直接影响产品和服务的销售，已有在线产品评论对消费者的影响研究方面，学者们主要通过实证分析说明了在线产品评论对消费者决策行为具有显著影响（Banerjee Shankhadee et al.，2017；Chevalier Juditha et al.，2018；Liu Yong，

2006）。消费者信息采纳方面，吴春华等（Wu Chunhua et al.，2015）调查了在线评论对消费者和餐厅的经济价值，发现来自大众点评的在线评论减少了与消费决策相关的不确定性，由此为消费者和餐厅创造了价值。菲列里·拉斐尔和麦克莱弗雷泽等（Filieri Raffaele and McLeay Fraser et al.，2014）的研究结果显示，排名、评论信息的准确性、相关性和时效性是住宿者衡量酒店的重要因素。有关消费者行为和选择方面，菲列里·拉斐尔等（Filieri Raffaele et al.，2018）在已有研究的基础上，运用双过程理论来研究电子口碑环境下消费者对评论信息帮助度的感知。其研究结果显示，受欢迎程度信号、消费者与商家间的双边评论和专家推荐被消费者认为有助于评估服务质量和性能。张红宇等通过构建线性模型，发现口碑数量、口碑评论和负面口碑均会在一定程度上影响消费者的页面浏览、页面收藏与签到等在线行为。潘雪等（Pan Xue et al.，2018）的研究发现，消费者的数量和市场份额之间具有滚雪球效应，产品的评论数量和朋友评论的数量对目标客户的评论发布与购买行为具有更大的影响。只有积极的朋友评论和消极的其他普通用户评论可以提高评论的发布数量。有关购买意愿方面，安蒂奥科·迈克尔等（Antioco Michael et al.，2018）提出消费者观点的信息，如认知语言、因果词汇等反映在评论中，会影响消费者对网络评论的理解能力，从而影响其购买决策。顾斌等（Gu Bin et al.，2012）通过对亚马逊等平台中的数码相机销售数据展开分析，发现评论是消费者制定购买决策的主要信息源。Z. K. 张科恩等（Zhang Kern Z K et al.，2014）的研究发现，以感知信息性和感知说服力为特征的网络评论验证了质量对消费者购买意愿有显著影响，评论来源可信度和感知评论数量对消费者购买意愿具有直接影响。

此外，一些研究还考察了在线评论与其他因素对客户选择行为的交互作用。如从产品价格方面考虑，S. 申贤等（Shin Hyun S et al.，2011）调查了在线评论与 MP3 播放器市场价格之间的关系。其研究结果表明，消极的网络口碑效应对高价产品和知名品牌产品具有更强的负面影响，而积极的网络口碑效应对低价产品和知名度较低的品牌产品具有更强的正面影响。洛维特·米切尔等（Lovett Mitchell et al.，2013）通过实证分析研究品牌特征作为口碑营销前因的作用规律，提出消费者传播品牌口碑是社会、情感和功能驱动的结果。同样，考虑产品品牌特征，N. 候达那等（Ho Dac Nga N et al.，2013）的研究表明，正（负）在线评论会增加（降低）弱品牌车型的销量，这为弱品牌车型的销量和正面在线评论之间创造了一个正反馈循环。

上述研究主要说明了在线评论对消费者决策行为具有一定的影响，但消费者决策行为最终会作用于企业的运营管理策略，有必要进一步展开在线评论对消费者决策影响效果的量化研究，并分析这种影响效果会如何影响企业的运营决策。

2.1.2 在线评论对商家决策的影响研究

大量的文献通过实证方法研究了在线评论对企业产品销量和利润的影响，达尔·瓦桑和A. 伊莱恩·常（Dhar Vasant and Elaine Chang A，2009）通过追踪唱片产品的网络讨论人数对产品销量的影响，发现用户生成内容可以很好地帮助商家预测唱片的市场销量。梅兹林·迪娜和A. 谢瓦利埃·朱迪思（Mayzlin Dina and Chevalier Judith A，2012）通过研究评论对图书销量的影响，发现书评的改善会带来销量的增加；消费者会阅读具体的评论内容，而不是单纯地依赖摘要统计；同时，差评对消费者购物选择的影响大于好评的影响。朱峰和张小泉（Zhu Feng and Zhang Xiaoquan，2010）使用来自电子游戏行业的数据，研究了产品和消费者特征如何调节在线产品评论对产品销售的影响。顾斌等（2012）的研究提出，评论直接影响着消费者的购买决策，因此产品口碑对零售商的销售具有显著影响。

也有一些学者通过数学建模方式明确在线评论对企业销售策略的影响。考虑到质量会直接作用于评论进而影响商家的决策，孙·莫尼克（Sun Monic，2012）假设产品质量与产品评级均值正相关，构建商家与消费者博弈的贝叶斯模型，分析得到产品评论等级的均值与方差值对商家定价策略的影响。克沃克·优格等（Kwark Young et al.，2014）从消费者偏好质量或偏好产品与需求相符性两个方面出发，假设产品评论能够缓解消费者对产品的不确定性，分析产品评论对竞争型制造商和零售商利润的影响，发现质量信息会加剧上游竞争，而符合性信息会弱化竞争，对制造商更加有利。满宇等（Man Yu et al.，2015）在考虑消费者偏好质量的基础上，构建起消费者在策略性等待评论信息时的体验型产品多阶段定价模型，提出在线评论信息可能会降低制造商的利润，同时给出了消费者剩余会受到损害的相关参数范围。张涛等（Zhang Tao et al.，2017）基于评论中质量信息和匹配度信息的数量，研究评论对消费者、商家以及电商平台的影响，发现评论数量对社会福利具有正向影响，质量信息不利于卖家的利润，但能够显著增加消费者的福利；匹配信息对卖家的益处大于对消费者的伤害。蒋宝军和杨必成（Jiang Baojun and Yang Bicheng，2020）同样在考虑评论的基础上就不同类型产品的定价问题展开研究，其研究结果表明，基础产品与受欢迎产品应该分别采取低价 - 高质与高价 - 高质的定价策略。冯娇和姚忠基于社会学习理论，运用贝叶斯和高斯公式建立社会学习模型，其研究结论表明，评论等级对销量具有积极作用，而评论数量仅对高质量产品销售量具有积极影响，对低质量产品销售量没有积极影响。

也有一些学者考虑了双寡头厂商背景下在线评论对厂商决策的影响。蔡学媛等在多个竞争型制造商的背景下研究了在线评论信息对消费者购买决策以及制造商定价决策的影响，认为在线评论对市场竞争强度没有影响，但会决定潜在市场的大小，同时评论带来的需求不对称性使产品调价空间更大。杨刘和董绍增（Yang Liu and Dong Shaozeng，2018）运用博弈论模型研究了在线评论对双渠道定价决策与利润的影响，发现集中模式下在线评论的存在可能会提高或降低直销价格，但会降低零售价格；分散模式下，制造商与零售商更可能提高价格，但只有在评论所揭示的信息足够有利的情形下制造商提供在线评论才是最优策略。考虑到目前较多产品分多个周期展开销售，且评论影响具有一定的延后性，在线评论对多周期产品商家运营策略的影响受到越来越多学者的关注。佩林·佩昆和 R. 米歇尔等（Pelin Pekgun and Michel R，2018）构建了两竞争型产品的两阶段销售模型，分析了用户评论与消费者体验不确定的交互作用，并发现当消费者对质量较低的产品认知度较高时，若消费者对负面评论的感知程度较高，低质量产品制造商可以定更高的价格。孙燕红等构建了分预售期与正常销售期的竞争产品两阶段销售模型，考虑了预售期消费者评论对产品正式发售期需求的影响，发现当忠实消费者选择在正式销售期购买产品时，商家应该采取折价预售策略，且折价策略能够有效阻止竞争者进入市场。徐兵和张阳考虑了两阶段销售产品第一阶段在线评论对第二阶段消费者产品估值的影响作用，量化了负面评论与正面评论对消费者产品估值的影响。满宇等（2015）研究了消费者产生的质量评论信息对战略型消费者的影响，并构建商家的动态定价模型，发现与没有消费者提供质量评论信息的情况相比，商家可能会降低初始产品的价格。刘洋等（Liu et al.，2017）基于产品在线评论与销量信息，在具有不同偏好且不确定产品质量差异的消费者市场中构建双寡头商家两阶段决策模型，发现在线评论与销量信息对企业利润的影响是相互促进的。如果信息不确定性的降低无法抵消产品价格上涨带来的损失，消费者无法从市场中的在线评论中获益，受益于在线评论和销量信息的是商家。蒋宝军和杨必成（2020）构建了一个两阶段博弈模型，分析了在线评论对体验产品质量和价格决策的影响。该研究表明，在均衡状态下，第二阶段的产品价格不总是高于第一阶段的产品价格的，生产效率高的企业比生产效率低的企业更偏向选择高质量产品，但市场平均生产效率的提高会不利于消费者剩余。

上述研究成果主要考虑了基于在线评论下企业的最优产品定价以及在线评论对企业利润的影响，但面对评论中存在的不实信息以及因产品适配度而导致的负面评论，企业有必要采取一定措施对评论进行优化管理。

2.1.3 商家的在线评论管理策略研究

有关企业的在线评论管理策略研究方面，S. 丹尼尔·科斯泰拉等（Daniel Kostyra S et al.，2016）的研究发现，数量和评级方差不会影响消费者的选择，但它们会调节价格对消费者选择的影响。同时，在线产品评论降低了品牌对消费者购买决策的影响力，因此在线评论管理已经成为品牌商不得不面对的挑战。V. 卡萨洛·路易斯等（Casalo Luis V et al.，2015）的研究发现，对于那些有高风险厌恶倾向的人来说，负面评论比正面评论更具有影响力，说明了负面评论管理的必要性。普罗瑟皮奥·大卫和乔治·泽尔瓦斯（Proserpio Davide and Georgios Zervas，2017）调查了酒店管理与在线评论之间的关系，发现回复评论后，酒店收到的负面评论越来越少，而且负面评论的反馈内容会更加详细、更加全面。L. 谢凯伦等（Xie Karen L et al.，2015）研究确定了在线评论的商业价值和管理层的在线评论管理措施下酒店绩效的反应。经理对消费者的在线评论做出适当的回应，可以帮助潜在消费者做出购买决定，这也会对后续评论的数量产生显著的积极影响，同时有助于提高企业利润。借助经济学应用模型，库科索夫·德米特里和谢莹（Kuksov Dmitri and Xie Ying，2010）建议企业可以修改他们的战略，以提高平均消费者评级并刺激进一步消费。卡布拉尔·路易斯和李爱薇（Cabral Luis and Li Lvy，2015）进行一系列对照实验，以探索提供的奖励对消费者评论的影响。其研究结果表明，奖励消费者可以显著减少商品的负面评论。加恩费尔德·爱娜等（Garnefeld Ina et al.，2020）的研究表明，提供激励可以增加在线评论的数量和价值。激励接受者在发布好评时需要注意避免受到营销人员的影响，以保证内容的真实性。

考虑到在线评论管理的必要性，部分学者开始考虑商家在线评论管理策略对其决策与利润的影响。有关在线评论优化管理策略的研究方面，考虑到早期在线评论对后续消费者产品估值的影响，一些学者考虑对在线评论数量进行控制。满宇等（2015）研究了消费者发布的产品质量信息（如在线评论）对企业动态定价策略的影响，认为企业可以通过增加或减少最初的销售量来增强或抑制商品信息流的质量。鲍立江等（2021）分析了电子商务平台刷单行为对制造商竞争的影响，论证了在高刷单成本时，高“价值－成本差”制造商能够获得更多利润，而平台适当提高刷单成本有利于降低制造商间的不良竞争，但该研究也表明了评论操控行为可能会不利于市场的长期良性发展。马千等（Ma Qian et al.，2021）考虑了用户依赖在线评论进行社会学习，研究企业的两周期动态定价策略，发现用户进行社会学习时，最优决策价格可能会提高或下降，这取决于市场评论容量和消费者的先验服务质量信念，消费者社会学习行为会提高企业的利润。冯娟等（Feng Juan et al.，2019）通过构建消费者根据个人偏好（横向差异化）或质量（纵向差异化）来区分产品的模型，发现企业能够通过操纵产品价格来影响在线产品评论从而影响产品销量，表明动态调整产品价格可以有效地响应在线产品评论。王佳云等（Wang Jiayun et al.，2021）提出，当消费者的评论发生变化时，供应商应该更加积极地改善消费者的评论，而不是控制零售商的库存；零售商的库存能力可以缓解供应商提高价格、消费者降低购买量这一双重边际化效应。

评论优化管理策略研究中，一些学者也考虑了企业通过提供好评返现或服务等方式换取好评策略的作用效果。徐兵和张阳（2020）研究了两阶段销售产品的制造商在第一阶段末采取好评返现前、后的最优决策与利润，最终得到“商家只会针对质量中等的产品施行好评返现策略，但好评返现会导致第二阶段消费者的效用损失”的结论。杨刘和董绍增（2018）考虑了两阶段销售背景下网络零售商的最优好评返利与定价决策，研究发现，零售商设定较高的返利值鼓励消费者分享评论，并在第一阶段设置较高的价格能够实现更高的盈利，且返利策略在两个时期均会扩大市场需求，为零售商创造利润。库科索夫·德米特里和谢莹（2010）考虑了产品定价和评论的联合优化，发现消费者无法观测往期价格时，企业可以通过优化评论并结合市场增长率来提高或降低价格以实现最优利润；在考虑消费者异质性的影响时，发现当消费者不确定性的程度较大时，公司的最优评论优化努力应该提高。刘勇等（Liu Yong et al.，2021）考虑了消费者初始评论与追加评论对消费者的价值感知的影响，分析了网络零售商提供与不提供售后服务时的最优决策机制。其研究结果表明，售后服务能够增加正面追评数量进而提高消费者价值感知，产品定价受到消费者价值感知的影响因而也有可能会提高。魏瑾瑞和王金伟（2022）的研究表明，评论返现策略对企业声誉并不总是起到完全正向的作用，其影响效果更多取决于企业初始的声誉等级，且对初始信誉等级较高的企业影响较小，对初始信誉等级较低的企业影响较大。上述研究考虑了常见的评论优化策略对企业运营决策以及利润的影响，为本书基于在线评论的商家相关运营决策研究提供了一定的借鉴。

2.2 产品改进决策相关研究

随着消费者对产品性能需求的不断提高，企业开始投入更高的产品质量改进努力。学者们针对这一问题展开商家产品改进背景下的最优决策研究，为企业产品改进决策提供了科学的参考依据。考虑到在线评论信息挖掘对产品改进具有一定的指导作用，本部分文献主要包括产品改进策略下商家运营决策研究和基于在线评论的企业产品改进决策研究两个方面。

2.2.1 产品改进策略下的商家运营决策研究

产品改进创新对改善供应链绩效具有显著影响（Gunday Gurhan et al.，2011；Hao Zhaowei et al.，2019；Hu Bin et al.，2020），而随着消费者需求的多样化发展，商家产品会面临着改进升级与定价等决策问题。巩天啸等考虑了持续创新企业和策略型消费者的两阶段博弈问题，提出：在高端消费者较多且产品创新技术发展缓慢时，企业应该采用渗透定价与共生换代策略，反之应该采取撇脂定价和单品换代策略。该研究为换代产品的定价问题研究提供了一定的借鉴，但其重点考虑的是原产品与改进产品间的内部竞争问题。R. 赛尔·塞缪尔等（Sale Samuel R et al.，2017）则增加考虑了外部因素对产品质量改进的影响，指出产品改进不能只关注自身产品的性价比，还应该全面考虑产品每个销售阶段外部环境变化（如竞争对手的决策情况、市场需求变化等）带来的影响。李乃梁等（2021）重点基于产品质量水平，研究产品改进设计的最优决策问题，构建新旧产品同时存在于市场的竞争模型和旧产品退出市场的非竞争模型，给出了新旧产品的最优定价与质量优势区间。满宇等（2015）根据更新产品的特征修正消费者的需求函数，分析了耐用品市场中制造商、零售商定价与消费者需求对利润分配的影响，但没有考虑新旧产品共存于市场所形成的竞争因素。在考虑外部竞争的研究中，图利卡·查克拉博蒂等（Tulika Chakraborty et al.，2019）研究了供应链中零售商和两个竞争制造商如何从协同产品质量改进策略中获益。黄丽清和张弓亮（2021）进一步从产品改进创新视角构建双寡头厂商的产品最优定价与换代决策模型，发现：当厂商面临着新旧产品的内部竞争和与同类型产品的外部竞争时，若产品的市场需求量较小，两代产品共生换代情形下新产品与旧产品的最优定价差距不应该过大，以此来减弱产品的内部竞争性。

企业产品改进过程中所涉及的问题较多，其中产品的最优定价决策是较为关键的问题之一。一些研究重点考虑了产品改进成本对定价的影响，如彼得·罗纳德和马丁·斯特罗贝尔（Peeters Ronald and Martin Strobel，2009）考虑了产品的改进成本以及消费者与商家间的信息不对称影响下的新、旧两代产品在不同博弈方式下的最优定价策略。罗勇和涂莑生（2012）考虑新旧产品共生换代，给出了更新产品的需求增量函数与转移函数，进而给出了更新产品的最优定价策略，并发现只有在合理成本情况下，更新效率的提高才能提高商家收益。考虑到消费者的购买后行为，彼得罗·德·乔瓦尼和乔治·扎库尔（Pietro De Giovanni and Georges Zaccour，2019）同时研究了消费者退货对新、旧产品定价的影响，提出商家应该在考虑质量与价格对消费者退货影响的前提下，来决定是采用恒定价格还是动态调整产品价格。吴翔等（Wu Xiang et al.，2017）分析了消费者对改进产品需求的动态变化，求解得到企业的最优生产数量与定价决策，发现当消费者对新产品的接受水平较低时，渗透定价策略会优于撇脂定价策略。王春萍等采用两阶段 Bertrand 博弈决策了两竞争制造商的产品定价和附加服务是否捆绑销售，提出当市场中竞争比较激烈时，制造商应降低改进产品与旧产品的价格差异以保证产品占据的市场份额。有学者考虑了新旧差异化产品的分渠道销售问题，如魏杰等（2010）研究供应链中制造商与两个差异化产品零售商的库存及定价策略，求解得到了最优决策存在的条件和最优决策；但未考虑产品差异性特征对最优决策的影响。也有学者将产品差异化定价与产品改进策略研究相结合，如程明宝等考虑了产品升级后，对有购买历史消费者实施差异化价格的两阶段定价策略问题，发现产品品质的升级不一定提高制造商收益，并给出能为供应链成员带来更高收益的相关参数临界条件。

产品改进创新并非总是有利可图的，产品定价主要受产品成本的影响，产品的改进水平决定了产品的生产成本进而影响产品价格，价格也是影响消费者产品选择的关键。有关产品改进质量水平的相关研究中，谢家平等（2012）从市场需求对产品价格和质量水平的敏感性角度，分析了质量水平对再制造品降级率的影响，间接说明了企业不计成本追求高质量产品会对制造的可行性造成影响，但没有直接分析质量水平对制造商利润的影响。石红艳等（Shi Hongyan et al.，2013）在考虑消费者效用的情况下，研究了消费者群体的异质性对改进产品分销渠道的影响，提出：不同分销渠道结构对产品改进水平和利润的影响取决于消费者异质性的类型以及其在市场中的分布。为保证产品改进能够有效提高供应链成员的盈利水平，一些学者引入契约对供应链中的产品改进投入费用进行协调。刘云志和樊治平（2017）分析了产品质量水平和损失规避在供应链中的协调问题，发现损失规避型零售商订货量的增加会促使供应商提高产品质量水平以便保持市场竞争优势。刘利平等（2017）分析了研发成本不确定情况下价格契约对供应链的最大利润与最优质量水平的影响，给出了能够有效提高利润的价格契约与利润共享契约相关参数范围。图里卡·查克拉博蒂等（Tulika Chakraborty et al.，2019）的研究发现，零售商与竞争制造商间一方或两方均实施质量改进成本分担合同可以提高产品质量改进水平与供应链总利润，零售商通过降低新、旧产品的零售价格差异可以提高自身利润水平，制造商可以通过提高新、旧产品的质量差异来提高利润。

上述研究考虑了产品改进背景下企业的最优运营决策以及如何通过产品改进有效提高利润，为企业改进换代产品后的相关决策提供了参考。考虑到现实产品改进设计过程中，产品前期的在线评论一方面影响着消费者对后续产品质量的估值，另一方面也能够在一定程度上指导产品的改进重点，有必要将在线产品评论的影响考虑到产品质量改进的相关研究中。

2.2.2 基于在线评论的企业产品改进决策研究

有关基于在线评论的企业产品改进研究方面，马彭等（Ma Peng et al.，

2013）提出了一种面向产品特征的方法来分析在线产品评论，以支持基于产品特征的在线评论查询和总结。纪雪等（2020）借助产品属性层次性评论挖掘方法，获取产品评论中每个产品属性的平均用户满意度，由此确定改进产品的开发需求，结合实例分析验证了方法的有效性。内策尔·奥德等（Netzer Oded et al.，2012）提出可以基于评论开展产品市场调研，通过分析产品属性的出现次数以及变化趋势等，归纳得到市场需求结构。王克勤与刘朝明（2022）提出一种基于在线评论的重要度绩效竞争对手分析方法，通过识别产品主题计算产品特征重要程度，从负面评论中获取消费者细粒度需求并发现产品问题，进而提出产品改进策略。冯立杰等（2022）从在线评论文本中提取出潜在用户的需求信息，借助概率语义术语集将需求信息转化为面向产品技术模块的创新要素，处理后生成了产品创新的系列方案。沈超等（2021）通过对在线评论提取产品特征和情感分析，为企业制定营销策略和产品改进创新提供了决策支持。张敏等（Zhang Min et al.，2022）考虑了消费者的积极、消极和中性三种类型的评论，将客户需求分为五个产品属性类别，基于卡诺模型形成了产品改进设计方案。上述文献从可行技术与实证角度说明了评论挖掘对产品改进的有效性，但目前较少有文献从数学建模角度分析根据评论挖掘信息改进产品的有效性及相应的运营决策。

一小部分学者从数学建模角度论证了在线评论对消费者产品质量估值的影响，同时在不同产品质量下考虑了评论的信息披露作用，由此分析商家的最优产品定价与改进策略。有关在线评论对产品改进影响的相关研究方面，戈德斯·大卫（Godes David，2017）研究了产品质量与口碑传播之间的平衡关系。其研究表明，产品质量是否会随着产品口碑的提高而提高，取决于口碑对市场规模的扩大程度。当口碑营销主要作用是提高消费者对产品的估值时，口碑会有助于高质量产品的出现；同时研究对比了口碑营销模式与广告营销模式对企业运营决策的影响，发现企业对广告成本降低和口碑营销效果提高的最优反应完全不同，这主要是因为广告产生的产品声誉是优化后的，而口碑对产品声誉的影响具有一定的随机性。何巧初和陈英举（He Qiaochu and Chen Yingju，2018）则将在线产品评论管理作为一种营销策略。其研究发现，在线评论管理与商家服务努力表现为战略替代关系，并认为在早期阶段进行产品质量投资是最优的方案。李晓飞等（Li Xiaofei et al.，2021）将在线评论、产品定价与产品设计相结合，研究了在线评论对竞争型快消品 O2O 供应链中参与者批发价格和产品设计策略的影响。其研究发现，当消费者对新产品的估计价值较低时，平台卖家会限制评论对产品销量的提升作用，但制造商仍可以通过降低批发价格或降低新产品质量的方式获得较高的利润。赵翠等（Zhao Cui et al.，2022）考虑了企业在产品质量上竞争以优化各自利润的情形，提出：在一个考虑在线评论的竞争市场中，动态调整产品质量和价格可能并不总能有效地提高企业利润，成本参数和产品质量差异影响着两竞争企业的收益。以上研究主要从供应链决策角度考虑了在线评论与产品改进之间的相互影响作用，但有必要进一步考虑竞争环境下，基于在线评论的产品最优改进水平与最优定价决策，以实现产品各利益相关方利润的最大化。

2.3 商家的优惠策略相关研究

产品市场中竞争的加剧以及不同电商平台中越来越多的产品优惠活动，使企业不得不积极考虑有效的产品优惠活动以及合理的定价策略。考虑到市场中消费者异质性特点的增加，且商家借助电商平台的数据赋能服务能够更好地将消费者进行划分，本书重点针对商家的差异化价格优惠策略展开分析，并考虑在线评论对产品优惠策略的影响，以期更好地分析在线评论对商家差异化价格优惠策略的影响。

2.3.1 商家的差异化价格优惠策略研究

商家的差异化价格优惠策略可以视为产品差异化定价的一种方式。在有关产品差异化定价研究方面，J. 维乐斯·米格尔·博阿斯（Villas Miguel boas J，2004）通过构建垄断型制造商两阶段定价模型，发现如果制造商无法准确地区分现有消费者与新进入消费者，则差异化定价策略会降低其利润，并提出垄断型制造商不应使用差异化定价策略。基于此，后续相关学者的研究主要侧重于分析竞争供应链下差异化定价策略实现成员利润提升的相关限制条件。布罗克索瓦·祖扎纳等（Brokesova Zuzana et al.，2014）基于消费者重复购买这一行为，分析实行价格歧视的零售商定价策略，指出消费者质量偏好的不确定性程度影响着零售商的定价，并给出了提高零售商利润的相关参数条件。从消费者效用角度出发，帕兹加尔·阿米特和索伯曼·大卫（Pazgal Amit and Soberman David，2010）提出，当消费者的产品转换成本较高时，制造商选择统一定价会降低竞争制造商实行差异化定价的意愿。S. 萨尼·纳弗迪普等（Sahni Navdeep S et al.，2017）的实证研究表明，有针对性的优惠券可以显著增加消费者的购买可能，优惠券可以作为公司产品的一种“广告”形式。考虑到市场中消费者的异质性，侯泽敏等（2021）构建了高隐私服务能力与低隐私服务能力的网络零售商竞争模型，发现高隐私服务能力零售商的高隐私成本以及差异化定价会使其产品均价高于低隐私能力零售商。为进一步研究商家实行差异化定价的动机，蒋传海和唐丁祥（2012）基于消费者选购记录构建竞争型制造商的两阶段定价模型，发现在转换成本较低的情形下价格优惠能够帮助制造商提升产品市场份额，制造商因此会愿意实施差异化定价。但差异化定价并不能保证商家利润的提升，埃斯特维斯·罗萨·布兰卡和雷吉安尼·卡洛（Esteves Rosa Branca and Reggiani Carlo，2014）的研究表明，基于消费者行为的差异化定价会对商家利润产生负面影响，但能够增加消费者剩余并提升产品口碑。

此外，差异化定价策略本身具有一定的局限性，有可能出现因价格差距过高而损害企业声誉等问题。差异化价格优惠策略作为一种实行市场细分和差异化定价的有效方式，逐渐受到理论界与实业界的关注。马丁·赫兰·吉马尔和西格·西蒙·皮埃尔（Martin Herran Guimar and Sigue Simon Pierre，2015）分析了企业直接向消费者发放优惠券与通过零售商发放优惠券两种优惠券发放方式对供应链成员收益的影响，并给出优惠券改善供应链收益的限制条件。李宗活等（2020）构建了线上渠道发放优惠券、线下渠道发展服务创新的渠道竞争模型，给出市场缺额与市场重叠情形下零售商与制造商的定价策略，并证明了存在最优的优惠金额使网络渠道获得较高收益。司银元等（2020）针对企业定向投放优惠券的问题展开建模。其研究表明，定向能力的提升能够带给企业更高的利润；定向能力达到一定水平后，企业会在忠诚市场实施高价，在竞争市场实施低价。上述文献从不同角度就差异化价格优惠策略对企业收益与消费者剩余的影响展开研究，且埃斯特维斯·罗萨·布兰卡和雷吉安尼·卡洛（2014）的研究表明，差异化定价并不总是伤害消费者的，有必要深入探究商家如何利用差异化价格优惠策略实现企业与消费者的“双赢”。

上述文献较全面地分析了商家有效实施差异化价格优惠策略的相关参数限制条件，但缺少考虑产品质量信息对消费者产品转换的影响。价格作为产品属性的一个特征，无法抵消产品质量等特征对消费者决策的影响，且产品市场的多元化也使消费者更加重视产品的体验感受，而对于分阶段销售的产品来说，其体验评论也会直接影响后续消费者的购买决策。

2.3.2 考虑在线评论的产品优惠策略研究

关于在线评论对产品优惠活动的影响，李希彤（Li Xitong，2016）的实证研究发现，评分较低或评论数量较少的餐厅可以通过提供优惠券提高自身的在线声誉，通过设计合理的优惠策略，餐厅可以实现更高的优惠回报。朱东红等（Zhu Dong Hong et al.，2018）通过比较获得折扣的消费者和普通消费者对餐厅的评分和评论内容，探讨了价格折扣对在线评论的影响。其研究结果表明，获得折扣的消费者给出的评分更高，而普通消费者的评论字数、图片数和内容多样性更高。王翠翠等（Wang Cuicui et al.，2020）利用行为实验研究了金钱奖励和社会奖励对电子商务产品评级决策是否具有不同的影响效应。实验数据表明，货币奖励比社会奖励或没有奖励更可能会缓解消费者的负面情绪，货币奖励比社会奖励更能吸引消费者的注意。

在在线评论与产品优惠交互影响作用研究中，陆向华等（Lu Xianghua et al.，2013）衡量了在线优惠券与在线评论的影响。其研究结果表明，口碑营销与优惠券发放策略之间存在替代关系，而口碑营销量与关键词广告之间存在互补关系。巴素林等（Ba Sulin et al.，2020）提出，当产品价格较低或商家为该产品提供优惠券时，评论的数量在影响消费者的决策方面起着更重要的作用。其结论为希望利用在线评论和优惠券促销来刺激销售的商家和平台提供了实用的指导方针。温吉等（Wen Ji et al.，2020）考察了在线评论、价格和品牌这三个重要决策因素对消费者的质量评价和酒店预订意愿的交互作用。其研究结果揭示了多种因素在消费者决策过程中存在三重交互效应，表明差评对酒店预订意愿的影响占主导地位，影响因素的作用由高到低依次为在线评论、品牌熟悉度、价格。段永瑞等（Duan Yongrui et al.，2022）估计在线评论和优惠券对在线产品销售和价格的影响，发现消费者对优惠券有用性的感知有助于促进更多的销售，削弱差评与销售的关系。其研究为准确的促销和更高的销售收入提供了实证支持。

上述研究较全面地分析了在线评论背景下产品价格等优惠策略对产品销量以及收益的影响，但在更具有针对性的产品差异化价格优惠策略对商家相关决策与利润的影响方面，涉及较少。

2.4 产品退货决策相关研究

线上购物的消费者对产品质量存在一定的不确定性，为降低这一不确定性对消费者购买决策的影响，越来越多的商家提供产品退货服务。存在产品退货的情形下，商家的最优定价以及库存策略受到大量学者的关注，而在线评论的存在能够在一定程度上降低消费者对产品质量的不确定性。在此情形下，有学者针对提供产品退货服务的商家的产品定价以及库存等决策展开分析。本节文献包括考虑产品退货的商家运营决策研究和在线评论下考虑产品退货的商家运营决策研究两个方面。

2.4.1 考虑产品退货的商家运营决策研究

关于退货，学者们主要针对商家的退货规则、产品定价以及库存量展开研究。考虑到产品退货量占总销售量的比例较小，部分学者弱化了产品的退货原因及影响因素，使用固定的退货率表示退货量与销售量的关系。陈静和格雷瓦尔·拉文内特（Chen Jing and Grewal Ravneet，2013）假设产品的退货率一定，探讨了竞争市场中零售商提供全额退款策略时，新进入零售商的最优退款策略，并发现退货率与退货残值不会影响产品的最优定价。同样，在产品退货率固定的竞争市场背景下，B. C. 吉里等（Giri B C et al.，2017）提出，全额退款策略比不退款更有利可图，主要表现为产品价格可以设置更高、实施全额退款有利于提升产品竞争力。贾法尔·海达里等（Jafar Heydari et al.，2017）的研究发现，在零售商提供退款保证的情形下，当产品退货率控制在一定范围内时，供应商与零售商的回购契约能够扩大退款保证的服务范围。研究主体转移到电商平台后，部分学者仍借助固定退货率计算产品退货量。张志坚等（2021）将产品退货率表征为定值，同时考虑信息精准性对退货率的影响程度，提出零售商可以将退货率作为是否提供在线评论服务的标准。刘金荣和徐琦（Liu Jinrong and Xu Qi，2020），建立了零售商开设全渠道前后的利润模型，发现当线上渠道产品的退货率增加时，应该降低产品价格和订货量。

产品真实质量的不确定性使网络购物退货问题日益复杂，尤其是对于分多个阶段销售的产品，其退货率无法通过一个固定的数值来准确描述。学者们开始尝试通过实证研究分析影响线上退货的相关因素，发现产品差异、退货成本以及冲动购物等因素都会影响产品退货率（Vohs Kathleen D et al.，2007；Ofek Eila et al.，2011；Michele Samorani et al.，2019）。基于实证研究成果，部分学者在研究电商平台中的退货、定价和订货问题时，考虑了退货量与产品价格以及退货损失等参数的关系。有关退款保证有效性的研究方面，阿尔图格·穆罕默德·塞基普和艾迪伊姆和托尔加（Altug Mehmet Sekip and Aydinliyim Tolga，2016）考虑消费者延迟购买与预期后悔对产品退货量和网络零售商退货决策的影响，发现退款保证策略会降低消费者的预期后悔水平，从而增加产品以更高价格出售的可能。陈静等（Chen Jing et al.，2018）将研究延伸到竞争环境下，研究了双寡头垄断市场中的退款保证和定价策略，提出当退货产品的转移成本可以被残值抵消时，零售商应提供退款保证策略，但也说明了该策略会造成企业绩效的下降。而在双渠道背景下，金亮等（2020）用消费者的产品不满度表示退货率，研究了O2O模式对制造商和网络零售商最优定价策略的影响，发现退款保证是否损害双方的利润主要取决于退货率和消费者退货成本的高低。这些研究为不同供应链背景下的制造商与零售商的退款保证策略提供了一定的参考。考虑到产品退货数量也会影响着商家的订货策略，退货保证策略下的最优订货量问题引起学术界关注。有关考虑退货的定价与订货量联合决策研究方面，樊双蛟和王旭坪（2019）考虑了退货情形下产品信息美化策略对价格与库存的影响，发现美化策略下的最大利润随着信息美化程度的提高先增后减；并假设市场需求随机，同时分析了不同程度美化信息发布策略的影响效果。邝云娟和傅科（2021）根据消费者剩余推导出产品退货数量，构建在线零售商定价和库存优化模型。其研究结果说明了商家在制定退货决策时考虑消费者预期后悔和退货成本的必要性。上述研究中，学者们大多通过消费者剩余来求解产品退货量。传统的消费者剩余模型中，消费者剩余取决于产品的质量与价格，但在线购物时消费者无法感知产品的真实质量，仅能根据产品介绍界面以及产品口碑来推测其质量。

2.4.2　在线评论下考虑产品退货的商家决策研究

有关在线评论下产品退货相关研究方面，明内玛·亚历克等（Minnema

Alec et al.，2016）通过考察在线评论对产品销量以及退货情况的影响发现，过度积极的评论会带来更多的销售量，但也会提高产品的退货量，进而影响企业的销售业绩；评论数量主要影响着消费者的购买决策，对退货量没有影响。罗科努扎曼·曼德等（Rokonuzzaman Md et al.，2020）的研究表明，宽松的退货政策在产品评分较低时会产生积极的效果，而当产品评分较高时，退货政策的影响作用降低。考虑到评论同时对产品退货具有影响，一些学者针对评论对退货的影响问题展开建模分析。耿石道等（Geng Shidao et al.，2017）基于评论给出了提供退货运费保险情形下的产品最优定价，并发现产品错配度的提高会降低退货运费保险与赔偿金。李欣欣等（Li Xinxin et al.，2008）研究了在线评论与退货量之间的关系，发现正面在线评论带来了较高的期望，评级均值和评论数量都会增加产品退货的概率，买卖双方应该通过双边交流缓解正面评论带来的不切实际的期望。张志坚等（2021）提出，当零售商提供评论服务时，信息的精准性会通过改变产品退货率来影响制造商与零售商的期望利润。郭学阁等（Guo Xuege et al.，2008）构建了考虑线下退货服务和线上评论的双渠道供应链博弈模型，探讨了退货服务水平和线上评论双重影响下的供应链定价决策和收益。其研究发现，制造商的最优批发价格、最优线上销售价格和零售商的最优线下价格与在线评论感知质量和退货服务水平正相关；与退货服务水平相比，在线评论感知质量对供应链整体利润的影响更大。萨胡·纳奇克塔等（Sahoo Nachiketa et al.，2018）假设产品评论有助于减少质量的不确定性进而影响产品退货的概率，提出：无偏见的在线评论确实有助于消费者做出更好的购买决定，从而降低产品退货率；有偏见的评论会带来更多的退货。

以上研究为商家在评论作用日益显著背景下的评论管理提供了科学的指导，但考虑到评论对商家后续决策以及产品退货率的多方面影响，有必要进一步将在线评论及商家评论优化策略与定价和库存联合决策相结合。孙苗等（Sun Miao et al.，2018）研究了不存在在线评论与存在在线评论时双寡头商家的最优定价与退货决策，发现：两商家均提供退货保证时有利于实现双方共赢；而当不提供退货保证时，在线评论可能会加剧或缓解产品间的竞争。刘炳胜等（Liu Bingsheng et al.，2022）的研究发现，对于价值不确定的产品，如体验型产品和新产品，商家通常会提供退货保证政策；消费者进行社会学习的情形下，不退款商家的产品价格会提高；部分退款商家设置更低的价格和退款金额；商家通过部分退款政策更容易获得较高的利润。王佳云等

（2021）考虑了存在在线评论和零售商战略库存的情况下供应商的最优定价策略，提出：供应商应该考虑如何改善消费者的评论，而不是控制零售商的库存；供应商的最优批发价格会降低产品质量。

上述研究主要考虑了基于退货的产品定价与退货联合决策问题，但考虑到在线产品评论对多周期销售产品的销售具有延后影响，有必要将消费者发表正面评论、负面评论以及退货等行为对后续消费者决策的影响考虑到商家运营决策过程中。

2.5 本章小结

从文献综述可以看出，有关在线评论的研究从产品性质、消费者特征以及商家竞争等方面就在线产品评论对商家定价与收益的影响展开分析。

随着越来越多的消费者习惯分享产品使用体验并且更加看重产品口碑，应该考虑消费者在线评论对升级产品需求、定价的影响，并考虑对市场中存在的分阶段销售的竞争型产品，在线评论在消费者产品需求转换过程中的影响作用。考虑到消费者在选择产品时，对产品的关注点存在偏好异质性，在研究商家的产品质量改进策略与定价决策的过程中，有必要将消费者异质性纳入模型的构建中。现有文献较为全面地分析了商家有效实施差异化价格优惠策略的相关参数限制条件，但缺少存在在线评论的背景下产品改进情况对消费者效用影响方面的研究。价格作为产品属性的一个特征，无法抵消产品质量等特征对消费者决策的影响作用，且产品市场的多元化也使消费者更加重视产品的体验感受，尤其是分阶段销售产品，在其销售过程中形成的产品体验口碑会直接影响后续消费者的购买决策，有必要进一步考虑评论中反映的产品体验质量、商家后续产品改进及价格优惠策略对竞争环境下商家决策的影响。

产品评论优化管理备受实业界与学术界关注，有关产品评论优化的研究日益丰富。但对于一些因产品相符性不够导致的差评，商家有必要考虑通过评论管理等方式降低差评对消费者产品期望或估值的影响，也需要采用科学的方式决策评论管理投入的高低，且在竞争环境下商家间的不同评论管理策略对市场竞争具有何种影响值得进一步探究。考虑到产品退货对第一阶段产品好差评数量具有一定的影响，由此影响着第二阶段消费者的产品估值，并会进一步影响产品退货率，有必要针对评论优化策略与产品退货率的关系展开研究，分析商家的评论优化策略对两阶段产品定价和库存策略及利润的影响。

综上所述，本书基于在线产品评论对消费者产品质量估值具有一定修正作用的情景，考虑了竞争市场中分两阶段销售产品的商家不同运营策略对消费者决策、两商家产品需求以及利润的影响效果。

首先，考虑两竞争型商家分两阶段销售产品，消费者根据产品客观质量与体验质量进行产品估值。第一阶段消费者购买知情产品并进行评论；第二阶段，仅一方商家借助评论挖掘信息进行产品改进，消费者根据评论与产品改进水平修正自身对两产品的估值并制定购买决策。分析异质型消费者受到第一阶段产品在线评论的影响作用后，在第二销售阶段从两种产品获得的期望效用变化情况，求解第二阶段产品的市场需求量以及最优产品质量改进水平和两阶段产品定价策略，分析不同类型消费者比例、消费者评论偏好、消费者显著性水平等因素对产品改进水平、两阶段价格以及商家利润的影响。然后，在商家为吸引竞争产品的消费者而实施新客优惠的情形下，求解其自身与竞争者的最优决策与利润，并分析消费者好评关注度、价格敏感系数以及知情消费者比例等参数对决策与利润的影响。

其次，考虑商家的评论优化策略，分析第一阶段消费者给出的好评、差评数量以及这些评论对第二阶段消费者产品期望估值与产品市场需求的影响。然后在此基础上考虑商家差评回复后两商家产品市场需求与两阶段定价等决策变量的变化情况，并探讨消费者差评关注度、两商家产品质量差异、评论系统可信度以及产品错配度等因素对不同情形下商家决策结果与利润的影响。

最后，研究存在退货情形下商家在不同评论优化策略下的产品定价与库存决策。考虑消费者购买前的初始价值认知与购买后的认知差异，给出第一阶段消费者的购买、好（差、不）评以及退货概率。而后将消费者好评偏好纳入分析中，考察第一阶段产品评论对第二阶段消费者产品初始价值认知的影响，依此给出第二阶段的产品购买与退货概率。运用报童模型构建商家不同评论优化策略下的两阶段收益模型，分析研究评论优化策略对产品定价、价格折扣率、库存以及商家收益的影响。

本章的研究结果旨在为网络商家的在线评论管理与运营决策制定提供一定的理论指导。

第3章　考虑在线评论与消费者细分的竞争商家产品改进及定价决策研究

近年来，科技的进步与人们消费习惯的改变使电商模式飞速发展，但网络环境下，商家在线销售过程中也面临着许多新的挑战，如消费者对产品估值的不确定性、消费者在线评论直接影响其他潜在消费者决策以及市场竞争等。同时，考虑到市场中的消费者对产品的各类属性存在不同偏好，产品质量改进也会给市场中的异质型消费者带来不同的效用。因此，本章将就在线评论如何影响商家产品改进策略以及市场竞争展开分析，对市场中的消费者类型进行细分，基于在线评论中的正面评论和负面评论对后续消费者产品期望估值的影响，研究消费者特征参数与产品相关参数对在线评论作用效果、商家产品改进决策以及两阶段产品定价的影响。

3.1　模型描述与假设

考虑存在商家 S_1 和商家 S_2 两个竞争型网络商家，分别生产同类型的产品1和产品2，并同时在电商平台（天猫商城、京东商城等）中分两阶段销售产品。两商家在第一阶段均销售原始产品，第二阶段 S_1 会根据在线评论对产品进行质量改进，S_2 可以选择同样改进产品或继续销售原始产品。

3.1.1　模型假设及符号说明

为重点分析商家的产品改进策略对后续产品销售情况的影响，且为了简化模型，文中仅考虑两商家单品换代的情况，针对模型提出如下假设。

假设3－1 两商家均为风险中性并根据自身利益最大化进行决策，主要决策变量为产品两阶段价格 p_{it} 与质量改进水平 Δq_i，其中，i 取 1 或 2，表示产品 1 或产品 2；t 取 1 或 2，表示产品销售的第一阶段或第二阶段（下同）。

假设3－2 考虑消费者对产品的质量估值 Q_i 由客观质量 q_i 与体验质量 η_i 两部分组成，即 $Q_i = q_i + \eta_i$，其中，$q_i \sim U[0, 1]$ 为消费者的普遍认知，而 η_i 为消费者体验产品后的质量认知，考虑到消费者的异质性，令 $\eta_i \sim U[-1, 1]$。

假设3－3 第一阶段原始产品质量满足市场最基本需求。在产品销售的第一阶段，消费者无法获得关于产品体验质量的反馈（$\eta_i = 0$）。产品市场规模为1，考虑到信息的局限性，设有比例为 ϖ 的消费者知情产品 1，另有比例为 $1-\varpi$ 的消费者知情产品 2，第一阶段的消费者均会购买其知情产品。

假设3－4 第一阶段在线购买产品的消费者均会对产品质量进行评论，第二阶段到达的消费者对产品的估值会受到早期在线评论的影响。考虑市场中存在两类消费者，分别为质量敏感型（比例为 k）与价格敏感型（比例为 $1-k$），两阶段中同类型消费者对质量与价格的感知程度 $\gamma[\gamma \sim U(0, 1)]$ 相同。

假设3－5 为不失一般性，不考虑产品生产成本与消费者的产品转换成本，每单位消费者每阶段需求一个单位产品。产品在每阶段的需求均不为0，以保证有内点解存在。

模型相关符号及含义说明见表3－1。

表3－1　模型相关符号及含义

符号	含义	符号	含义
q_i	产品 i 的客观质量	η_i	消费者从产品 i 感知的体验质量
k	质量敏感型消费者比例	ϖ	产品 1 知情消费者比例
p_{it}	产品 i 第 t 阶段的价格	D_{it}	产品 i 第 t 阶段的市场需求
γ	消费者对产品属性的感知程度	u	消费者对好评的相对关注度
Δq_i	产品 i 质量改进水平	τ	产品质量改进成本系数

商家与消费者的决策过程为：首先商家发布产品并决策产品的第一阶段

价格，消费者购买其知情产品并在体验后发表评论；然后，商家在第二阶段销售前决定产品质量改进水平与改进后产品价格，消费者根据早期评论与产品改进情况修正对产品的期望估值；最后，消费者通过对比从两产品中获得的期望效用来制定购买决策。商家与消费者的具体决策过程见图 3－1。

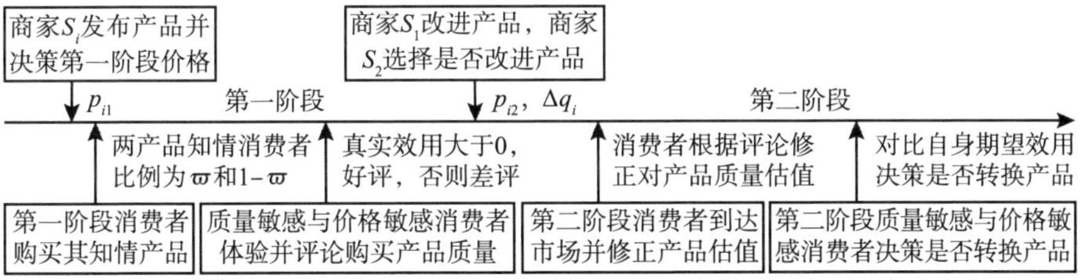

图 3－1　商家与消费者两阶段决策过程

3.1.2　消费者效用函数表示

考虑消费者从某一产品中获得的效用由质量与价格两个属性表示，佩德罗·博尔达洛等（Pedro Bordalo et al.，2012）认为，具有显著性思维的消费者在预估自身从产品中获得的效用时会增加其在意属性的效用权重（质量与价格的总权重不变）。在该理论的基础上，赵娜和官振中（2020）提出了基于显著性理论的消费者效用函数，参照其设置方式，令具有质量（价格）显著性的消费者的质量（价格）效用权重为$\frac{1}{1+\gamma}$，价格（质量）效用权重为$\frac{\gamma}{1+\gamma}$，γ 越小，消费者的显著性水平越强，其在意属性的相对权重越高。

1. 第一阶段消费者效用函数

仅考虑市场中存在质量敏感型与价格敏感型两类消费者，第一阶段到达的消费者仅购买其知情产品，其在购买并体验产品后才能够获得产品的体验质量，第一阶段消费者效用函数 U_{i1} 可表示为：

$$U_{i1}=\begin{cases}\frac{2}{1+\gamma}(q_i+\eta_i)-\frac{2\gamma}{1+\gamma}p_{i1}，\text{质量敏感型}\\ \frac{2\gamma}{1+\gamma}(q_i+\eta_i)-\frac{2}{1+\gamma}p_{i1}，\text{价格敏感型}\end{cases}\tag{3-1}$$

收到并体验产品后，消费者会对产品质量发表评论。当 $U_{i1} \geqslant 0$ 时，消费者会对产品发表正面评论；反之，其会发表负面评论。购买产品的消费者已知产品的体验质量，但未购买产品的消费者需要从在线评论中感知产品的体验质量。第二阶段质量敏感型与价格敏感型消费者根据正面、负面在线评论得到的产品体验质量估值 $E[\eta_i \mid p_{i1}]_Q$、$E[\eta_i \mid p_{i1}]_P$，分别如式（3－2）与式（3－3）所示：

$$\begin{aligned} E[\eta_i \mid p_{i1}]_Q &= [uP(\eta_i \geqslant \gamma p_{i1} - q_i)] \cdot E[\eta_i \mid \eta_i \geqslant \gamma p_{i1} - q_1] \\ &\quad + [1 - uP(\eta_i \geqslant \gamma p_{i1} - q_i)] \cdot E[\eta_i \mid \eta_i < \gamma p_{i1} - q_i] \\ &= \frac{(\gamma p_{i1} - q_i - 1)(1 - u)}{2} \end{aligned} \tag{3-2}$$

$$\begin{aligned} E[\eta_i \mid p_{i1}]_P &= [uP(\eta_i \geqslant p_{i1}/\gamma - q_i)] \cdot E[\eta_i \mid \eta_i \geqslant p_{i1}/\gamma - q_i] \\ &\quad + [1 - uP(\eta_i \geqslant p_{i1}/\gamma - q_i)] \cdot E[\eta_i \mid \eta_i < p_{i1}/\gamma - q_i] \\ &= \frac{(p_{i1} - \gamma q_i - \gamma)(1 - u)}{2\gamma} \end{aligned} \tag{3-3}$$

其中，u 为消费者相对产品差评对产品好评的相对关注度（下文简称“好评关注度”），考虑到消费者对产品差评更加敏感，u 在（0，1）区间取值，$P(\eta_i \geqslant \gamma p_{i1} - q_i)$ 和 $P(\eta_i \geqslant p_{i1}/\gamma - q_i)$ 为质量敏感型和价格敏感型消费者发表好评的概率，$E[\eta_i \mid \eta_i \geqslant \gamma p_{i1} - q_1](E[\eta_i \mid \eta_i < \gamma p_{i1} - q_1])$ 和 $E[\eta_i \mid \eta_i \geqslant p_{i1}/\gamma - q_1](E[\eta_i \mid \eta_i < p_{i1}/\gamma - q_1])$ 为质量敏感型和价格敏感型消费者发表好评（差评）时的期望体验质量。基于上述不同类型消费者对未购买产品的体验质量估值，得到第二阶段消费者的期望效用函数。

2. 第二阶段消费者期望效用函数

第二阶段消费者根据自身从两产品中获得的期望效用来制定购买决策，接下来将对第一阶段不同购买决策的消费者在第二阶段对两产品的期望效用函数展开说明。

（1）第一阶段购买产品 1 的消费者在第二阶段对产品 1 和产品 2 的期望效用函数 $E(U_{12}^1)$ 和 $E(U_{22}^1)$ 分别表示为式（3－4）和式（3－5）：

$$E(U_{12}^1) = \begin{cases} \dfrac{2}{1+\gamma}(q_1 + \eta_1 + \Delta q_1) - \dfrac{2\gamma}{1+\gamma}p_{12}，\text{质量敏感型} \\ \dfrac{2\gamma}{1+\gamma}(q_1 + \eta_1 + \Delta q_1) - \dfrac{2}{1+\gamma}p_{12}，\text{价格敏感型} \end{cases} \tag{3-4}$$

$$E(U_{22}^1)=\begin{cases}\dfrac{2}{1+\gamma}(q_2+E[\eta_2|p_{21}]_Q+\Delta q_2)-\dfrac{2\gamma}{1+\gamma}p_{22}, & \text{质量敏感型}\\ \dfrac{2\gamma}{1+\gamma}(q_2+E[\eta_2|p_{21}]_P+\Delta q_2)-\dfrac{2}{1+\gamma}p_{22}, & \text{价格敏感型}\end{cases} \tag{3-5}$$

其中，若产品2不进行改进，有 $\Delta q_2=0$。当 $E(U_{12}^1)\geqslant E(U_{22}^1)$ 时，消费者继续购买产品1；反之，消费者转向产品2。

①对于质量敏感型消费者，满足 $\eta_1\geqslant-\Delta q+\gamma(p_{12}-p_{22})+E[\eta_2|p_{21}]_Q-\Delta q_1+\Delta q_2$，其在第二阶段继续购买产品1；反之，会转去购买产品2（其中，$\Delta q=q_1-q_2$）。

②对于价格敏感型消费者，满足 $\eta_1\geqslant-\Delta q+(p_{12}-p_{22})/\gamma+E[\eta_2|p_{21}]_P-\Delta q_1+\Delta q_2$，其继续购买产品1；反之，会转去购买产品2。

（2）第一阶段购买产品2的消费者在第二阶段对产品1和产品2的期望效用函数 $E(U_{12}^2)$ 和 $E(U_{22}^2)$ 分别表示为式（3-6）和式（3-7）：

$$E(U_{12}^2)=\begin{cases}\dfrac{2}{1+\gamma}(q_1+E[\eta_1|p_{11}]_Q+\Delta q_1)-\dfrac{2\gamma}{1+\gamma}p_{12}, & \text{质量敏感型}\\ \dfrac{2\gamma}{1+\gamma}(q_1+E[\eta_1|p_{11}]_P+\Delta q_1)-\dfrac{2}{1+\gamma}p_{12}, & \text{价格敏感型}\end{cases} \tag{3-6}$$

$$E(U_{22}^2)=\begin{cases}\dfrac{2}{1+\gamma}(q_2+\eta_2+\Delta q_2)-\dfrac{2\gamma}{1+\gamma}p_{22}, & \text{质量敏感型}\\ \dfrac{2\gamma}{1+\gamma}(q_2+\eta_2+\Delta q_2)-\dfrac{2}{1+\gamma}p_{22}, & \text{价格敏感型}\end{cases} \tag{3-7}$$

同样，当 $E(U_{12}^2)\geqslant E(U_{22}^2)$ 时，消费者继续购买产品1；反之，消费者转向产品2。

①对于质量敏感型消费者，满足 $\eta_2\geqslant\Delta q-\gamma(p_{12}-p_{22})+E[\eta_1|p_{11}]_Q+\Delta q_1-\Delta q_2$，其继续购买产品2；反之，会转去购买产品1。

②对于价格敏感型消费者，满足 $\eta_2\geqslant\Delta q-(p_{12}-p_{22})/\gamma+E[\eta_1|p_{11}]_P+\Delta q_1-\Delta q_2$，其继续购买产品2；反之，会转去购买产品1。

3.1.3　产品需求函数与利润函数表示

根据3.1.2节中质量敏感型和价格敏感型消费者对产品的期望效用函数与购买条件，可求得第二阶段质量敏感型消费者对产品1和产品2的需求

D_{1Q}和D_{2Q}分别为：

$$D_{1Q}=\underbrace{\varpi\int_{-\Delta q+\gamma(p_{12}-p_{22})+E[\eta_2\mid p_{21}]_Q-\Delta q_1+\Delta q_2}^{1}\frac{1}{2}\mathrm{d}\eta_1}_{\text{原有知情消费者产生的需求}}+\underbrace{(1-\varpi)\int_{-1}^{\Delta q-\gamma(p_{12}-p_{22})+E[\eta_1\mid p_{11}]_Q+\Delta q_1-\Delta q_2}\frac{1}{2}\mathrm{d}\eta_2}_{\text{竞争产品转移消费者产生的需求}} \tag{3-8}$$

$$D_{2Q}=\underbrace{(1-\varpi)\int_{\Delta q-\gamma(p_{12}-p_{22})+\Delta q_1-\Delta q_2+E[\eta_1\mid p_{11}]_Q}^{1}\frac{1}{2}\mathrm{d}\eta_2}_{\text{原有知情消费者产生的需求}}+\underbrace{\varpi\int_{-1}^{-\Delta q+\gamma(p_{12}-p_{22})+E[\eta_2\mid p_{21}]_Q-\Delta q_1+\Delta q_2}\frac{1}{2}\mathrm{d}\eta_1}_{\text{竞争产品转移消费者产生的需求}} \tag{3-9}$$

同理，第二阶段价格敏感型消费者对产品 1 和产品 2 的需求 D_{1P}和 D_{2P}可分别表示为：

$$D_{1P}=\underbrace{\varpi\int_{-\Delta q+(p_{12}-p_{22})/\gamma+E[\eta_2\mid p_{21}]_P-\Delta q_1+\Delta q_2}^{1}\frac{1}{2}\mathrm{d}\eta_1}_{\text{原有知情消费者产生的需求}}+\underbrace{(1-\varpi)\int_{-1}^{\Delta q-(p_{12}-p_{22})/\gamma+E[\eta_1\mid p_{11}]_P+\Delta q_1-\Delta q_2}\frac{1}{2}\mathrm{d}\eta_2}_{\text{竞争产品转移消费者产生的需求}} \tag{3-10}$$

$$D_{2P}=\underbrace{(1-\varpi)\int_{\Delta q-(p_{12}-p_{22})/\gamma+\Delta q_1-\Delta q_2+E[\eta_1\mid p_{11}]_P}^{1}\frac{1}{2}\mathrm{d}\eta_2}_{\text{原有知情消费者产生的需求}}+\underbrace{\varpi\int_{-1}^{-\Delta q+(p_{12}-p_{22})/\gamma+E[\eta_2\mid p_{21}]_P-\Delta q_1+\Delta q_2}\frac{1}{2}\mathrm{d}\eta_1}_{\text{竞争产品转移消费者产生的需求}} \tag{3-11}$$

上述需求函数中第一部分为继续购买第一阶段所购买产品的消费者产生的需求，第二部分为从竞争产品转移过来的消费者产生的需求。且已知质量敏感型消费者与价格敏感型消费者的比例分别为 k 与 $1-k$，则可得到第二阶段两产品的市场需求量 D_{12}和 D_{22}，分别如式（3-12）和式（3-13）所示：

$$\begin{aligned}D_{12}&=kD_{1Q}+(1-k)D_{1P}\\&=1+\Delta q+\Delta q_1-\Delta q_2+(1-\varpi)E_1-\varpi E_2\\&\quad-\frac{(1-k+k\gamma^2)(p_{12}-p_{22})}{2\gamma}\end{aligned} \tag{3-12}$$

$$\begin{aligned}D_{22}&=kD_{2Q}+(1-k)D_{2P}\\&=1-\Delta q-\Delta q_1+\Delta q_2-(1-\varpi)E_1+\varpi E_2\\&\quad+\frac{(1-k+k\gamma^2)(p_{12}-p_{22})}{2\gamma}\end{aligned} \tag{3-13}$$

其中，$E_1 = kE[\eta_1 | p_{11}]_Q + (1-k)E[\eta_1 | p_{11}]_P$，$E_2 = kE[\eta_2 | p_{21}]_Q + (1-k)E[\eta_2 | p_{21}]_P$。同时，由于产品在第二阶段进行了产品质量改进，根据边际成本递增原理，令产品质量改进成本 $C(\Delta q_i) = \tau(\Delta q_i)^2$，可以得到两商家的利润 Π_1 和 Π_2 分别为：

$$\Pi_1 = \varpi p_{11} + [D_{12}p_{12} - \tau(\Delta q_1)^2] \tag{3-14}$$

$$\Pi_2 = (1-\varpi)p_{21} + [D_{22}p_{22} - \tau(\Delta q_2)^2] \tag{3-15}$$

3.2　模型求解

两商家基于各自利润依次决策第一阶段、第二阶段的产品价格以及产品质量改进水平。采用逆向归纳法求解两阶段产品定价问题，首先求解第二阶段产品的最优质量改进水平 Δq_i 与产品定价 p_{i2}，然后再根据第二阶段决策求解第一阶段的最优定价 p_{i1}。

3.2.1　单一商家改进产品质量的情形

首先考虑仅一方商家（以 S_1 为例）在第二阶段改进产品质量的情形（用上标“T”表示），有 $\Delta q_2^T = 0$，第二阶段两商家的利润 Π_{12}^T 和 Π_{22}^T 分别如式（3－16）和式（3－17）所示：

$$\Pi_{12}^T = D_{12}^T p_{12}^T - \tau(\Delta q_1^T)^2 \tag{3-16}$$

$$\Pi_{22}^T = D_{22}^T p_{22}^T \tag{3-17}$$

根据逆向归纳法，首先对两商家的第二阶段利润求解关于第二阶段价格的一阶偏导，联立得到：$p_{i2}^T = \dfrac{\gamma\{3 + (-1)^{3-i}[\Delta q_1 + \Delta q + (1-\varpi)E_1 - \varpi E_2]\}}{3[1-k(1-\gamma^2)]}$。将 p_{i2}^T 代入 Π_{12}^T 中，并对 Π_{12}^T 求关于 Δq_1^T 的一阶偏导，并令其等于 0，可以得到：$\Delta q_1^T = \dfrac{\gamma[3 + (1-\varpi)E_1 - \varpi E_2 + \Delta q]}{9k\tau\gamma^2 + 9(1-k)\tau - \gamma}$。为使 $\Delta q_1^T > 0$，相关参数需要满足条件 $9k\gamma^2\tau + 9(1-k)\tau - \gamma > 0$，可以得到：$\tau > \dfrac{\gamma}{9(1-k+k\gamma^2)}$。进一步将 Δq_1^T 代回到 p_{i2}^T 与 Π_{i2}^T 中，得到产品第二阶段价格与利润：$p_{12}^T = \dfrac{3\gamma\tau[3 + (1+\varpi)E_1 - \varpi E_2 + \Delta q]}{9k\tau\gamma^2 + 9(1-k)\tau - \gamma}$，

$$p_{22}^{T}=\frac{2\gamma^2}{[9k\gamma^2\tau+9(1-k)\tau-\gamma][1-k(1-\gamma^2)]}+\frac{3\gamma\tau[-3+(1-\varpi)E_1-\varpi E_2+\Delta q]}{9k\gamma^2\tau+9(1-k)\tau-\gamma},$$

$\Pi_1^T=\varpi p_{11}+\frac{\gamma[3+(1-\varpi)E_1-\varpi E_2+\Delta q]^2\tau}{2[9k\gamma^2\tau+9\tau(1-k)-\gamma]}$，$\Pi_2^T=(1-\varpi)p_{21}+$

$$\frac{\gamma}{[9k\gamma^2\tau+9(1-k)\tau-\gamma]^2}\frac{\{2\gamma-3\tau[1-k(1-\gamma^2)][3-(1-\varpi)E_1+\varpi E_2-\Delta q]\}^2}{2[1-k(1-\gamma^2)]},$$

对 Π_i^T 求关于 p_{i1}^T 的二阶偏导，得到：$\frac{\partial^2(\Pi_1^T)}{\partial(p_{11}^T)^2}\geqslant 0$，$\frac{\partial^2(\Pi_2^T)}{\partial(p_{21}^T)^2}\geqslant 0$。由运筹学知识可知，每个商家的最优决策值都位于可行域的边界上，为满足所有知情消费者均能购买产品，可行域边界为：$\gamma q_i-1\leqslant p_{i1}^T\leqslant\gamma q_i$。以 S_1 为例，在 p_{i1}^T 的可行域下限，有 $\left.\frac{\partial\Pi_1^T}{\partial p_{11}^T}\right|_{p_{11}^T=q_1/\gamma-1}\geqslant 0$，即 Π_1^T 关于 p_{i1}^T 的一阶偏导在价格取值下限为正，且一阶偏导函数为关于 p_{11}^T 的增函数，由此可以判定该一阶偏导数值在可行域内恒为正。因此，对于任意的 p_{21}^T，最优 p_{11}^T 均位于可行域上限，即 $p_{11}^T=q_1/\gamma$。同理，可以判断出 S_2 的最优价格位于 p_{11}^T 可行域上限，即 $p_{21}^T=q_2/\gamma$。由此有 $E[\eta_i\mid p_{i1}]=\frac{u-1}{2}$，将 p_{i1}^T 代入两商家第二阶段决策变量与利润函数中即可得到结论 3-1。

结论 3-1 当 $\tau>\frac{\gamma}{9(1-k+k\gamma^2)}$ 时，两商家的产品存在唯一的最优销售价格、质量改进水平以及利润分别为：$p_{11}^{T*}=\gamma q_1$，$p_{21}^{T*}=\gamma q_2$，$p_{12}^{T*}=\frac{3\gamma\tau(6+\Psi)}{2\Lambda_1}$，$p_{22}^{T*}=\frac{3\gamma\tau(6-\Psi)}{2\Lambda_1}-\frac{2\gamma^2}{[1-k(1-\gamma^2)]\Lambda_1}$，$\Delta q_1^{T*}=\frac{\gamma(6+\Psi)}{2\Lambda_1}$，$\Pi_1^{T*}=\varpi\gamma q_1+\frac{\gamma\tau(6+\Psi)^2}{8\Lambda_1}$，$\Pi_2^{T*}=(1-\varpi)\gamma q_2+\frac{\gamma\{4\gamma-3\tau[1-k(1-\gamma^2)](6-\Psi)\}^2}{8\Lambda_1}$，其中，$\Lambda_1=9\tau[1-k(1-\gamma^2)]-\gamma$，$\Psi=2\Delta q-(1-2\varpi)(1-u)-[(1-\varpi)q_1-\varpi q_2](1-\gamma^2)(1-u)k$（以下同）。

同时可以得到：$E[\eta_i\mid p_{i1}]_Q=\frac{(\gamma^2q_i-q_i-1)(1-u)}{2}$，$E[\eta_i\mid p_{i1}]_P=\frac{u-1}{2}$，故 $E[\eta_i\mid p_{i1}]\in\left[-\frac{1}{2},0\right]$，求解 $E[\eta_i\mid p_{i1}]_Q$ 和 $E[\eta_i\mid p_{i1}]_P$ 关于 u 的一阶偏导，得到：$\frac{\partial E[\eta_i\mid p_{i1}]_P}{\partial u}=\frac{1+(1-\gamma^2)q_i}{2}>0$，$\frac{\partial E[\eta_i\mid p_{i1}]_P}{\partial u}=\frac{1}{2}>0$，

可以看出，消费者对好评关注度的提高能够提升消费者对产品的估值期望。

推论3-1 对比两商家在第二阶段的产品定价与利润有：

（1）当$\varpi<\bar{q}$（或$\varpi>\bar{q}$）且$k<k'$（或$k>k'$）时，恒有$p_{12}^{T^*}>p_{22}^{T^*}$；而当$\Delta q<\Delta\bar{q}_1$时，有$p_{12}^{T^*}<p_{22}^{T^*}$；

（2）存在一个关于τ的临界阈值范围（τ_1，τ_2），在该范围内，改进产品质量能够使商家获得更高的利润。

证明：

（1）令$\Delta p^T=p_{12}^{T^*}-p_{22}^{T^*}$，则有$\Delta p^T=\dfrac{2\gamma^2+3\gamma\tau[1-k(1-\gamma^2)]\Psi}{\Lambda_1}$，由$\Delta p^T$解析式易知，当$(1-\varpi)q_1-\varpi q_2>0$，即$\varpi<\bar{q}=\dfrac{q_1}{q_1+q_2}$时，满足$k<k'=\dfrac{2\Delta q-(1-u)(1-2\varpi)}{(1-\gamma^2)(1-u)[(1-\varpi)q_1-\varpi q_2]}$，有$\Psi>0$，故有$p_{12}^{T^*}>p_{22}^{T^*}$恒成立；同理，当$(1-\varpi)q_1-\varpi q_2<0$，即$\varpi>\bar{q}$时，满足$k>k'$，有$p_{12}^{T^*}>p_{22}^{T^*}$。反之，得到：当$\Delta q<\Delta\bar{q}_1=\dfrac{2\gamma-3(1-2\varpi)[1-k(1-\gamma^2)][1-k(1-\gamma^2)q_1](1-u)\tau}{3\tau[1-k(1-\gamma^2)][2-\varpi k(1-\gamma^2)(1-u)]}$时，有$p_{12}^{T^*}<p_{22}^{T^*}$。

（2）令$\Delta\Pi^T=\Pi_{12}^{T^*}-\Pi_{22}^{T^*}$，根据结论3-1中的结果可以容易求解得到：$\Delta\Pi^T=\dfrac{\gamma}{8}\left\{\dfrac{25(-1+\Psi)^2\tau}{\Lambda_1}-\dfrac{\{4\gamma-3[1-k(1-\gamma^2)](6-\Psi)\tau\}^2}{[1-k(1-\gamma^2)]\Lambda_1}\right\}$，令$\Delta\Pi^T=0$，得到：$\tau_1=\dfrac{\gamma(168-24\Psi-25\Psi^2)-5\delta\sqrt{\bar{\Psi}}}{18[1-k(1-\gamma^2)](7+4\Psi)(7-6\Psi)}$，$\tau_2=\dfrac{\gamma(168-24\Psi-25\Psi^2)+5\delta\sqrt{\bar{\Psi}}}{18[1-k(1-\gamma^2)](7+4\Psi)(7-6\Psi)}$，$\bar{\Psi}=\Psi^2(240+48\Psi+25\Psi^2)$，在区间（$\tau_1$，$\tau_2$）内，有$\Pi_{12}^{T^*}>\Pi_{22}^{T^*}$。证毕。

由推论3-1（1）可以看出，若S_1在第一阶段的知情消费者比例ϖ低于其产品质量在市场中产品总质量中占据的水平$\dfrac{q_1}{q_1+q_2}$（下文简称质量占比），且市场中质量敏感型消费者数量低于一定比例时，产品1在第二阶段的定价恒高于产品2，即当产品1的知情消费者较少时，若质量敏感型消费者低于一定比例，第一阶段的在线产品评论对产品1体验质量影响较小，且后期产品的改进会使第二阶段产品1的价格恒高于产品2；而当产品1第一阶段的知情消费者比例高于其产品质量占比时，若质量敏感型消费者高于一定比例，第二阶段产品质量的提高能够使其进一步提高产品价格。此外，若产品1与产品2的基础质量差异低于一定阈值时，第二阶段改进后的产品1

价格仍可能会低于产品2；推论3-1（2）说明产品质量改进并不一定能够给商家带来利润的提高，商家应该将产品改进成本系数控制在一定范围内。

3.2.2 两商家均改进产品质量的情形

考虑两商家均在第二阶段改进产品质量的情形（用上标“D”表示），第二阶段两商家的利润可表示为：

$$\Pi_{i2}^{D}=D_{i2}^{D}p_{i2}^{D}-\tau(\Delta q_i^{D})^2 \tag{3-18}$$

通过式（3-12）和式（3-13）可得到第二阶段两类消费者对产品1和产品2的需求，并推得两商家的总利润 Π_1^D 和 Π_2^D，见式（3-19）和式（3-20）：

$$\Pi_1^{D}=\varpi p_{11}^{D}+[D_{12}^{D}p_{12}^{D}-\tau(\Delta q_1^{D})^2] \tag{3-19}$$

$$\Pi_2^{D}=(1-\varpi)p_{21}^{D}+[D_{22}^{D}p_{22}^{D}-\tau(\Delta q_2^{D})^2] \tag{3-20}$$

根据逆向归纳法，首先对 Π_{i2}^D 求解关于 p_{i2}^D 的偏导，并联立得到：$p_{i2}^D=\dfrac{\gamma\{3+(-1)^{3-i}[\Delta q_1-\Delta q_2+\Delta q+(1-\varpi)E_1-\varpi E_2]\}}{3[1-k(1-\gamma^2)]}$，将 p_{i2}^D 代入 Π_{i2}^D 中，并对 Π_{i2}^D 求关于 Δq_i^D 的一阶偏导并令其为0，得到：$\Delta q_1^D=\dfrac{\gamma[3+\Delta q+(1-\varpi)E_1-\varpi E_2]}{2\{9\tau[1-k(1-\gamma^2)]-2\gamma\}}-\dfrac{2\gamma^2}{3[1-k(1-\gamma^2)]\tau\{9\tau[1-k(1-\gamma^2)]-2\gamma\}}$，$\Delta q_2^D=\dfrac{\gamma[3-\Delta q+(1-\varpi)E_1-\varpi E_2]}{2\{9\tau[1-k(1-\gamma^2)]-2\gamma\}}-\dfrac{2\gamma^2}{3[1-k(1-\gamma^2)]\tau\{9\tau[1-k(1-\gamma^2)]-2\gamma\}}$。又已知 $\Delta q_i^D>0$，此时应满足 $9k\gamma^2\tau+9(1-k\tau)-2\gamma>0$，得到：$\tau>\dfrac{2\gamma}{9(1-k+k\gamma^2)}$。当 $\gamma>\dfrac{2}{9\tau}$ 时，有 $\dfrac{9\tau-2\gamma}{9(1-\gamma^2)\tau}>1$，故恒有 $k\leqslant1<\dfrac{9\tau-\gamma}{9(1-\gamma^2)\tau}$；反之，当 $\gamma<\dfrac{2}{9\tau}$ 时，满足 $k<\dfrac{9\tau-2\gamma}{9(1-\gamma^2)\tau}$，有 $9k\gamma^2\tau+9(1-k\tau)-2\gamma>0$ 成立。参照3.2.1中证明过程，可求解得到：$p_{i1}^D=q_1/\gamma$。由此得到两商家利润与价格的解析式，将第二阶段消费者对产品体验质量的期望值代入，得到结论3-2。

结论3-2 当 $\tau>\dfrac{2\gamma}{9(1-k+k\gamma^2)}$ 时，两商家均改进产品情形下存在唯一最优价格、质量改进水平与利润，$p_{11}^{D*}=\gamma q_1$，$p_{21}^{D*}=\gamma q_2$，$\Delta q_i^{D*}=\dfrac{\gamma[6+(-1)^{3-i}\Psi]}{2\Lambda_2}-$

$\frac{2\gamma^2}{3\Lambda_2[1-k(1-\gamma^2)]}$，$p_{i2}^{D*}=\frac{3\gamma\tau[6+(-1)^{3-i}\Psi]}{2\Lambda_2}-\frac{2\gamma^2}{[1-k(1-\gamma^2)]\Lambda_2}$，$\Pi_1^{D*}=\varpi\gamma q_1+\gamma\Lambda_1\times\frac{3[1-k(1-\gamma^2)](6+\Psi)^2-4\gamma}{72[1-k(1-\gamma^2)]^2\Lambda_2^2\tau}$，$\Pi_2^{D*}=\frac{\gamma\Lambda_1\{4\gamma-3(6-\Psi)[1-k(1-\gamma^2)]\}^2}{72[1-k(1-\gamma^2)]^2\Lambda_2^2\tau}+(1-\varpi)\gamma q_2$，其中，$\Lambda_2=9\tau[1-k(1-\gamma^2)]-2\gamma$。

由结论 3 - 2 可以看出，为使两竞争商家之间存在均衡决策值，商家的改进成本系数应与消费者的显著性水平满足一定的对应关系，并由此得到推论 3 - 2。

推论 3 - 2　对比两商家在第二阶段的产品质量改进水平、价格与利润有：

（1）当 $\varpi<\bar{q}$ 时，满足 $k<k''$，有 $\Delta q_1^{D*}>\Delta q_2^{D*}$，$p_{12}^{D*}>p_{22}^{D*}$，$\Pi_{12}^{D*}>\Pi_{22}^{D*}$；反之，有 $\Delta q_1^{D*}<\Delta q_2^{D*}$，$p_{12}^{D*}<p_{22}^{D*}$，$\Pi_{12}^{D*}<\Pi_{22}^{D*}$。

（2）当 $\varpi>\bar{q}$ 时，满足 $k>k''$，有 $\Delta q_1^{D*}>\Delta q_2^{D*}$，$p_{12}^{D*}>p_{22}^{D*}$，$\Pi_{12}^{D*}>\Pi_{22}^{D*}$；反之，有 $\Delta q_1^{D*}<\Delta q_2^{D*}$，$p_{12}^{D*}<p_{22}^{D*}$，$\Pi_{12}^{D*}<\Pi_{22}^{D*}$。

证明：

令 $\Delta\bar{q}^D=\Delta q_1^{D*}-\Delta q_2^{D*}$，$\Delta p^D=p_{12}^{D*}-p_{22}^{D*}$，$\Delta\Pi^D=\Pi_{12}^{D*}-\Pi_{22}^{D*}$，则由结论 3 - 2 可知：$\Delta\bar{q}^D=\frac{\gamma\Psi}{\Lambda_2}$，$\Delta p^D=\frac{\gamma\Psi}{\Lambda_2}$，$\Delta\Pi^D=\frac{\gamma\Psi\Lambda_1}{3[1-k(1-\gamma^2)]\Lambda_2}$。令 $\Delta\bar{q}=0$，求得：当满足 $(1-\varpi)q_1-\varpi q_2>0$，即 $\varpi<\bar{q}=\frac{q_1}{q_1+q_2}$时，若 $k<k''=\frac{2\Delta q-(1-u)(1-2\varpi)}{[(1-\varpi)q_1-\varpi q_2](1-\gamma^2)(1-u)}$，有 $\Delta q^D>0$，即 $\Delta q_1^{D*}>\Delta q_2^{D*}$，反之，有 $\Delta q_1^{D*}<\Delta q_2^{D*}$；当满足 $(1-\varpi)q_1-\varpi q_2<0$，即 $\varpi>\bar{q}$ 时，若 $k>k''$，有 $\Delta q^D>0$，即 $\Delta q_1^{D*}>\Delta q_2^{D*}$，反之，有 $\Delta q_1^{D*}<\Delta q_2^{D*}$。$p_{12}^{D*}$ 与 p_{22}^{D*} 及 Π_{12}^{D*} 与 Π_{22}^{D*} 大小关系证明过程与此类似。证毕。

由推论 3 - 2（1）可以看出，当 S_1 在第一阶段的产品知情消费者比例低于其产品质量市场占比时，若两种产品质量差异低于一定阈值，S_2 会投入更多努力提高产品质量水平，使产品 2 售价更高，同时获取更高利润；而当两种产品差异高于一定阈值时，若质量敏感型消费者低于一定比例，考虑到产品自身已占据较高的市场份额，S_2 不会选择投入更高的质量改进努力，其产品价格也会较低；而当市场中质量敏感型消费者比例较高时，S_2 为保持自身优势会选择投入较高的质量努力水平。由推论 3 - 2（2）可知，当 S_1 在产品销售第一阶段的知情消费者高于其产品质量占比时，若两种产品质量差高于一定阈值，S_1 第二阶段的产品质量改进水平恒高于 S_2；而当两种产品质量差异小于其临界阈值时，同样只有当市场中质量敏感消费者比例较高时，S_1 才会投入更高的质量改进努力。

由此可以发现，当商家具有较多的知情消费者或市场中质量敏感型消费者比例较高时，其在第二阶段改进产品质量的意愿更高，而消费者的显著性越强，即 γ 值越小时，对质量敏感型消费者的比例要求降低，商家更有动力在第二阶段投入较高的质量改进努力水平。

3.3 模型分析

本章主要考虑在线评论对商家决策与利润的影响情况，由于在线评论在第二销售阶段才会影响消费者的决策，故重点分析两商家第二阶段的决策与利润随相关参数的变化情况以及不同情形下的大小关系。

3.3.1 参数灵敏度分析

本节重点考察决策变量随相关参数的变化关系，首先考察消费者好评关注度对决策变量的影响效果，得到命题 3 – 1。

命题 3 – 1 决策变量及利润随 u 的变化规律如下：

（1）当$\varpi<\bar{q}$ 时，满足 $q_1<q_2$ 或 $q_1>q_2$ 且 $k>k_1$，有$\frac{\partial \Delta q_1^{H*}}{\partial u}>0$，$\frac{\partial \Delta q_2^{H*}}{\partial u}<0$，$\frac{\partial p_{12}^{H*}}{\partial u}>0$，$\frac{\partial p_{22}^{H*}}{\partial u}<0$，$\frac{\partial \Pi_1^{H*}}{\partial u}>0$，$\frac{\partial \Pi_2^{H*}}{\partial u}<0$；反之，变化规律相反。

（2）当$\varpi>\bar{q}$ 时，满足 $q_1<q_2$ 或 $q_1>q_2$ 且 $k<k_1$，有$\frac{\partial \Delta q_1^{H*}}{\partial u}>0$，$\frac{\partial \Delta q_2^{H*}}{\partial u}<0$，$\frac{\partial p_{12}^{H*}}{\partial u}>0$，$\frac{\partial p_{22}^{H*}}{\partial u}<0$，$\frac{\partial \Pi_1^{H*}}{\partial u}>0$，$\frac{\partial \Pi_2^{H*}}{\partial u}<0$；反之，变化规律相反，$H\in\{T, D\}$。

证明：

首先求解 T 情形下两商家的价格、产品改进决策以及利润随 u 的变化情况，得到：$\frac{\partial \Delta q_1^{T*}}{\partial u}=\frac{\gamma[1-2\varpi+\bar{\varpi}k(1-\gamma^2)]}{2\Lambda_1}$，$\frac{\partial p_{12}^{T*}}{\partial u}=\frac{3\gamma\tau[1-2\varpi+\bar{\varpi}k(1-\gamma^2)]}{2\Lambda_1}$，$\frac{\partial p_{22}^{T*}}{\partial u}=-\frac{3\gamma\tau[1-2\varpi+\bar{\varpi}k(1-\gamma^2)]}{2\Lambda_1}$，$\frac{\partial \Pi_1^{T*}}{\partial u}=\frac{\gamma[1-2\varpi+\bar{\varpi}k(1-\gamma^2)](6+\Psi)\tau}{4\Lambda_1^2}$，

$\frac{\partial \Pi_2^{T*}}{\partial u} = -\frac{3\gamma\tau[1-2\varpi+\bar{\varpi}k(1-\gamma^2)]\{3[1-k(1-\gamma^2)](6-\Psi)\}}{4\Lambda_1^2}$，其中，$\bar{\varpi}=(1-\varpi)q_1-\varpi q_2$。当$\bar{\varpi}>0$，即$\varpi<\bar{q}$时，若$q_1>q_2$，有$\frac{1}{2}<\varpi<\bar{q}$，满足$k>k_1=\frac{2\varpi-1}{(1-\gamma^2)[(1-\varpi)q_1-\varpi q_2]}$，有$\frac{\partial \Delta q_1^{T*}}{\partial u}>0$，$\frac{\partial p_{12}^{T*}}{\partial u}>0$，$\frac{\partial p_{22}^{T*}}{\partial u}<0$，$\frac{\partial \Pi_1^{T*}}{\partial u}>0$，$\frac{\partial \Pi_2^{T*}}{\partial u}<0$；反之，变化规律相反；若$q_1<q_2$，有$\varpi<\bar{q}<\frac{1}{2}$，满足$k>0>k_1$，故恒有$\frac{\partial \Delta q_1^{T*}}{\partial u}>0$，$\frac{\partial p_{12}^{T*}}{\partial u}>0$，$\frac{\partial p_{22}^{T*}}{\partial u}<0$，$\frac{\partial \Pi_1^{T*}}{\partial u}>0$，$\frac{\partial \Pi_2^{T*}}{\partial u}<0$。同理，求得 D 情形下，两商家各决策变量与利润随 u 的变化规律。证毕。

命题3－1（1）表明，如果 S_1 在第一阶段的知情消费者较少，且其产品基础质量高于竞争者，当质量敏感型消费者高于一定比例时，产品 1 质量提升程度会随 u 增大而增大，同时价格和利润也会随之提高，更能够从消费者好评关注度的增加中获益；但如果其自身产品质量低于竞争者产品，其第一阶段产品评论反馈较少，消费者好评关注度的增加能够降低第一阶段差评对第二阶段消费者产品期望估值的影响，故 S_1 会通过在第二阶段改进自身产品质量而提高产品价格。而 S_2 第一阶段的产品质量优势影响效果下降，为维持自身的竞争能力，不得不选择降低产品价格，导致利润的下降，由此表明，具有较高市场份额且产品质量水平较高的商家有必要率先对产品性能进行改进。

命题3－1（2）表明，当 S_1 在第一阶段的知情消费者比例较高时，若自身产品质量较高，当质量敏感型消费者低于一定比例时，u 的增大会使 S_1 投入更高的质量努力水平，但若其产品质量较低，其质量改进投入会随 u 的增大而下降。由此可见低质量产品在第一阶段具有较高知情消费者反而对其第二阶段质量的提高不利。

考察第一阶段知情消费者比例对各商家决策变量与利润的影响，得到命题3－2。

命题3－2　T 情形与 D 情形下，S_1 的各决策变量和利润与ϖ呈正比例关系，即$\frac{\partial \Delta q_1^{H*}}{\partial \varpi}>0$，$\frac{\partial p_{12}^{H*}}{\partial \varpi}>0$，$\frac{\partial \Pi_1^{H*}}{\partial \varpi}>0$；$S_2$ 的各决策变量和利润与ϖ呈反比例关系，即$\frac{\partial \Delta q_2^{D*}}{\partial \varpi}<0$，$\frac{\partial p_{22}^{H*}}{\partial \varpi}<0$，$\frac{\partial \Pi_2^{H*}}{\partial \varpi}<0$，$H\in\{T, D\}$。

证明：

对 Δq_1^{T*}、p_{it}^{T*} 以及 Π_i^{T*} 分别求关于 ϖ 的一阶偏导，可以得到如下关系：$\frac{\partial \Delta q_1^{T*}}{\partial \varpi}=\frac{\gamma[2+k(1-\gamma^2)(q_1+q_2)](1-u)}{2[9\tau(1-k)+9k\gamma^2\tau-\gamma]}>0$，$\frac{\partial p_{12}^{T*}}{\partial \varpi}=\frac{3\gamma\tau}{9\tau(1-k)+9k\gamma^2\tau-\gamma}\times\frac{5+2\Delta q-k(1-\gamma^2)(1-u)q_1+\varpi[2+k(1-\gamma^2)(q_1+q_2)](1-u)+u}{2[9\tau(1-k)+9k\gamma^2\tau-\gamma]}>0$，$\frac{\partial p_{22}^{T*}}{\partial \varpi}=-\frac{3\gamma[2+k(1-\gamma^2)(q_1+q_2)](1-u)\tau}{2[9\tau(1-k)+9k\gamma^2\tau-\gamma]}<0$，$\frac{\partial \Pi_1^{T*}}{\partial \varpi}=\gamma\tau(1-u)[2+k(1-\gamma^2)(q_1+q_2)]\times\frac{5+2\Delta q-k(1-\gamma^2)(1-u)q_1+\varpi[2+k(1-\gamma^2)(q_1+q_2)](1-u)+u}{4[9\tau(1-k)+9k\gamma^2\tau-\gamma]}+\gamma q_1>0$，$\frac{\partial \Pi_2^{T*}}{\partial \varpi}=-\gamma q_1-\frac{3\gamma\tau(1-u)[2+k(1-\gamma^2)(q_1+q_2)]}{4[9\tau(1-k)+9k\gamma^2\tau-\gamma]^2}\{3k\gamma^2\tau[7-2\Delta q-2(1-u)\varpi+(1-2k)(q_1+q_2)(1-u)\varpi-u-(1-2k)(1-u)q_1]+3(1-k)[7-2\Delta q-(2\varpi+kq_1\varpi+kq_2\varpi-kq_1)(1-u)]\tau\}$。$D$ 情形下的证明过程与此类似，具体证明过程略。证毕。

通常情况下，对商家来说，具有较高比例知情消费者增加了其市场垄断权力，因此商家在定价与盈利方面具有更高的优势。需要注意的是，当第二阶段消费者会根据第一阶段消费者更新自身对两种竞争产品的期望估值时，拥有较高比例的消费者意味着商家必须为维持更大规模的消费群体而竞争。同时，命题 3－2 表明，第一阶段消费者产品评论对两产品竞争的影响不会完全抵消商家初始有较大规模知情消费者的优势。为维持第一阶段的竞争优势，随着 ϖ 的增加，S_1 具有更高的意愿在第二阶段改进产品的质量。

最后，考察市场中不同类型消费者比例对商家产品质量改进决策与价格决策的影响，得到命题 3－3。

命题 3－3 T 情形下，当 $\varpi<\bar{q}$ 时，恒有 $\frac{\partial \Delta q_1^{T*}}{\partial k}>0$，$\frac{\partial p_{12}^{T*}}{\partial k}>0$；反之，当 $\tau>\bar{\tau}$ 时，有 $\frac{\partial \Delta q_1^{T*}}{\partial k}<0$，$\frac{\partial p_{12}^{T*}}{\partial k}<0$；存在一个关于 k 的临界区间（k_2，k_3），在该区间内有 $\frac{\partial p_{22}^{T*}}{\partial k}<0$。$D$ 情形下，存在一个关于 k 的临界区间（k_4，k_5），在该区间内有 $\frac{\partial \Delta q_1^{D*}}{\partial k}>0$，$\frac{\partial p_{12}^{D*}}{\partial k}>0$；而在区间（$k_6$，$k_7$）内，有 $\frac{\partial \Delta q_2^{D*}}{\partial k}<0$，

$\frac{\partial p_{22}^{D*}}{\partial k}<0$。

证明：

首先求解 T 情形下各决策变量关于 k 的一阶偏导，得到：$\frac{\partial \Delta q_1^{T*}}{\partial k}=\frac{\gamma(1-\gamma^2)[\gamma\varpi(1-u)+9\tau(6+\Psi)]}{2\Lambda_1^2}$，$\frac{\partial p_{12}^{T*}}{\partial k}=\frac{3\gamma\tau(1-\gamma^2)[\gamma\varpi(1-u)+9\tau(6+\Psi)]}{2\Lambda_1^2}$，$\frac{\partial p_{22}^{T*}}{\partial k}=\frac{3\gamma(1-\gamma^2)\tau[\gamma\varpi(1-u)+9\tau(6-\Psi)]}{2[1-k(1-\gamma^2)]\Lambda_1^2}-\frac{2\gamma^2(1-\gamma^2)\{\gamma+18\tau[1-k(1-\gamma^2)]\}}{[1-k(1-\gamma^2)]^2\Lambda_1^2}$，故当 $\varpi<\bar{q}$ 时，有 $\frac{\partial \Delta q_1^{T*}}{\partial k}>0$，$\frac{\partial p_{12}^{T*}}{\partial k}>0$；反之，当 $\tau>\bar{\tau}=-\frac{\gamma[(1-\varpi)q_1-\varpi q_2](1-u)}{9(6+\Psi)}$ 时，有 $\frac{\partial \Delta q_1^{T*}}{\partial k}<0$，$\frac{\partial p_{12}^{T*}}{\partial k}<0$。令 $\frac{\partial p_{22}^{T*}}{\partial k}=0$，得到：$k_2=\frac{\gamma[12+z-9\tau(6-\Psi)]}{(1-\gamma^2)[9\tau(6-\Psi)-z]}+\frac{2\gamma\sqrt{3[\gamma z+9\tau(6+\Psi)]}}{3(1-\gamma^2)\tau[9\tau(6-\Psi)-z]}$，$k_3=\frac{-3\tau\gamma[12+z-9\tau(6-\Psi)]+2\gamma\sqrt{3[\gamma z+9\tau(6+\Psi)]}}{3(1-\gamma^2)\tau[9\tau(6-\Psi)-z]}$，其中，$z=\varpi(1-u)$，故在区间（$k_2$，$k_3$）内，有 $\frac{\partial p_{22}^{T*}}{k}<0$。

同理，求解 D 情形下各决策变量分别关于 k 的一阶偏导，得到：在区间（k_4，k_5）内，有 $\frac{\partial \Delta q_1^{D*}}{\partial k}>0$，$\frac{\partial \Delta q_2^{D*}}{\partial k}<0$；在区间（$k_6$，$k_7$）内，有 $\frac{\partial p_{12}^{D*}}{\partial k}>0$，$\frac{\partial p_{22}^{D}}{\partial k}<0$，临界阈值 $k_4=\frac{6\tau\gamma[z-6+9\tau(6+\Psi)]-\bar{\gamma}}{3(1-\gamma^2)\tau[2\gamma z+9\tau(6+\Psi)]}$，$k_5=\frac{6\tau\gamma[z-6+9\tau(6+\Psi)]+\bar{\gamma}}{3(1-\gamma^2)\tau[2\gamma z+9\tau(6+\Psi)]}$，$k_6=\frac{6\tau\gamma[6+z-9\tau(6-\Psi)]-\bar{\gamma}}{3(1-\gamma^2)\tau[2\gamma z+9\tau(6-\Psi)]}$，$k_7=\frac{6\tau\gamma[6+z-9\tau(6-\Psi)]+\bar{\gamma}}{3(1-\gamma^2)\tau[2\gamma z+9\tau(6-\Psi)]}$，$\bar{\gamma}=2\gamma\times\sqrt{6\tau(9\tau\Psi-2\gamma z)}$。证毕。

由命题 3－3 可知，当 S_1 率先进行产品改进时，产品知情消费者低于产品质量市场占比时，随着市场中消费者质量敏感程度的增加，商家更愿意在第二阶段投入更高的质量改进努力，进而使产品价格提高。只有当质量敏感型消费者在一定比例范围内时，两商家均改进产品的情形下产品质量提升水平与第二阶段价格才能随质量敏感型消费者占比的增大而增大。由此可见，市场中质量敏感型消费者的比例会在很大程度上影响两商家在第二阶段的产品质量改进程度。考虑到两商家利润的复杂性，仅在数值分析部分考察两商家利润随质量敏感型消费者比例的变化规律。

3.3.2 情形对比分析

本节主要对比不同情形下，两商家决策变量与收益的大小关系，参数取值条件满足 $\tau > \dfrac{2\gamma}{9(1-k+k\gamma^2)}$ 以保证两种情形下均存在最优解，得到命题 3-4 与命题 3-5。

命题 3-4 当 $\Delta q < \Delta\bar{q}_2$ 时，有 $\Delta q_1^{T*} > \Delta q_1^{D*}$，$p_{12}^{T*} > p_{12}^{D*}$，$p_{22}^{T*} < p_{22}^{D*}$；反之，有 $\Delta q_1^{T*} < \Delta q_1^{D*}$，$p_{12}^{T*} < p_{12}^{D*}$，$p_{22}^{T*} > p_{22}^{D*}$。

证明：

令 $\nabla q = \Delta q_1^{T*} - \Delta q_1^{D*}$，$\Delta p_{12} = p_{12}^{T*} - p_{12}^{D*}$，$\Delta p_{22} = p_{22}^{T*} - p_{22}^{D*}$，因此有 $\nabla q = \dfrac{\gamma^2\{3\tau[1-k(1-\gamma^2)](6-\Psi)-4\gamma\}}{6[1-k(1-\gamma^2)]\Lambda_1\Lambda_2}$，$\Delta p_{12} = \dfrac{\gamma^2\{3\tau[1-k(1-\gamma^2)](6-\Psi)-4\gamma\}}{2[1-k(1-\gamma^2)]\Lambda_1\Lambda_2}$，$\Delta p_{22} = \dfrac{\gamma^2\{4\gamma-3\tau[1-k(1-\gamma^2)](6-\Psi)\}}{2[1-k(1-\gamma^2)]\Lambda_1\Lambda_2}$，由三者解析式易知，当满足 $\Delta q < \Delta\bar{q}_2 = \dfrac{3\tau[1-k(1-\gamma^2)]\{6+[(1-\gamma^2)k\varpi+(1-2\varpi)](1-u)\}-4\gamma}{6\tau[1-k(1-\gamma^2)]}$ 时，有 $\Delta q_1^{T*} > \Delta q_1^{D*}$，$p_{12}^{T*} > p_{12}^{D*}$，$p_{22}^{T*} < p_{22}^{D*}$；反之，变量大小关系相反。证毕。

由命题 3-4 可知，当两种产品的质量差异低于一定阈值时，商家单一改进产品情形下第二阶段产品质量提高的程度更高，产品定价也因此越高；而当 S_1 产品质量明显高于 S_2 时，S_1 为维持自身客观质量优势，会在竞争者同样选择改进产品质量时投入更高的质量改进能力。这种商业模式在现实中也有一定的体现，例如 2015 年以后，大批国产智能手机面世，这些手机在功能、质量方面较为相似，OPPO 手机率先就手机像素方面投入大量研发改进，进而吸引了智能手机市场中的大量摄影爱好者，使 OPPO 旗下的一些手机型号能够溢价销售。

对比不同情形下商家利润的大小关系，由此得到命题 3-5。

命题 3-5 相对于 T 情形，D 情形下 S_2 的利润有所提高；对于 S_1，存在一个关于 τ 的临界阈值区间（τ_3，τ_4），在该区间内有 $\Pi_1^{T*} > \Pi_1^{D*}$。

证明：

令 $\Delta\Pi_1 = \Pi_1^{T*} - \Pi_1^{D*}$，$\Delta\Pi_2 = \Pi_2^{T*} - \Pi_2^{D*}$，有 $\Delta\Pi_1 = -\dfrac{\gamma\tau(6+\Psi)^2}{8\Lambda_1} +$

$\frac{\gamma\Lambda_1\{3[1-k(1-\gamma^2)](6+\Psi)\tau-4\gamma\}^2}{72[1-k(1-\gamma^2)]^2\Lambda_2^2\tau}$，$\Delta\Pi_2=-\frac{\{4\gamma+3[1-k(1-\gamma^2)](6-\Psi)\tau\}\gamma}{72[1-k(1-\gamma^2)]^2}\times$ $\left\{\frac{9[1-k(1-\gamma^2)]}{\Lambda_1^2}+\frac{\Lambda_1}{\tau\Lambda_2^2}\right\}<0$。令 $\Delta\Pi_1=0$，得到：$\tau_3=\frac{3\gamma[1-k(1-\gamma^2)](4+\Psi)-M}{36[1-k(1-\gamma^2)]^2\Psi}$，$\tau_4=\frac{3\gamma[1-k(1-\gamma^2)](4+\Psi)+M}{36[1-k(1-\gamma^2)]^2\Psi}$，即存在一个关于质量改进成本系数的临界区间阈值范围（τ_3，τ_4），在该区间范围内，有 $\Pi_1^{T*}>\Pi_1^{D*}$，其中，$M=\sqrt{3\gamma[1-k(1-\gamma^2)]^2(48-8\Psi+3\Psi^2)}$。证毕。

命题 3 - 5 表明，当竞争者率先在第二阶段进行产品改进时，商家选择第二阶段改进产品质量有利于自身利润的提高；但存在一个关于质量改进成本系数的临界阈值范围，只有质量改进成本系数控制在该范围内时，商家才能通过率先在第二阶段改进产品质量而获益，否则将会承担亏损风险，如特斯拉在进行电动汽车的质量改进过程中的“极致体验”理念使其财务一度出现亏损的局面。

3.4 数值分析

通过数值分析对上述相关结论做进一步说明，并分析各主要参数对网络商家产品价格、需求及利润的影响。相关参数初始取值设置为：$u=0.6$，$k=0.6$，$\varpi=0.6$，$\gamma=0.6$，$q_1=0.7$，$q_2=0.5$，$\tau=0.5$，满足 $\tau>\frac{2\gamma}{9(1-k+k\gamma^2)}=0.216$。

1. u 与 ϖ 对 Δq_i 的影响

考察消费者的好评关注度与商家知情消费者比例对商家决策和利润的影响。其他参数取值不变，设定 u 与 ϖ 的取值区间均为 [0.1, 0.9]。图 3 - 2 显示了商家第二阶段产品质量改进投入随 u 与 ϖ 的变化规律。由图 3 - 2 可以看出，由于在上述参数取值范围下命题 3 - 4 中关于 Δq 的临界阈值取值范围为 [1.178, 2.160]，大于 0.2，故产品的质量提升水平在 T 情形下高于 D 情形。由图 3 - 2 还可以看出，ϖ 的增大使两商家的质量改进水平均提高，与命题 3 - 2 结果一致。

当产品知情消费者的比例较低时，消费者对好评的关注度越高，其越愿意大幅提高产品质量；当产品知情消费者的比例较高时，消费者对好评的关注度越低，其同样越愿意大幅提升产品质量。出现这种现象，是因为当市场中产品的知情消费者占比较高且消费者好评关注度较高时，更有利于竞争商家在第二阶段继续占有较高的市场份额。为了在第二阶段吸引更多的消费者，商家有必要更大程度地提高产品质量改进水平，而当拥有更高比例的知情消费者时，若消费者好评关注度较低，为避免产品负面评论对第二阶段产品市场需求的影响，商家会选择较大程度地改进产品。

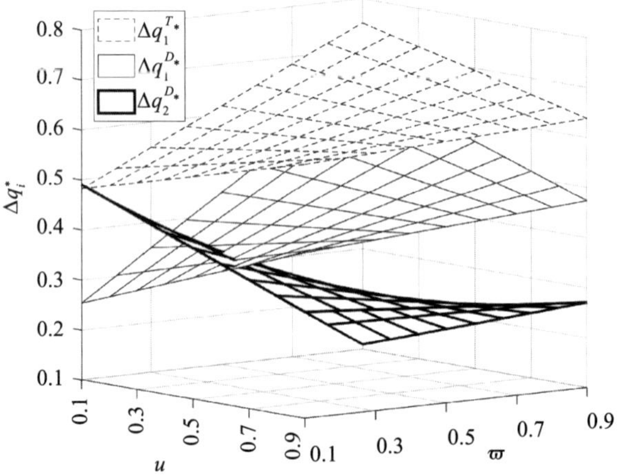

图 3-2　Δq_i 随 u 与 ϖ 变化情况

2. u 与 ϖ 对 p_{i2} 的影响

考察两种情形下两商家价格比值随 u 与 ϖ 的变化情况，得到图 3-3 和图 3-4。

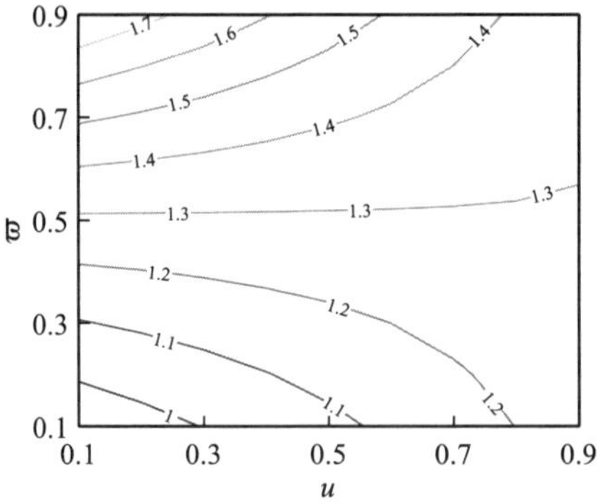

图 3-3　p_{12}^{T*}/p_{22}^{T*} 随 u 与 ϖ 变化情况

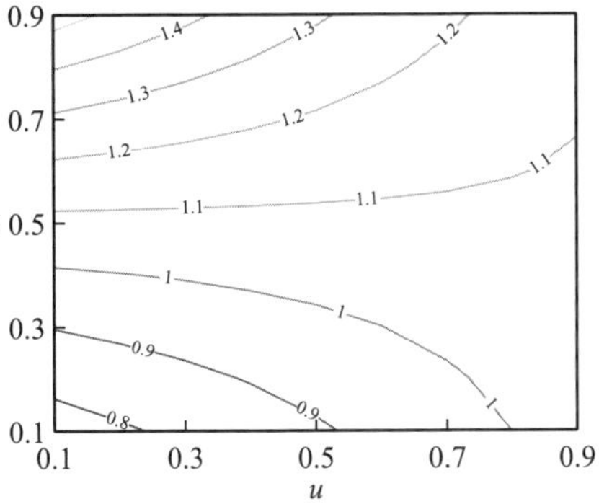

图 3－4　p_{12}^{D*}/p_{22}^{D*} 随 u 与 ϖ 变化情况

由图 3－3 可以看出，只有当商家 S_1 的知情消费者占比较低且消费者好评关注度较低时，产品 1 第二阶段的价格才会低于产品 2 的价格（图形下方部分，$p_{12}^{T*}/p_{22}^{T*}<1$）；由图 3－4 可以看出，当 S_1 在第一阶段的知情消费者比例较高时，产品 1 第二阶段的价格恒高于产品 2 的价格（图形上方部分，$p_{12}^{T*}/p_{22}^{T*}>1$）。$\varpi$ 较低时，若消费者的好评关注度低于一定阈值，S_1 第二阶段的价格会低于 S_2 的价格（$p_{12}^{T*}/p_{22}^{T*}<1$）；且两商家知情消费者比例差距的增大会使两商家的价格差距增大。由于参数取值时设置 $q_1>q_2$，故可知，商家在既具有质量优势又具有市场份额占比优势的情形下，无论竞争者在第二阶段采取何种策略，总是能比竞争者价格更高。

3. u 与 ϖ 对 Π_{i2} 的影响

考察商家利润比值随 u 与 ϖ 的变化情况，得到图 3－5 和图 3－6。

由图 3－5 和图 3－6 可以看出，两种情形下两商家利润的比值均随 ϖ 的增大而增大，且当 ϖ 偏低时，利润比值会 u 的增大而增大，当 ϖ 偏高时，利润比值会随 u 的增大而减小。且由于数值参数设置中假设 $q_1>q_2$，只有当 u 与 ϖ 值均偏低时，S_2 的收益才可能高于 S_1 的收益。这种情况在现实生活中也有较多体现，如苹果手机初期具有更高比例的知情消费者，消费者负面评论关注度越高（u 越低），消费者转向其他品牌手机的可能性越低，有利于维持自身的庞大用户，提高产品的定价能力，进而获得更高收益。

为进一步考虑两产品基础客观质量差异对两商家利润的影响，q_1 取值为 0.7，绘制 Δq 取值在 $\{-0.3,\ -0.2,\ -0.1,\ 0,\ 0.1,\ 0.2,\ 0.3\}$ 范围内时 $\Pi_1^*/\Pi_2^*=1$ 的投影图（见图 3－7）。曲线右侧表示 $\Pi_1^*/\Pi_2^*=1$，即

$\Pi_1^* > \Pi_2^*$，由图 3 - 7 可以看出，产品质量高于竞争者有利于商家自身盈利，但第二阶段产品改进的落后会降低其产品优势。

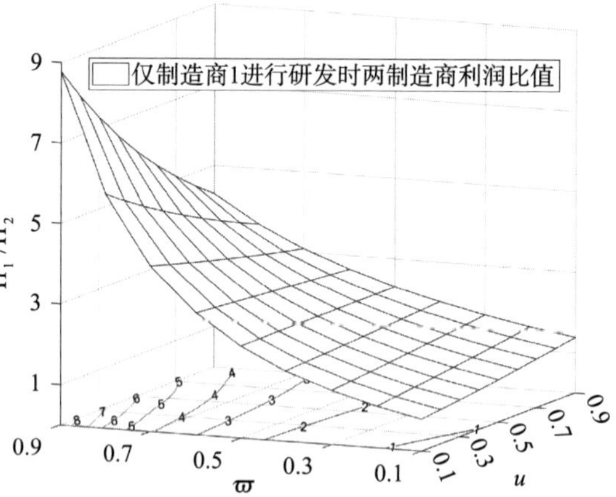

图 3 - 5　*T* 情形下商家利润对比情况

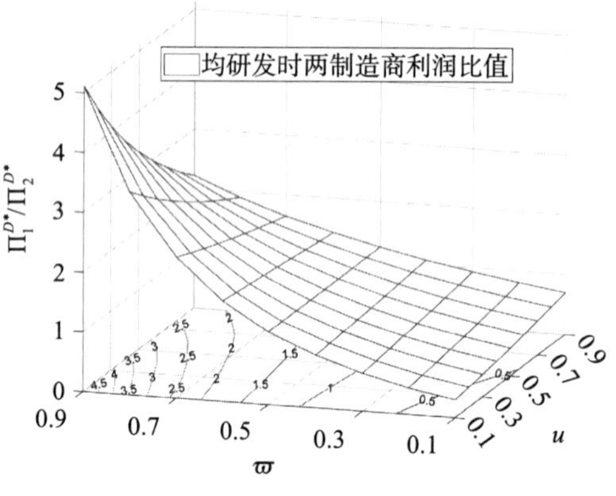

图 3 - 6　*D* 情形下商家利润对比情况

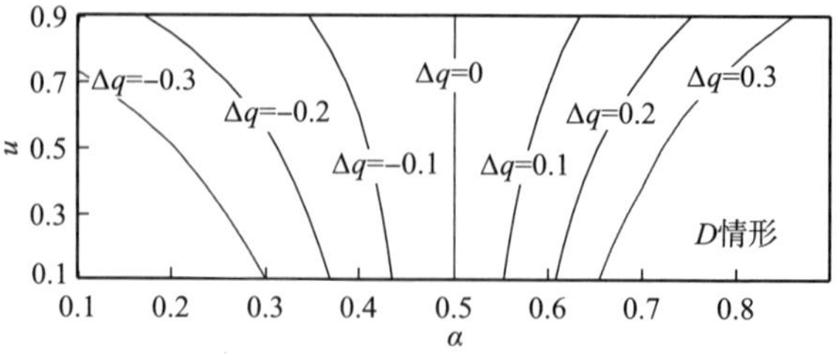

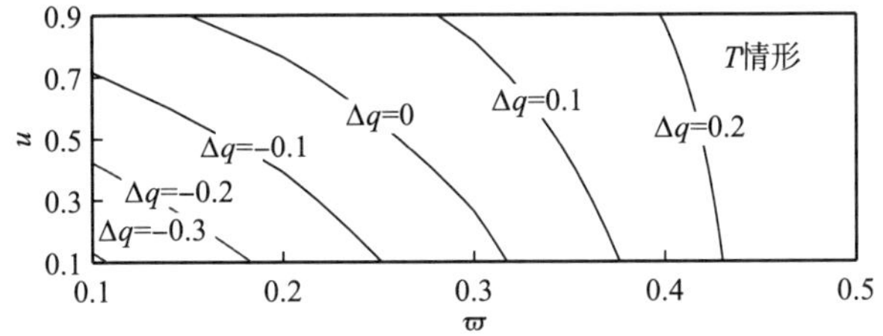

图 3 – 7　两商家利润关系随 Δq 的变化

4. k 与 Δq 对 Δq_i 的影响

考虑质量敏感性消费者占比与两商家产品质量差异对第二阶段产品质量提升水平的影响，设置 k 的取值区间为［0.1，0.9］，Δq 分别取值 0.2 与 –0.2，两种情形下产品的质量改进水平如图 3 – 8 所示。

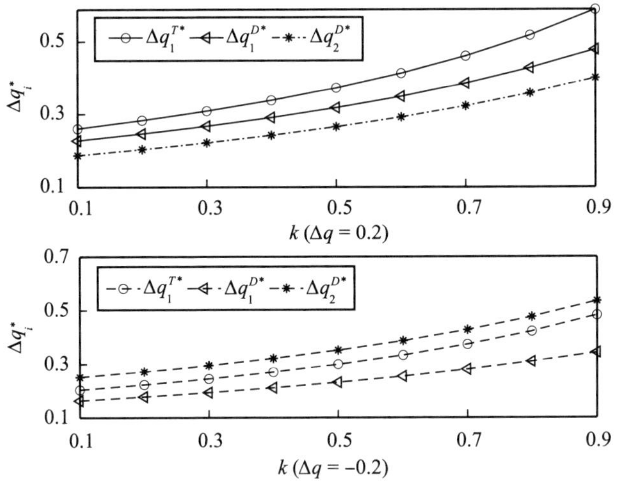

图 3 – 8　Δq_i 随 k、Δq 的变化情况

由图 3 – 8 可以看出，市场中质量敏感型消费者占比的提高会提高两商家的产品质量改进投入水平，而两商家产品的客观质量差异直接影响了两商家的产品质量改进投入的高低。自身产品的客观质量越高，商家越愿意主动投入更高的质量改进能力。这表明，消费者对产品质量的追求和自身产品质量的优势更有助于市场中的产品质量不断提高。

5. k 和 γ 对 p_{i2} 的影响

考察质量敏感型消费者比例与消费者显著性特征对商家第二阶段决策变量和利润的影响。其他参数取值不变，设置 k 的取值区间为［0.1，0.9］，γ 取值分别为 0.3 与 0.7，由此得到两种情形下商家第二阶段产品的定价情况（见图 3－9）。第二阶段产品的质量提升水平变化规律与此类似，限于篇幅，此处不再详细讨论。

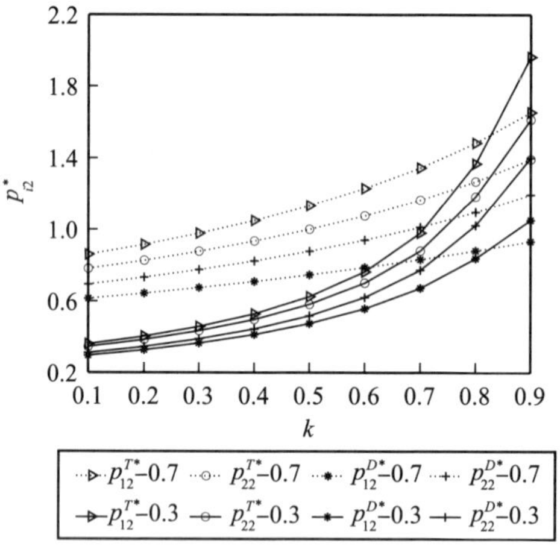

图 3－9　p_{i2} 随 k、γ 的变化情况

由图 3－9 可知，当消费者的显著性水平较低（$\gamma=0.7$）时，产品价格变化幅度较小；而当消费者显著性水平较高（$\gamma=0.3$）时，产品第二阶段价格变化幅度较大。随着质量敏感型消费者比例的增加，选择改进产品质量的商家均会投入更高的改进水平，产品价格会同时提高，故消费者的显著性水平越高，质量敏感型消费者比例的变动对商家决策的影响越大。

6. k 和 γ 对 Π_i 的影响

分析两商家利润随 k 和 γ 的变化情况，同样设置 k 的取值区间为［0.1，0.9］，考虑消费者产品属性感知程度较高与产品属性感知程度较低两种情形，即 γ 取值分别为 0.3 与 0.7，得到两商家利润变化规律（见图 3－10）。

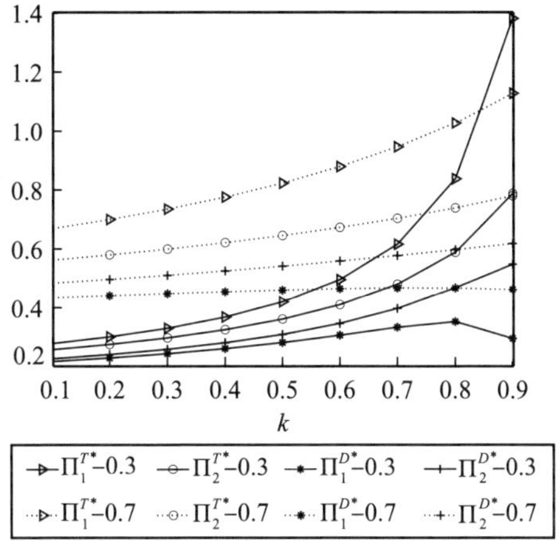

图3－10　Π_i 随 k、γ 的变化情况

由图3－10可以看出，商家利润在消费者不同显著性水平条件下随 k 的变化规律与产品价格变化规律基本一致；当质量敏感度消费者比例较高时，商家若选择不在第二阶段进行产品改进，会导致自身利润下降，且消费者显著性水平越高，利润下降幅度越大。这是因为当市场中质量敏感型消费者比例较高时，选择改进产品的商家会投入更高的改进水平，进而吸引更多消费者，使安于现状的竞争商家利润水平不断下降甚至最终被市场所淘汰，这也能在一定程度上解释为什么市场中的大多数产品总是在不断改进升级。

3.5　本章小结

本章将消费者细分为质量敏感型消费者和价格敏感型消费者两类，构建了竞争环境下基于在线评论的分两阶段销售产品的商家利润模型；分析了当消费者对产品质量估值期望受到早期在线评论的影响时，竞争型商家在第二阶段的产品质量改进水平、两阶段定价随消费者的好评关注度以及不同类型消费者比例等参数的变化规律，得到主要结论如下。

（1）消费者对好评关注度的提高能够提升消费者对产品的估值期望，进而会加剧商家之间的竞争；消费者对差评关注度的提高有助于具有较高比例知情消费者的商家维持自身已有消费者群体。

（2）较高比例的知情消费者会提高商家的市场垄断能力，并提升其在定价与盈利方面的优势；在线评论对商家竞争的影响不会完全抵消初始较大规模知情消费者的优势，但低质量产品在第一阶段具有较高的知情消费者会不利于后续产品质量的提高。

（3）具有较高比例的知情消费者或市场中质量敏感型消费者比例较高时，商家在第二阶段具有更高的产品质量改进的意愿；且消费者的显著性越强，商家会投入更高的质量改进努力。

由此得到相关管理启示：一是竞争环境下，消费者对好评关注度的提高并不一定对商家有利，具有较高比例知情消费者的商家在保证自身产品质量的同时，可以在产品营销过程中通过同类产品负面评论对比等手段提高消费者对负面评论的关注度；二是商家（尤其是新面市的高质量产品商家）有必要通过多种营销手段提高市场中的知情消费者比例；三是商家率先改进产品质量存在一定的风险，这就要求商家足够了解同类产品质量水平、质量改进成本与不同类型消费者对产品质量改进的响应程度等。

第 4 章　考虑在线评论与新客优惠的竞争商家产品改进及定价决策研究

第 3 章研究了考虑在线评论的竞争商家产品质量改进与定价决策，结合显著性理论探究了在线评论对后续销售阶段中异质型消费者产品估值的影响，分析了消费者好评关注度和不同类型消费者比例对产品质量改进与两阶段定价的影响；然而没有考虑商家其他运营策略与在线评论的交互影响，大数据技术的成熟使平台中客户细分化程度提高，为吸引更多新的潜在消费者购买产品，一些线上商家基于消费者购买历史对新老消费者实行差异化定价。本章一方面考虑商家根据在线产品评论中所提出的产品不足改进产品，另一方面考虑商家对首次购买产品的消费者给予新客优惠，求解商家的最优决策与利润，并分析消费者的好评关注度、价格敏感系数以及知情消费者比例等参数对商家两阶段决策与利润的影响。

4.1　模型描述和假设

本章考虑两个竞争型网络商家 S_1 和 S_2 分别生产并在电商平台中分两阶段直销产品 1 和产品 2。第一阶段，两商家均仅销售原始产品；第二阶段，商家 S_1 会考虑改进产品质量。为了在第二阶段吸引到更多竞争商家的早期消费者，两商家会在第二销售阶段初决策是否实施新客优惠。

4.1.1　模型假设及符号说明

假设 4－1　商家 S_1 在第二阶段会进行评论挖掘，找出产品不足，明确改进重点，并结合利润函数决策产品改进水平与价格，商家 S_2 仅决策产品价格。第二阶段商家会决策是否实施新客优惠，为简化模型，设实施新客优惠后两商家优惠券金额均为 l。

假设 4－2 消费者对产品 i（$i=1$ 或 2，表示产品 1 或产品 2）质量的估值为 Q_i，Q_i 由产品客观质量 q_i 与体验质量 η_i 组成，即 $Q_i=q_i+\eta_i$。

假设 4－3 第一阶段消费者仅会购买其知情产品，市场中产品 1 和产品 2 的知情消费者占比分别为ϖ和 $1-\varpi$。

假设 4－4 为不失一般性，不考虑生产成本与消费者产品转换成本。两商家在两阶段的需求 D_{it} 均不为 0，以保证有内点解存在。其中，$t=1$ 或 $t=2$，表示第一阶段或第二阶段。

模型相关符号及含义说明见表 4－1。

表 4－1　　模型相关符号及含义

符号	含义
q_i	产品 i 客观质量
η_i	消费者从产品 i 中获得的体验质量
σ	消费者价格敏感系数
ϖ	产品 1 知情消费者比例
p_{it}	商家 i 产品第 t 阶段的价格
Π_{it}	商家 i 产品第 t 阶段的利润
D_{i2}^{i}	产品 i 知情者继续购买产品 i 产生的需求
D_{i2}^{3-i}	产品 i 知情者转向产品（$3-i$）产生的需求
u	消费者对好评的相对关注度
Δq_i	第二阶段产品 1 的质量改进水平
m	客观质量改进对体验质量的影响水平
τ	产品质量改进成本系数

商家与消费者的具体决策过程如图 4－1 所示。

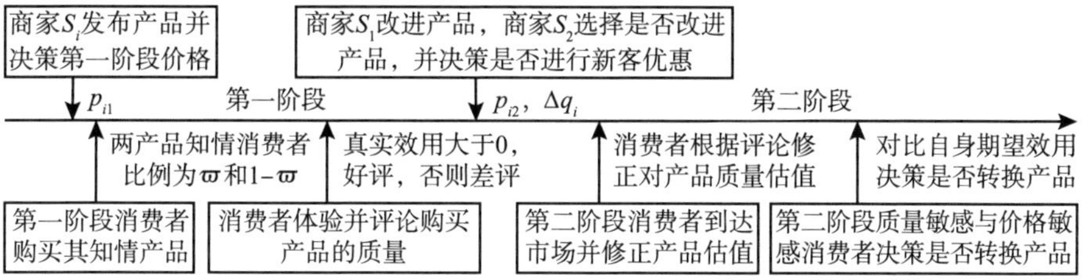

图 4-1　商家与消费者两阶段决策过程示意

4.1.2　消费者效用函数表示

两阶段中消费者效用函数情况具体说明如下。

1. 第一阶段消费者效用函数表示

考虑消费者的效用函数仅由质量与价格两个产品属性决定，且主要考虑评论反映产品质量信息，消费者更加注重产品质量，这也使商家有动力去改进产品。因此，消费者价格敏感系数 σ 设为 $0\leqslant\sigma\leqslant1$，则第一阶段购买产品 i 的消费者效用 U_{i1}：

$$U_{i1}=Q_i-\sigma p_{i1}=q_i+\eta_i-\sigma p_{i1} \tag{4-1}$$

当 $U_{i1}\geqslant0$ 时，消费者会发表好评，反之会发表差评。第二阶段消费者根据好评、差评得到未购买产品的期望体验质量 $E[\eta_i \mid p_{i1}]$ 估值：

$$\begin{aligned}E[\eta_i \mid p_{i1}]&=[uP(\eta_i\geqslant\sigma p_{i1}-q_i)]\cdot E[\eta_i \mid \eta_i\geqslant\sigma p_{i1}-q_i]\\&\quad+[1-uP(\eta_i\geqslant\sigma p_{i1}-q_i)]\cdot E[\eta_i \mid \eta_i<\sigma p_{i1}-q_i]\\&=\frac{(\sigma p_{i1}-q_i-1)(1-\mu)}{2}\end{aligned} \tag{4-2}$$

其中，$P(\eta_i\geqslant\sigma p_{i1}-q_i)$ 表示第一阶段消费者体验产品后发表好评的概率，$E[\eta_i \mid \eta_i\geqslant\sigma p_{i1}-q_i]$ 表示发表好评时消费者的期望体验质量，$E[\eta_i \mid \eta_i<\sigma p_{i1}-q_i]$ 表示发表差评时消费者的期望体验质量。

2. 第二阶段消费者期望效用函数

在第二阶段初，产品 1 改进升级，记改进水平为 Δq_1，改进后产品客观质量为 $q_1'=q_1+\Delta q_1$。若采用评论挖掘技术采集评论信息，则产品的改进同样也会作用于消费者体验质量，消费者体验质量估值区间修正为 $\eta_i\sim U(-1+m\Delta q_1,\ 1+m\Delta q_1)$。消费者会根据从产品中获得的期望效用制定购买决策，若第一阶段消费者购买产品 i，则其获知了产品 i 的体验质量，但

仅能通过产品评论获知产品（3 - i）的期望体验质量 $E[\eta_{3-i}|p_{3-i,1}]$。当平台提出新客优惠活动时，一些线上商家会考虑参与实施新客优惠以吸引竞争产品的消费者。若商家实施新客优惠，对于第一阶段购买产品（3 - i）的消费者来说，其第二阶段转向产品 i 的购买价格为 $p_{i2}^{3-i}=p_{i2}-l$。下面将针对消费者在第二阶段从两产品中获得的期望效用函数展开说明。

第一阶段购买产品 1 的消费者，其在第二阶段从产品 1 和产品 2 中获得的期望效用 $E(U_{12}^1)$、$E(U_{22}^1)$ 见式（4 - 3）和式（4 - 4）：

$$E(U_{12}^1)=(q_1'+\eta_1)-\sigma p_{12}=q_1+\Delta q_1+\eta_1-\sigma p_{12} \tag{4-3}$$

$$E(U_{22}^1)=q_2+E[\eta_2|p_{21}]-\sigma p_{22}^1 \tag{4-4}$$

当 $E(U_{12}^1)\geqslant E(U_{22}^1)$，即 $\eta_1\geqslant -q_1+q_2-\Delta q_1+\sigma(p_{12}-p_{22}^1)+E[\eta_2|p_{21}]$ 时，消费者继续购买产品 1；反之，会转去购买产品 2。

第一阶段购买产品 2 的消费者，其在第二阶段从两产品中获得的期望效用 $E(U_{12}^2)$、$E(U_{22}^2)$ 见式（4 - 5）和式（4 - 6）：

$$E(U_{12}^2)=q_1+\Delta q_1+E[\eta_1|p_{11}]-\sigma p_{12}^2 \tag{4-5}$$

$$E(U_{22}^2)=q_2+\eta_2-\sigma p_{22} \tag{4-6}$$

当 $E(U_{12}^2)\geqslant E(U_{22}^2)$，即 $\eta_2\leqslant q_1-q_2+\Delta q_1-\sigma(p_{12}^2-p_{22})+E[\eta_1|p_{11}]$ 时，消费者购买产品 1；反之，继续购买产品 2。

4.1.3 两阶段产品需求与利润函数表示

根据消费者期望效用函数，得到第二阶段产品 1 与产品 2 的需求函数 D_{12} 和 D_{22}，见式（4 - 7）和式（4 - 8）：

$$\begin{aligned} D_{12} &= D_{12}^1+D_{12}^2=\varpi\int_{-\Delta q-\Delta q_1+\sigma(p_{12}-p_{22}^1)+E[\eta_2|p_{21}]}^{1+m\Delta q_1}\frac{1}{2}\mathrm{d}\eta_1 \\ &\quad +(1-\varpi)\int_{-1}^{\Delta q+\Delta q_1-\sigma(p_{12}^2-p_{22})+E[\eta_1|p_{11}]}\frac{1}{2}\mathrm{d}\eta_2 \end{aligned} \tag{4-7}$$

$$\begin{aligned} D_{22} &= D_{22}^1+D_{22}^2=\varpi\int_{-1+m\Delta q_1}^{-\Delta q-\Delta q_1+\sigma(p_{12}-p_{22}^1)+E[\eta_2|p_{21}]}\frac{1}{2}\mathrm{d}\eta_1 \\ &\quad +(1-\varpi)\int_{\Delta q+\Delta q_1-\sigma(p_{12}-p_{22}^1)+E[\eta_1|p_{11}]}^{1}\frac{1}{2}\mathrm{d}\eta_2 \end{aligned} \tag{4-8}$$

其中，D_{12}^1、D_{22}^2 分别为产品 1 知情者继续购买产品 1、产品 2 知情者继续购买产品 2 所产生的需求，D_{12}^2、D_{22}^1 分别为产品 1 知情者转向产品 2、产品 2

知情者转向产品 1 所产生的需求。$\Delta q = q_1 - q_2$。根据边际成本递增原理，记产品 1 改进成本 $C(\Delta q_1) = \tau(\Delta q_1)^2$，最终得到两产品的总利润函数 Π_i，如式（4 -9）与式（4 -10）所示：

$$\Pi_1 = D_{11}p_{11} + [p_{12}D_{12}^1 + p_{12}^2 D_{12}^2 - \tau(\Delta q_1)^2] \tag{4-9}$$

$$\Pi_2 = D_{21}p_{21} + [p_{22}^1 D_{22}^1 + p_{22}D_{22}^2] \tag{4-10}$$

同时，第二阶段购买两产品的消费者剩余 CS_i 见式（4 - 11）与式（4 -12）：

$$CS_1 = \varpi\int_0^1\int_{-\Delta q-\Delta q_1+\sigma(p_{12}-p_{22}^1)+E[\eta_2\mid p_{21}]}^{1+m\Delta q_1}(q_1' + \eta_1 - \sigma p_{12})\mathrm{d}\eta_1\mathrm{d}q_1 + (1-\varpi)\int_0^1\int_{-1}^{\Delta q+\Delta q_1-\sigma(p_{12}^2-p_{22})+E[\eta_1\mid p_{11}]}(q_1' + E[\eta_1\mid p_{11}] - \sigma p_{12}^2)\mathrm{d}\eta_2\mathrm{d}q_1 \tag{4-11}$$

$$CS_2 = \varpi\int_0^1\int_{-1+m\Delta q_1}^{-\Delta q-\Delta q_1+\sigma(p_{12}-p_{22}^1)+E[\eta_2\mid p_{21}]}(q_2 + E[\eta_2\mid p_{21}] - \sigma p_{22}^1)\mathrm{d}\eta_1\mathrm{d}q_2 + (1-\varpi)\int_0^1\int_{\Delta q+\Delta q_1-\sigma(p_{12}^2-p_{22})+E[\eta_1\mid p_{11}]}^{1}(q_2 + \eta_2 - \sigma p_{22})\mathrm{d}\eta_2\mathrm{d}q_2 \tag{4-12}$$

4.2　模型求解与分析

商家在第二阶段会首先决策是否实施新客优惠，记实施的决策为“D”，不实施的决策为“N”；以下分两商家均不实施优惠、单一商家实施优惠以及两商家均实施优惠几种情形展开讨论分析。

4.2.1　模型求解

通过逆向求解法，对不同情形下两商家的决策变量进行求解。

1. 两商家均不实施新客优惠的情形

当两商家均不实施新客优惠时（用上角标“NN”表示），此时有 $(p_{i2}^{3-i})^{NN} = p_{i2}^{NN}$，两商家第二阶段的利润函数 Π_{12}^{NN} 可表示为：

$$\Pi_{12}^{NN} = p_{12}^{NN}[(D_{12}^1)^{NN} + (D_{12}^2)^{NN}] - \tau(\Delta q_1^2)^{NN} \tag{4-13}$$

$$\Pi_{22}^{NN} = p_{22}^{NN}[(D_{22}^1)^{NN} + (D_{22}^2)^{NN}] \tag{4-14}$$

根据逆向归纳法，首先对 Π_{i2}^{NN} 求解关于 p_{i2}^{NN} 的二阶偏导，得到：$\frac{\partial^2(\Pi_{i2}^{NN})}{\partial(p_{i2}^{NN})^2}=-\sigma<0$，故存在唯一的最优 p_{i2}^{NN} 使 Π_{i2}^{NN} 取得最大值；对 Π_{i2}^{NN} 求解关于 p_{i2}^{NN} 的一阶偏导并联立得到：

$$p_{i2}^{NN}=\frac{1}{\sigma}-(-1)^i\frac{(1-\varpi)E[\eta_i\mid p_{i1}^{NN}]-\varpi E[\eta_{3-i}\mid p_{3-i,1}^{NN}]+(1+\varpi m)(\Delta q_1)^{NN}+\Delta q}{3\sigma} \tag{4-15}$$

将 p_{12}^{NN} 代回到 Π_{12}^{NN} 中，对 Π_{12}^{NN} 求关于 Δq_1^{NN} 的二阶偏导，有 $\frac{\partial^2(\Pi_{12}^{NN})}{\partial(\Delta q_1^{NN})^2}=-\frac{18\tau\sigma-(1+\varpi m)^2}{9\sigma}$，当满足 $\tau>\frac{(1+\varpi m)^2}{18\sigma}$ 时，有 $\frac{\partial^2(\Pi_{12}^{NN})}{\partial(\Delta q_1^{NN})^2}<0$，对 Π_{12}^{NN} 求关于 Δq_1^{NN} 的一阶偏导并令其等于 0，得到：$\Delta q_1^{NN}=\frac{(1+\alpha m)\{3+(1-\varpi)E[\eta_1|p_{11}]-\varpi E[\eta_2|p_{21}]+\Delta q\}}{18\tau\sigma-(1+\varpi m)^2}$。

将 Δq_1^{NN} 代入式 p_{12}^{NN} 中，并重新将 p_{12}^{NN} 代入式（4－9）、式（4－10）中，并对其求解关于 p_{i1}^{NN} 的二阶偏导，得到：$\frac{\partial\Pi_1^{NN}}{\partial p_{11}^{NN}}\geqslant0$，$\frac{\partial\Pi_1^{NN}}{\partial p_{21}^{NN}}\geqslant0$。由运筹学知识可知，每个商家的最优决策值都位于可行域的边界上，为满足所有知情消费者均能购买产品，可行域边界为：$q_i/\sigma-1\leqslant p_{i1}^{NN}\leqslant q_i/\sigma$。

以 S_1 为例，有 $\left.\frac{\partial\Pi_1^{NN}}{\partial p_{11}^{NN}}\right|_{p_{11}^{NN}=q_1/\sigma-1}\geqslant0$，可知偏导数值在可行区间内恒为正。因此，对于任意的 p_{21}^{NN}，S_1 的最优价格均位于可行域上限，即 $p_{11}^{NN}=q_1/\sigma$。同理，可以判断出 S_2 的最优价格位于可行域上限，即 $p_{21}^{NN}=q_2/\sigma$。由此有 $E[\eta_i\mid p_{i1}]=\frac{u-1}{2}$，将 p_{i1}^{NN} 代入商家第二阶段决策变量与利润中，即可得到最优决策值与利润（见表 4－2）。

表 4－2　商家 S_1 根据评论改进产品时不同优惠情形下两商家的最优决策与利润

情形	最优决策与利润
NN 情形	$\Delta q_1^{NN*}=\frac{(1+\varpi m)(6+\Psi_1)}{2[18\tau\sigma-(1+\varpi m)^2]}$　$p_{12}^{NN*}=\frac{3\tau(6+\Psi_1)}{18\tau\sigma-(1+\varpi m)^2}$ $p_{22}^{NN*}=\frac{3\tau\sigma(6-\Psi_1)-2(1+\varpi m)^2}{[18\tau\sigma-(1+\varpi m)^2]\sigma}$　$\Pi_{12}^{NN*}=\frac{\tau(6+\Psi_1)^2}{4[18\tau\sigma-(1+\varpi m)^2]}$ $\Pi_{22}^{NN*}=\frac{[3\tau\sigma(6-\Psi_1)-2(1+\varpi m)^2]^2}{2[18\tau\sigma-(1+\varpi m)^2]^2}$　$\Psi_1=2\hat{q}-(1-2\varpi)(1-u)$

续表

情形	最优决策与利润
DN 情形	$\Delta q_1^{DN*}=\frac{(1+\varpi m)(6+\Psi_2)+9\varpi m(1-\varpi)l\sigma}{2[18\tau\sigma-(1+\varpi m)^2]}$ $p_{12}^{DN*}=\frac{6\tau(6+\Psi_2)-l(1-\varpi)(2-\varpi m)(1+\varpi m)}{2[18\tau\sigma-(1+\varpi m)^2]}$ $p_{22}^{DN*}=\frac{6\tau\sigma(6-\Psi_2)-(1+\varpi m)[3(1-\varpi)\varpi m\sigma l+4(1+\varpi m)]}{2[18\tau\sigma-(1+\varpi m)^2]}$ $\Pi_{12}^{DN*}=\frac{2\tau\{(6+\Psi_2)^2-12l\sigma(1-\varpi)[6+2\hat{q}-(1-u)(1+\varpi)+l(2+\sigma+\varpi-\varpi\sigma)]\}}{8[18\tau\sigma-(1+\varpi m)^2]}+\frac{\varpi lm(1-\varpi)[9\varpi ml\sigma(1-\varpi)-2(m-2l)(1+\varpi)]}{8[18\tau\sigma-(1+\varpi m)^2]}+\frac{2\varpi l(1-\varpi)(1+\varpi m)[(6+2\hat{q}+u-2(1-\varpi)l\sigma)m-2(1-l-u)]}{8[18\tau\sigma-(1+\varpi m)^2]}$ $\Pi_{22}^{DN*}=\frac{\{6\tau\sigma(6-\Psi_2)-(1+\varpi m)[3(1-\varpi)\varpi ml\sigma+4(1+\varpi m)]\}^2}{8[18\tau\sigma-(1+\varpi m)^2]^2}$ $\Psi_2=2\hat{q}-(1-2\varpi)(1-u)+2(1-\varpi)(1-\sigma)l$
ND 情形	$\Delta q_1^{ND*}=\frac{(1+\varpi m)(6+\Psi_3)}{2[18\tau\sigma-(1+\varpi m)^2]}$　$p_{12}^{ND*}=\frac{3\tau(6+\Psi_3)}{18\tau\sigma-(1+\varpi m)^2}$ $p_{22}^{ND*}=\frac{3\tau\sigma(6-\Psi_3)+18\varpi l\tau\sigma^2-(1+\varpi m)^2(\varpi\sigma l+2)}{\sigma[18\tau\sigma-(1+\varpi m)^2]}$ $\Pi_{12}^{ND*}=\frac{\tau(6+\Psi_3)^2}{4[18\tau\sigma-(1+\varpi m)^2]}$　$\Psi_3=2\hat{q}-(1-2\varpi)(1-u)-2\varpi l(1-\sigma)$ $\Pi_{22}^{ND*}=\frac{(1-\varpi)\{3\tau\sigma[6+(1-u)(1-2\varpi)-2\hat{q}+2\varpi l(1+2\sigma)]-(\varpi\sigma l+2)(1+\varpi m)^2\}\times\{2\varpi^3m^2\sigma l+6\tau\sigma(1-u+2\hat{q}+6)-4-\varpi[2l(6\tau\sigma(2+\sigma)-1)-2(12\tau\sigma-1)(1-u)+m(1-u-2\hat{q}+2)]+\varpi^2m[2l(1+\sigma)-(2+m)(1-u)+2m(\hat{q}+1)]\}-\varpi\{(1+\varpi m)^2[2-(1-\varpi)l\sigma]+3\tau\sigma[(1-u)(1-2\varpi)-2\hat{q}+2\varpi l(1+2\sigma)+6(1-l\sigma)]\}\{2(\varpi^3m^2\sigma-1)l+(m+2)(1-u)-2(15\tau\sigma+2)-m(2\hat{q}+6)+6(6l-2\hat{q}+5u+6)\tau\sigma+\varpi^2m[2(1+\sigma-m\sigma)l-(2+m)(1-u)+2m(\hat{q}+1)]-\varpi[2(1+\sigma)lm-2l+12(2+\sigma)l\tau\sigma+2(1-12\tau\sigma)(1-u)+m(1+u-2\hat{q})+m^2(5+2\hat{q}+u)]\}}{4\sigma[18\tau\sigma-(1+\varpi m)^2]^2}$
DD 情形	$\Delta q_1^{DD*}=\frac{(1+\varpi m)[6+\Psi_1+2l(1-\varpi-3\varpi+\varpi\sigma)]+l\sigma[7(1-\varpi)\varpi m-2(1-\varpi)]}{2[18\tau\sigma-(1+\varpi m)^2]}$ $p_{12}^{DD*}=\frac{6\tau[6+\Psi_1+2l(1+2\sigma-2\varpi-\varpi\sigma)]-l(1-\varpi)(2-\varpi m)(1+\varpi m)}{2[18\tau\sigma-(1+\varpi m)^2]}$ $p_{22}^{DD*}=\frac{6\sigma[6-\Psi_1-2l(1-\sigma)+2\varpi l(2+\sigma)]\tau-\varpi l\sigma[3m(1+\varpi m)+\varpi m(1-\varpi m)+2]-4(1+\varpi m)^2}{2[18\tau\sigma-(1+\varpi m)^2]}$ $\Pi_{12}^{DD*}=\frac{2\tau\{[2l(1-\sigma)+5+2\hat{q}+u]^2+(1-\varpi)\varpi[4l\varpi(1-u-2l)+16l(1+\sigma)\times(1-u-(1+\sigma)l)-4(1-u)^2]+8\varpi[(1-u)-2l(1-\sigma)]\times(\hat{q}+3)\}-(1-\varpi)\varpi l\{2[(1-u-2l)(2+m)-m(6+2\hat{q})](1+\varpi m)+[(4-\varpi m)(1-\varpi)-4\varpi(1+m)]lm\sigma\}}{8[18\tau\sigma-(1+\varpi m)^2]}$

续表

情形	最优决策与利润
DD 情形	$\Pi_{22}^{DD*}=\frac{-(1-\varpi)\{6\tau\sigma[(1-u)(1-2\varpi)-2\hat{q}+6-2l(1-\sigma)+2\varpi l(2+\sigma)]+(1+\varpi m)\times[-\varpi l\sigma(2(1+m)+(1-\varpi)m)-4(1+\varpi m)]\}\{[(2+m)(1-u)-2l(2+m)-2m\hat{q}]\varpi(1+\varpi m)+2(1-\varpi l\sigma+2l\sigma)(1-\varpi m)\varpi m-6\tau\sigma(1+4\varpi)(1-u)+(1-5\varpi)\varpi lm\sigma+4+12[l(1-\sigma)-3+\hat{q}+2\varpi l\sigma+4\varpi l]\tau\sigma\}+\varpi\{[(2l-1)\times(\varpi m(1+m)+2)+2(1+\varpi m)m\hat{q}+2u-2l\sigma(1+\varpi^2m^2)+\varpi m^2u(1+m)-12(4+\sigma)\tau l\sigma+7\varpi lm\sigma(1-\varpi m)](1-\varpi)+6[(5-4\varpi)(1-u)+2(\varpi l\sigma+\hat{q}-l)]\tau\sigma+[2l-(1-u)]m(1-\varpi^2)+[4+6m(1+\varpi m)+2\varpi m(1-\varpi m)-36\tau\sigma]\}\times\{6[(1-u-2l)(1-2\varpi)-2(2-\varpi)l\sigma-2\hat{q}+6]\tau\sigma+(2+\varpi m-\varpi^2m^2)\times(1-\varpi)l\sigma-4(1+\varpi m)^2\}}{8[18\tau\sigma-(1+\varpi m)^2]^2}$

2. 单一商家实施新客优惠的情形

考虑第二阶段仅一个商家单独实施新客优惠的情形，具体情况分别讨论如下。

当仅 S_1 实施新客优惠时（用上角标“DN”表示），有 $(p_{22}^1)^{DN}=p_{22}^{DN}$，$(p_{12}^2)^{DN}=p_{12}^{DN}-l$，此时两商家利润函数 Π_{i2}^{DN} 可表示为：

$$\Pi_{12}^{DN}=p_{12}^{DN}(D_{12}^1)^{DN}+(p_{12}^2)^{DN}(D_{12}^2)^{DN}-\tau(\Delta q_1^{DN})^2 \tag{4-16}$$

$$\Pi_{22}^{DN}=p_{22}^{DN}(D_{22}^1)^{DN}+p_{22}^{DN}(D_{22}^2)^{DN} \tag{4-17}$$

当仅 S_2 发放优惠券时（用上角标“ND”表示），有 $(p_{12}^2)^{ND}=p_{12}^{ND}$，$(p_{22}^1)^{ND}=p_{22}^{ND}-l$，此时两商家利润函数可表示为：

$$\Pi_{12}^{ND}=p_{12}^{ND}(D_{12}^1)^{ND}+p_{12}^{ND}(D_{12}^2)^{ND}-\tau(\Delta q_1^{ND})^2 \tag{4-18}$$

$$\Pi_{22}^{ND}=(p_{22}^1)^{ND}(D_{22}^1)^{ND}+p_{22}^{ND}(D_{22}^2)^{ND} \tag{4-19}$$

3. 两商家均实施新客优惠的情形（DD 情形）

在第二阶段，当两商家均实施新客优惠时（用上角标“DD”表示），有 $(p_{i2}^{3-i})^{DD}=p_{i2}^{DD}-l$，此时两商家利润函数可表示为：

$$\Pi_{12}^{DD}=p_{12}^{DD}(D_{12}^1)^{DD}+(p_{12}^2)^{DD}(D_{12}^2)^{DD}-\tau(\Delta q_1^{DD})^2 \tag{4-20}$$

$$\Pi_{22}^{DD}=(p_{22}^1)^{DD}(D_{22}^1)^{DD}+p_{22}^{DD}(D_{22}^2)^{DD} \tag{4-21}$$

参照 NN 情形的求解过程，求得 DN、ND 与 DD 情形下两阶段商家的最优决策与利润（见表 4-2）。

4.2.2　模型求解结果分析

为重点分析商家新客优惠策略与在线评论对商家利润的影响，着重分析了不同情形下两商家在第二阶段的最优决策与利润随相关参数的变化，得到推论 4－1、推论 4－2 和推论 4－3。

推论 4－1　Δq_1^{J*} 随相关参数的变化规律为：$\frac{\partial \Delta q_1^{J*}}{\partial \varpi} > 0$，$\frac{\partial \Delta q_1^{J*}}{\partial \sigma} < 0$，$\frac{\partial \Delta q_1^{J*}}{\partial \tau} < 0$；满足 $\varpi > \frac{1}{2}$，有 $\frac{\partial \Delta q_1^{J*}}{\partial u} < 0$；反之，$\frac{\partial \Delta q_1^{J*}}{\partial u} \geqslant 0$，$J \in \{NN, DN, DN, DD\}$。

证明：

对 Δq_1^{NN*} 求关于 ϖ、σ、τ 和 u 的一阶偏导，得到：$\frac{\partial \Delta q_1^{NN*}}{\partial \varpi} = \frac{[2(1+2\varpi m)(18\tau\sigma - 1) - \varpi](1-u) + m[(\varpi m+1)^2 + 18\tau\sigma](5 + 2\Delta q + u)}{2[18\tau\sigma - (1+\varpi m)^2]^2} > 0$，$\frac{\partial \Delta q_1^{NN*}}{\partial \sigma} = -\frac{36\tau(1+\varpi m)(6+\Psi_1)}{4[18\tau\sigma - (1+\varpi m)^2]^2} < 0$，$\frac{\partial \Delta q_1^{NN*}}{\partial \tau} = -\frac{9\sigma(1+\varpi m)(6+\Psi_1)}{[18\tau\sigma - (1+\varpi m)^2]^2} < 0$，$\frac{\partial \Delta q_1^{NN*}}{\partial u} = \frac{(1-2\varpi)(1+\varpi m)}{2[18\tau\sigma - (1+\varpi m)^2]}$，当 $\varpi > \frac{1}{2}$ 时，有 $\frac{\partial \Delta q_1^{NN*}}{\partial u} < 0$；反之，$\frac{\partial \Delta q_1^{NN*}}{\partial u} \geqslant 0$。其他情形下的求解过程与此类似，详细证明过程省略。证毕。

由推论 4－1 可知，若产品 1 的知情消费者比例高于竞争者（$\varpi > 1/2$），S_1 为维持市场竞争优势，具有投入更高产品改进水平的动力与资金，有利于市场中产品性能的不断优化推新。如 2019 年，小米手机销量约为 1.25 亿部，华为手机销量超过 2.40 亿部；而 2020 年，华为研发投入为小米研发投入的 15 倍。同时，消费者的价格敏感系数会影响产品的改进水平，较高的 σ 值使商家不得不放弃改进产品的部分性能以控制产品价格，即消费者较高的价格敏感系数会阻碍市场中产品的更新。此外，消费者的好评关注度对 Δq_1^{J*} 的影响会因 ϖ 的大小而表现出不同的变化规律，当 $\varpi > 1/2$ 时，u 的提高表明，消费者对差评的关注程度降低，消费者转移数量较多，S_1 的改进动力因此下降。

推论 4－2　商家根据评论改进产品，两产品需求变化情况如下：

（1）当$\varpi \leqslant 1/2$时，有$\frac{\partial D_{12}^{J}}{\partial u} \geqslant 0$，$\frac{\partial D_{22}^{J}}{\partial u} \leqslant 0$，且满足$\sigma > \sigma_1$，有$\frac{\partial (D_{12}^{2})^{J}}{\partial u} > 0$，$\frac{\partial (D_{22}^{2})^{J}}{\partial u} > 0$；满足$\sigma_2 \leqslant \sigma \leqslant \sigma_1$，有$\frac{\partial (D_{12}^{2})^{J}}{\partial u} \leqslant 0$，$\frac{\partial (D_{22}^{2})^{J}}{\partial u} \geqslant 0$；满足$\sigma < \sigma_2$，有$\frac{\partial (D_{12}^{2})^{J}}{\partial u} < 0$，$\frac{\partial (D_{22}^{2})^{J}}{\partial u} < 0$。

（2）当$\varpi > 1/2$时，有$\frac{\partial D_{12}^{J}}{\partial u} < 0$，$\frac{\partial D_{22}^{J}}{\partial u} > 0$，且满足$\sigma > \sigma_2$，有$\frac{\partial (D_{12}^{2})^{J}}{\partial u} > 0$，$\frac{\partial (D_{22}^{1})^{J}}{\partial u} > 0$；满足$\sigma_1 \leqslant \sigma \leqslant \sigma_2$，有$\frac{\partial (D_{12}^{2})^{J}}{\partial u} \geqslant 0$，$\frac{\partial (D_{22}^{1})^{J}}{\partial u} \leqslant 0$；满足$\sigma < \sigma_1$，有$\frac{\partial (D_{12}^{2})^{J}}{\partial u} < 0$，$\frac{\partial (D_{22}^{1})^{J}}{\partial u} < 0$。

证明：

对不同情形下的转移需求$(D_{12}^{2})^{J}$与$(D_{22}^{1})^{J}$求关于u的一阶偏导，得到：$\frac{\partial (D_{22}^{1})^{J}}{\partial u} = \frac{(1-\varpi)[6\tau\sigma(1+4\varpi) - \varpi(2+m)(1+\varpi m)]}{72\tau\sigma - 4(1+\varpi m)^2}$，$\frac{\partial (D_{12}^{2})^{J}}{\partial u} = \frac{6\tau\sigma\varpi(5-4\varpi) - \varpi(1-\varpi)(2+m)(1+\varpi m)}{72\tau\sigma - 4(1+\varpi m)^2}$。当$\sigma > \sigma_1 = \frac{\varpi(2+m)(1+\varpi m)}{6\tau(1+4\varpi)}$时，有$\frac{\partial (D_{12}^{2})^{J}}{\partial u} > 0$；当$\sigma > \sigma_2 = \frac{(1-\varpi)(2+m)(1+\varpi m)}{6\tau(5-4\varpi)}$时，有$\frac{\partial (D_{22}^{1})^{J}}{\partial u} > 0$。对比$\sigma_1$和$\sigma_2$，有$\sigma_1 - \sigma_2 = \frac{1-2\varpi}{6\tau(1+4\varpi)(5-4\varpi)}$，当$\varpi \leqslant 1/2$时，有$\sigma_2 \leqslant \sigma_1$。故满足$\sigma > \sigma_2$，有$\frac{\partial (D_{12}^{2})^{J}}{\partial u} > 0$，$\frac{\partial (D_{22}^{1})^{J}}{\partial u} > 0$；满足$\sigma_2 \leqslant \sigma \leqslant \sigma_1$，有$\frac{\partial (D_{12}^{2})^{J}}{\partial u} \leqslant 0$，$\frac{\partial (D_{22}^{1})^{J}}{\partial u} > 0$；满足$\sigma < \sigma_2$，有$\frac{\partial (D_{12}^{2})^{J}}{\partial u} < 0$，$\frac{\partial (D_{22}^{1})^{J}}{\partial u} < 0$。当$\varpi > 1/2$时的证明过程相同。总需求量$D_{12}^{J} = (D_{12}^{1})^{J} + (D_{12}^{2})^{J}$，$D_{22}^{J} = (D_{22}^{1})^{J} + (D_{22}^{2})^{J}$，对$D_{12}^{J}$、$D_{22}^{J}$求关于$u$的一阶偏导，得到：$\frac{\partial D_{12}^{J}}{\partial u} = \frac{3(1-2\varpi)\tau\sigma}{2[18\tau\sigma - (1+\varpi m)^2]}$，$\frac{\partial D_{22}^{J}}{\partial u} = -\frac{3(1-2\varpi)\tau\sigma}{2[18\tau\sigma - (1+\varpi m)^2]}$。当$\varpi \leqslant 1/2$时，有$\frac{\partial D_{12}^{J}}{\partial u} < 0$，$\frac{\partial D_{22}^{J}}{\partial u} > 0$；反之，有$\frac{\partial D_{12}^{J}}{\partial u} \geqslant 0$，$\frac{\partial D_{22}^{J}}{\partial u} \leqslant 0$。证毕。

由推论4－2以及数值仿真图4－2可知，当σ较高［$\sigma > \max(\sigma_1, \sigma_2)$］时，$u$的提高使商家间相互转移的消费者数量增加，即$u$的提高会加剧市场竞争（见阴影区域）；而当$\sigma$较低［$\sigma < \max(\sigma_1, \sigma_2)$］时，$u$

的提高使商家间相互转移的消费者数量减少，即 u 的提高会缓解市场竞争。临界阈值 σ_1 与 σ_2 随 ϖ 的提高分别呈现上升与下降的趋势，对 S_1 来说，ϖ 的提高使（D_{12}^2）^{J} 随 u 增大的临界阈值 σ 提高。此外，D_{12}^J 随 u 的变化规律与推论 1 中 Δq_1^J 随 u 的变化规律一致，即产品改进水平也会作用于产品需求。

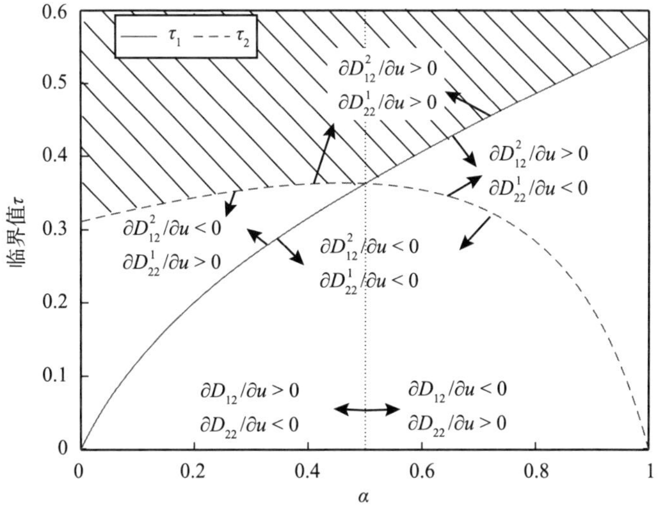

图 4－2　第二阶段产品需求转移情况

此外，由 σ_1 与 σ_2 解析式可以看出，临界阈值均随 τ 的减小而提高，故商家 S_1 可以通过控制产品改进效率调控临界阈值，进而减少自身消费者向竞争者的转移。由此可以推断，即使 S_2 单独发放优惠券，仍不能完全弥补 S_1 产品改进策略对其产品市场份额的冲击。

推论 4－3　两产品价格随相关参数的变换规律，有 $\frac{\partial p_{12}^{J*}}{\partial \varpi}>0$，$\frac{\partial p_{22}^{J*}}{\partial(1-\varpi)}>0$，$\frac{\partial p_{12}^{J*}}{\partial \tau}<0$，$\frac{\partial p_{22}^{J*}}{\partial \tau}>0$；当 $\varpi\leqslant\frac{1}{2}$ 时，有 $\frac{\partial p_{12}^{J*}}{\partial u}\geqslant 0$，$\frac{\partial p_{22}^{J*}}{\partial u}\leqslant 0$；反之，有 $\frac{\partial p_{12}^{J*}}{\partial u}<0$，$\frac{\partial p_{22}^{J*}}{\partial u}>0$。

证明：

分别对 p_{12}^{NN*} 和 p_{22}^{NN*} 求关于 ϖ 和 τ 的一阶偏导，可以得到：$\frac{\partial p_{12}^{NN*}}{\partial \varpi}=$

$\frac{6\tau[(\varpi m+1)(5+2\Delta q+u)m+(\varpi^2m^2+18ht-1)(1-u)]}{[18\tau\sigma-(1+\varpi m)^2]^2}$，$\frac{\partial p_{22}^{NN*}}{\partial \varpi}=\frac{-6\tau}{18\tau\sigma-(1+\varpi m)^2}\times\frac{(\varpi m+1)(5+2\Delta q+u)m+(\varpi^2m^2+18ht-1)(1-u)}{18\tau\sigma-(1+\varpi m)^2}<0$，$\frac{\partial p_{12}^{NN*}}{\partial \tau}=-3(\varpi m+1)^2\times\frac{(6+\Psi_1)}{[18\tau\sigma-(1+\varpi m)^2]^2}<0$，$\frac{\partial p_{22}^{NN*}}{\partial \tau}=\frac{3(\varpi m+1)^2(6+\Psi_1)}{[18\tau\sigma-(1+\varpi m)^2]^2}>0$。对 p_{12}^{NN*} 和 p_{22}^{NN*} 求关于 u 的一阶偏导，有 $\frac{\partial p_{12}^{NN*}}{\partial u}=-\frac{3(1-2\varpi)\tau}{18\tau\sigma-(1+\varpi m)^2}$，$\frac{\partial p_{22}^{NN*}}{\partial u}=\frac{3(1-2\varpi)\tau}{18\tau\sigma-(1+\varpi m)^2}$。当 $\varpi\leqslant\frac{1}{2}$ 时，有 $\frac{\partial p_{12}^{NN*}}{\partial u}\geqslant 0$，$\frac{\partial p_{22}^{NN*}}{\partial u}\leqslant 0$；反之有 $\frac{\partial p_{12}^{NN*}}{\partial u}<0$，$\frac{\partial p_{22}^{NN*}}{\partial u}>0$。证毕。

由推论 4－3 可知，知情消费者比例的提高会使产品价格有所提升；τ 的增大会使 p_{12}^{J*} 下降，使 p_{22}^{J*} 提高。结合推论 4－1 可知，τ 的增大会导致 Δq_1^{J*} 下降，p_{12}^{J*} 由此下降，但由数值仿真结果图 4－3 可以看出，τ 的下降会使产品 1 的性价比均下降，竞争对手具有了提价的可能，其产品性价比也因此下降。而 u 对 p_{i2}^{J*} 的影响同样受到 ϖ 的影响，当产品 i 的知情消费者比例低于竞争者时，较高的 u 对 p_{i2}^{J*} 具有促进作用。这是因为竞争对手的知情消费者比例越高，转移消费者数量越多。

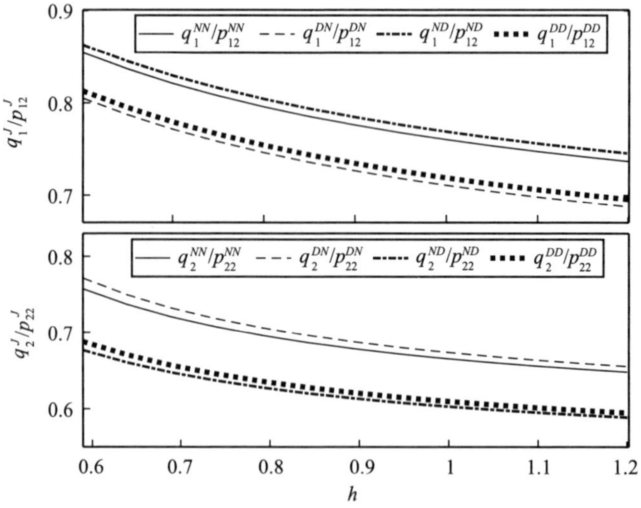

图 4－3　不同情形下两产品性价比

4.3　情形对比分析

下面对比四种情形下两商家在第二阶段的决策及利润，相关参数取值范围满足$\tau > \frac{(1+\varpi m)^2}{18\sigma}$以保证各情形均存在最优解，得到如下命题。

命题4－1　产品1与产品2价格在四种情形下的大小关系如下：

$$\begin{cases}\tau \leqslant \tau_1 \Rightarrow p_{12}^{ND*} < p_{12}^{DD*} < p_{12}^{NN*} < p_{12}^{DN*} \\ \tau > \tau_1 \Rightarrow p_{12}^{ND*} < p_{12}^{NN*} < p_{12}^{DD*} < p_{12}^{DN*}\end{cases},$$

$$\begin{cases}\left.\begin{cases}\sigma \leqslant \sigma_3 \\ \sigma \geqslant \sigma_3,\ \tau \leqslant \tau_2\end{cases}\right\} \Rightarrow p_{22}^{DN*} < p_{22}^{DD*} < p_{22}^{NN*} < p_{22}^{ND*} \\ \sigma > \sigma_1,\ \tau > \tau_2 \Rightarrow p_{22}^{DN*} < p_{22}^{NN*} < p_{22}^{DD*} < p_{22}^{ND*}\end{cases}。$$

证明：

对比四种情形下产品1的价格，有$p_{12}^{ND*} - p_{12}^{NN*} = \frac{-6\varpi\, l(1-\sigma)}{18\tau\sigma - (1+\varpi m)^2} < 0$，故得到$p_{12}^{ND*} < p_{12}^{NN*}$；同时有$p_{12}^{DN*} - p_{12}^{NN*} = \frac{(1-\varpi) l\varphi_1(\tau)}{36\tau\sigma - 2(1+\varpi m)^2}$，其中，$\varphi_1(\tau) = 12\tau(1+2\sigma) - (2-\varpi m)(1+\varpi m)$，且易证$\frac{\partial\varphi_1(\tau)}{\partial\tau} > 0$，故有$\varphi_1(\tau)_{\min} > \frac{2(1+\varpi m)^2}{3\sigma}3\sigma - (2-\varpi m)(1+\varpi m) > 2(1+\varpi m)^2 - (2-\varpi m)(1+\varpi m) > 0$，综合得到：$p_{12}^{ND*} < p_{12}^{NN*} < p_{12}^{DN*}$；又因$p_{12}^{DD*} - p_{12}^{DN*} = -\frac{6\varpi\tau l(1-\sigma)}{18\tau\sigma - (1+\varpi m)^2}$，故$p_{12}^{DD*} < p_{12}^{DN*}$；有$p_{12}^{DD*} - p_{12}^{ND*} = \frac{(1-\varpi) l\varphi_1(\tau)}{36\tau\sigma - 2(1+\varpi m)^2} > 0$，故$p_{12}^{ND*} < p_{12}^{DD*} < p_{12}^{DN*}$。需要对比$p_{12}^{DD*}$与$p_{12}^{NN*}$，有$p_{12}^{DD*} - p_{12}^{NN*} = \frac{l\{12[1-2\varpi+(2-\varpi)\sigma]\tau - [2+\varpi m(1-\varpi m)](1-\varpi)\}}{36\tau\sigma - 2(1+\varpi m)^2}$，由于$12(1-\varpi\sigma+2\sigma-2\varpi) > 0$，故当$\tau > \tau_1 = \frac{[2+\varpi m(1-\varpi m)](1-\varpi)}{12(1-\varpi\sigma+2\sigma-2\theta)}$时，有$p_{12}^{DD*} > p_{12}^{NN*}$，即$p_{12}^{ND*} < p_{12}^{NN*} < p_{12}^{DD*} < p_{12}^{DN*}$；反之，有$p_{12}^{ND*} < p_{12}^{DD*} \leqslant p_{12}^{NN*} < p_{12}^{DN*}$。产品2价格对比过程与此类似，故省略，得到临界阈值$\tau_2 = \frac{\varpi[2+(3-\varpi)m](1+\varpi m)}{12(2\varpi+\varpi\sigma-1+\sigma)}$，$\sigma_3 = \frac{1-2\varpi}{1+\varpi}$。证毕。

命题4－1表明，若竞争者实施新客优惠，没有实施该优惠的商家不得不降低其产品的价格；当双方均实施新客优惠活动时，S_1 的产品改进效率决定了其提高或降低产品价格，只有在改进效率较高（$\tau < \tau_1$）时，S_1 才会在 DD 情形下降低产品价格，此时原有消费者与新转移消费者均能以低价购买产品。而对 S_2 来说，σ 与 τ 共同影响着其定价策略。当 σ 与 τ 均较高时，S_2 会在 DD 情形下提高产品价格。这是因为 τ 较高意味着产品1改进成本提高，同等改进水平下产品1价格的提高幅度因此增大。此时消费者较高的价格敏感系数使产品2的低价对消费者更具有吸引力，产品2获得了价格上调空间。

考虑到两商家在 DD 情形相对 NN 情形下的价格调整会改变产品的需求量，本章进一步探讨 DD 情形与 NN 情形下，第二阶段产品需求转移量与总需求的变化情况，得到命题4－2。

命题4－2 相对于 NN 情形，DD 情形下两产品间需求转移数量增多的条件分别为 $\tau > \tau_3$、$\tau > \tau_4$（$\tau_4 > \tau_3$）。当 $\varpi < 1/2$ 或 $\varpi > 1/2$ 且 $\tau < \tau_5$ 时，有 $D_{12}^{DD} > D_{12}^{NN}$，$D_{22}^{DD} < D_{22}^{NN}$。

证明：

（1）对比 DD 与 NN 情形下第二阶段从产品2到产品1的需求转移量，有 $(D_{12}^2)^{DD} - (D_{12}^2)^{NN} = \dfrac{(1-\varpi)l}{4[18\tau\sigma - (1+\varpi m)^2]}\{12\tau\sigma[(1-\sigma)+2\varpi(2+\sigma)] - [2(2+m+\varpi m\sigma)(1+\varpi m) - (5-4\varpi m)(1-\varpi)m\sigma]\varpi\}$，由此得到：当 $\tau > \tau_3 = \dfrac{[2(2+m+\varpi m\sigma)(1+\varpi m) - (5-4\varpi m)(1-\varpi)m\sigma]\varpi}{12\sigma[(1-\sigma)+2\varpi(2+\sigma)]}$ 时，有 $(D_{12}^2)^{NN} < (D_{12}^2)^{DD}$；反之，有 $(D_{12}^2)^{DD} < (D_{12}^2)^{NN}$。同理，对比从产品1转移到产品2的需求量，当 $\tau > \tau_4 = \dfrac{(1-\varpi)\{m[2+2\varpi^2 m - 7\varpi(1+m)]\sigma - 2(2+m)(1+\varpi m)\}}{12\sigma[5+\sigma-2\varpi(2+\sigma)]}$ 时，容易得到：$(D_{22}^1)^{DD} > (D_{22}^1)^{NN}$；反之，有 $(D_{22}^1)^{DD} < (D_{22}^1)^{NN}$，且可以得到：$\tau_3 - \tau_4 = -\dfrac{[2+m(1-\sigma)+2\varpi m\sigma]\{2\varpi(7-5\varpi)m\sigma + 2(1-2\varpi)(1+\varpi m-\sigma)\}}{12\sigma[5+\sigma-2\varpi(2+\sigma)][1-\sigma+2\varpi(2+\sigma)]} < 0$。

（2）对比两种情形下产品1的总需求，有 $D_{12}^{DD} - D_{12}^{NN} = \dfrac{3l\sigma[(1-\varpi)\varpi m(1+\varpi m) + 4\tau(1-2\varpi)(1-\sigma)]}{4[18\tau\sigma - (1+\varpi m)^2]}$。当满足 $\varpi < 1/2$ 时，有 $D_{12}^{DD} > D_{12}^{NN}$；当 $\varpi > 1/2$ 且 $\tau < \tau_5 = \dfrac{(1-\varpi)\varpi m(1+\varpi m)}{4(2\varpi-1)(1-\sigma)}$ 时，有 $D_{12}^{DD} > D_{12}^{NN}$，反

之，有 $D_{12}^{DD} < D_{12}^{NN}$。产品2需求变化规律与产品1相反。证毕。

由命题4－2可知，DD 情形下，τ 的提高会使向两产品间转移的消费者数量增多；结合图4－4可以看出，随着 σ 的增加会使临界条件下降，市场竞争会进一步加剧。此外，当 $\varpi < 1/2$ 或 $\varpi > 1/2$ 且改进效率高于一定水平（$\tau < \tau_5$）时，DD 情形下 S_1 产品总需求增加，即在均实施新客优惠使市场竞争加剧的情形下，S_1 可以调整产品改进效率来保证自身产品市场份额的提高。结合命题4－1与命题4－2可以看出，u 与 τ 影响了不同情形下产品价格与需求的高低。通过对比相关临界阈值，可以发现，当满足 $\varpi < 1/2$ 且 $\tau > \tau_1$ 或 $\varpi > 1/2$ 且 $\tau_1 < \tau < \tau_5$ 时，有 $D_{12}^{DD} > D_{12}^{NN}$，$p_{12}^{DD*} > p_{12}^{NN*}$，即在双方均实施价格优惠策略时，$S_1$ 可能通过高价－高需求进而实现更高的利润。

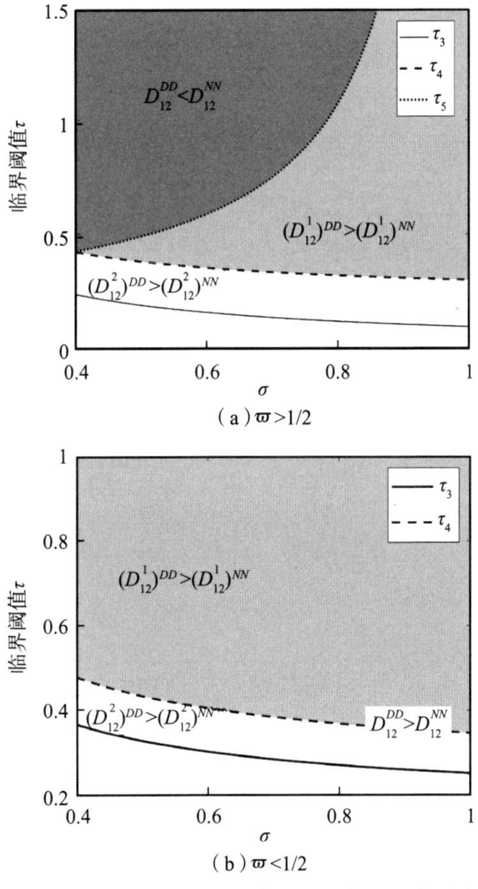

图4－4　DD 情形与 NN 情形下两产品需求对比

下面将通过对比不同情形下两商家利润的高低情况，推导得到市场均衡决策，见命题4-3。

命题4-3 当$\tau_6<\tau<\tau_7$时，两商家间的Nash均衡为（D，N）；当$\tau<\max\left\{\tau_6,\ \frac{(1+\varpi m)^2}{18\sigma}\right\}$或$\tau>\tau_7$时，两商家间的Nash均衡为（$D$，$D$）；其中，$\tau_6$和$\tau_7$为$\Pi_{22}^{DD*}-\Pi_{22}^{DN*}=0$的解。

证明：

（1）当S_2不实施新客优惠时，考察S_1的决策选择。对比NN情形与DN情形下S_1的利润，得到：

$$\Pi_{12}^{DN*}-\Pi_{12}^{NN*}=(1-\varpi)l\times\frac{\begin{gathered}8\tau\{9\varpi\sigma(1-u-l)+[2(3+\hat{q})-(1-2\varpi)(1-u)+l(1-\varpi)\\(1-\sigma)](1-\sigma)\}+\varpi\{4l(1+\varpi m)[(1+m)-(1-\varpi)m\sigma]+9\\(1-\varpi)lm^2\varpi\sigma+2(1+\varpi m)[2m(\hat{q}+3)-(2+m)(1-u)]\}\end{gathered}}{8[18\tau\sigma-(1+\varpi m)^2]}>0$$

故恒有$\Pi_{12}^{DN*}>\Pi_{12}^{NN*}$，$S_1$实施优惠。

（2）当S_2实施新客优惠时，考察S_1的决策选择，对比ND情形与DD情形下S_1的利润，有：

$$\Pi_{12}^{DD*}-\Pi_{12}^{ND*}=(1-\varpi)l\times\frac{\begin{gathered}8\tau\{(1-\sigma)[2\hat{q}-(1-2\varpi)(1-u)+l(1-3\varpi)(1-\sigma)+6]+9\sigma\varpi\\(1-u)-18\varpi\sigma l\}+2[2m(\hat{q}+3)-(2+m)(1-u)]\varpi(1+\varpi m)+\\\{\varpi m[4(2+m)(1+\sigma)+m\sigma(1-\varpi)]+4[2+m(1-\sigma)]\}\varpi l\end{gathered}}{8[18\tau\sigma-(1+\varpi m)^2]}>0$$

故恒有$\Pi_{12}^{DD*}>\Pi_{12}^{ND*}$。因此，无论$S_2$做出何种决策，$S_1$均会实施新客优惠。

（3）当S_1实施新客优惠时，考察S_2的决策，对比DN与DD情形下，S_2的利润，有：

$$\Pi_{22}^{DN*}=\frac{\begin{gathered}72\tau^2\sigma ulK_1+6\tau ulK_2+(1-\varpi)(1+\varpi m)^2ul\{lm[2-2(2+m)\varpi-\\5(1-\varpi)m\varpi]\sigma-2(2+m)(1+\varpi m)l-(1+\varpi m)[(2\hat{q}+6)m-\\(2+m)(1-u)]\}\end{gathered}}{4[18\tau\sigma-(1+\varpi m)^2]^2}$$

其中，$K_1=9\sigma(1-\varpi)(1-u)+[6-2\hat{q}+(1-2\varpi)(1-u)](1-\sigma)+[(2-3\varpi)(1+\sigma)^2+6\sigma]l$，$K_2=(1+\varpi m)[3(1-\varpi)\sigma(2\hat{q}m-(4+(1+2\varpi)m)(1-u))+2(4(1+m)+5(1-\varpi)m)\sigma-8(1+\varpi m)]+3(1-\varpi)l\sigma[8+2m(1+\varpi(5+m+\varpi m))+m(2-\varpi(6+(7-3\varpi)m)]$。可以看出，$\Pi_{22}^{DD*}-\Pi_{22}^{DN*}$中分子为关于$\tau$的一元二次函数，且二次项系数大于0，故当满足$\tau_6<$

$\tau<\tau_7$ 时，有 $\Pi_{22}^{DD*}<\Pi_{22}^{DN*}$，$S_2$ 选择不实施新客优惠；反之，实施新客优惠。证毕。

由命题4-3可以看出，S_1 一定积极实施新客优惠活动，以提高自身产品的竞争能力；对于 S_2 来说，新客优惠策略并不能保证其利润提升。只有当 S_1 的改进效率控制在一定范围内时，其才可能在 ND 情形下获取更高的利润；当 S_1 的产品改进效率较高或较低时，产品1改进水平较高带来的价格大幅上涨或单位质量改进成本过高带来了价格上涨，会使 S_2 在同样实施新客优惠的情形下获取更高利润。

考虑到存在两商家均具有实施新客优惠的可能，为避免在 DD 下两商家陷入囚徒困境，进而导致其后续参加平台相关优惠活动的积极性下降，平台应帮助其设置合理的优惠价格。下面对优惠券金额的设置范围展开分析，得到命题4-4。

命题4-4 当新客优惠金额满足 $l<\min\{l_1, l_2\}$ 时，两商家在 DD 情形下均能够提高利润。

证明：

对 NN 情形与 DD 情形下两商家的利润进行对比，有 $\Pi_{12}^{DD*}-\Pi_{12}^{NN*}=\dfrac{l\kappa_1(l)}{8[18\tau\sigma-(1+\varpi m)^2]^2}$，$\Pi_{22}^{DD*}-\Pi_{22}^{NN*}=\dfrac{l\kappa_2(l)}{8[18\tau\sigma-(1+\varpi m)^2]^2}$。令 $\Pi_{12}^{DD*}-\Pi_{12}^{NN*}=0$，$\Pi_{22}^{DD*}-\Pi_{22}^{NN*}=0$，得到临界阈值 l_1 和 l_2，其中，$\kappa_1(l)$、$\kappa_2(l)$ 为关于 l 的线性函数，有：$\kappa_1(l)=-l\{8\tau[2(1-\varpi)(2+\sigma)(1+2\sigma)\alpha-(1-\sigma)^2]+4\varpi(1-\varpi)[(2+m-m\sigma)(1+\varpi m)+2\varpi mt]+(1-\varpi)^2\varpi^2m^2\sigma\}+4\hat{q}[\varpi m(1-\varpi)(1+\varpi m)+4(1-2\varpi)(1-\sigma)\tau]+\tau\{48(1-2\varpi)(1-\sigma)-8[1-\sigma-(1-\varpi)(4+5\sigma)\varpi](1-u)\}+2\varpi(1-\varpi)(1+\varpi m)[6m-(2+m)(1-u)]$ 和 $\kappa_2(l)=-l\{144\sigma^2[2\varpi(1-\varpi)(2+\sigma)\times(1+2\sigma)-(1-\sigma)^2]+(1-\varpi)\varpi[36\tau\sigma-(1+\varpi m)^2][m(4-\varpi(8+(5-\varpi)m))\sigma]-4(2+m)\times(1+\varpi m)\}+4\hat{q}\{[36\tau\sigma-(1+\varpi m)^2](1-\varpi)(1+\varpi m)\varpi m+72(1-\sigma)(1-2\varpi)\times\tau^2\sigma\}-144\sigma\tau^2\{[1-\sigma-(1-\varpi)(4+5\sigma)\varpi](1-u)+6(1-2\varpi)(1-\sigma)\}+8\tau\{9\sigma\tau[2-m+\varpi(2-m-m^2+\varpi^2m(2+m))(1-u)+(2+m)u]+12(1-2\varpi)(1+\varpi m)^2(1-\sigma)\}+2(1-\varpi)\varpi(1+\varpi m)^3[6m+(2+m)(1-u)]$。证毕。

当 S_1 的产品质量改进效率在一定范围内时，S_2 为获取更高利润不实施新客优惠活动；而当双方均实施新客优惠时，结合图4-5可知，随着

τ 的增大，使双方陷入囚徒困境的 l 值不断下降，即产品改进效率下降时，为保证两商家的利润，优惠金额数值应该下调；当改进效率较低时，S_1 在 DD 情形下对能提高利润的 l 值限制低于商家 S_2，其在 DD 情形下的盈利能力下降。

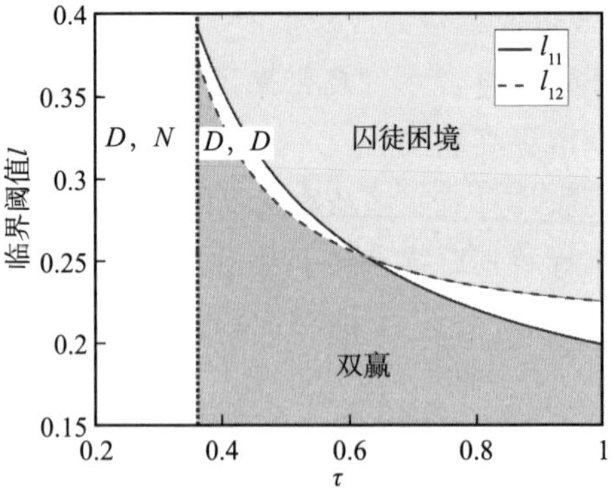

图 4－5　避免囚徒困境的优惠金额范围

以上主要考虑了商家 S_1 根据产品评论提取意见并据此改进产品，为进一步验证根据产品评论改进产品的收益效果，对比产品质量改进水平外生情形下（决策变量与需求见表 4－3，四种优惠策略情形用 $j\in\{nn, dn, nd, dd\}$ 表示）两商家第二阶段决策和利润的变化情况，得到命题 4－5。

表 4－3　　商家 S_1 外生产品改进水平时不同优惠策略下两商家最优决策与利润

情形	第二阶段最优决策与利润
nn 情形	$p_{12}^{nn\,*}=\dfrac{6+\Psi_1+2\Delta q_1}{6\sigma}$，$p_{22}^{nn\,*}=\dfrac{6-\Psi_1-2\Delta q_1}{6\sigma}$，$\Pi_{12}^{nn\,*}=\dfrac{(6+\Psi_1+2\Delta q_1)^2}{72\sigma}-\tau(\Delta q_1)^2$，$\Pi_{22}^{nn\,*}=\dfrac{(6-\Psi_1-2\Delta q_1)^2}{72\sigma}$.
dn 情形	$p_{12}^{dn\,*}=\dfrac{6+\Psi_1+2\Delta q_1+2l(1-\varpi)(1+2\sigma)}{6\sigma}$，$p_{22}^{dn\,*}=\dfrac{6-\Psi_1-2\Delta q_1+2l(1-\varpi)(1-\sigma)}{6\sigma}$，$\Pi_{22}^{dn\,*}=\dfrac{\varpi[6+\Psi_1+2\Delta q_1+2l(1-\varpi)(1+2\sigma)][6+2\widehat{q}+(5-4\varpi)(1-u)+2\Delta q_1-2l(1-\varpi)(2+\sigma)](1-\varpi)[6+\Psi_1+2\Delta q_1+2l(1-\sigma-\varpi-2\varpi\sigma)]\times[6+2\widehat{q}-(1+4\varpi)(1-u)+2\Delta q_1+2l(1-\sigma+2\varpi+\varpi\sigma)]}{72\sigma}$，$\Pi_{22}^{dn\,*}=\dfrac{[6-\Psi_1-2\Delta q_1-2l(1-\varpi)(1-\sigma)]^2}{72\sigma}$.

续表

情形	第二阶段最优决策与利润
nd 情形	$p_{12}^{nd*}=\frac{6+\Psi_1+2\Delta q_1-2\varpi l(1-\sigma)}{6\sigma}$，$p_{22}^{nd*}=\frac{6-\Psi_1-2\Delta q_1+2\varpi l(1+2\sigma)}{6\sigma}$， $p_{12}^{nd*}=\frac{6+\Psi_1+2\Delta q_1-2\varpi l(1-\sigma)}{6\sigma}$，$\Pi_{12}^{nd*}=\frac{1}{72\sigma}\{(1-\varpi)[6-2\Delta q+(1-u)(1+4\varpi)-2\Delta q_1-2\varpi l(2+\sigma)]\times[6-\Psi_1-2\Delta q_1+2\varpi l(1+2\sigma)]+\varpi[6-2\Delta q-(5-4\varpi)(1-u)-2\Delta q_1+6l-2\varpi l(2+\sigma)][6-\Psi_1-2\Delta q_1-6l\sigma+2\varpi l(1+2\sigma)]\}$.
dd 情形	$p_{12}^{dd*}=\frac{6+\Psi_1+2\Delta q_1+2l(1+2\sigma)-2\varpi l(2+\sigma)}{6\sigma}$， $p_{22}^{dd*}=\frac{6-\Psi_1-2\Delta q_1-2l(1-\sigma)+2\varpi l(2+\sigma)}{6\sigma}$， $\Pi_{12}^{dd*}=\frac{\varpi[6+\Psi_1+2\Delta q_1+2l(1+2\sigma)-2\varpi l(2+\sigma)][6+2\Delta q+(5-4\varpi)(1-u)-6l-2l(2+\sigma)+4\varpi(2l+l\sigma)]+(1-\varpi)[6+\Psi_1+2\Delta q_1+2l(1-\sigma)-2\varpi l(1+\sigma)][6+2\Delta q-(1-u)(1+4\varpi)+2\Delta q_1+2l(1-\sigma)+4\varpi l(2+\sigma)]-72\sigma\tau(\Delta q_1)^2}{72\sigma}$ $\Pi_{22}^{dd*}=\frac{(1-\varpi)[6-2\Delta q+(1-u)(1+4\varpi)-2\Delta q_1-2l(1-\sigma)-4\varpi l(2+\sigma)][6-\Psi_1-2\Delta q_1-2l(1-\sigma)+2\varpi l(2+\sigma)]+\alpha[6-2\Delta q-(1-u)(5-4\varpi)-2\Delta q_1+2l(5+\sigma)-4\varpi l(2+\sigma)][6-\Psi_1-2\Delta q_1-2l(1+2\sigma)+2\varpi l(2+\sigma)]}{72\sigma}$.

命题 4－5　相对于 S_1 外生产品改进水平的方式，当 S_1 根据评论改进产品时，知情消费者比例决定了其利润提升或下降情况，而 S_2 利润下降。

证明:

以 NN 与 nn 情形下两商家的利润大小为例，假设产品改进水平相同，将 Δq_1^{NN} 代入 Π_{12}^{nn*}、Π_{22}^{nn*} 中，有：$\Pi_{12}^{nn*}=[6-(1-2\varpi)(1-u)+2\Delta q]^2\times\frac{[18\tau\sigma-\varpi m(1+\varpi m)]^2-18\tau(1+\varpi m)^2\sigma}{72\sigma[18\tau\sigma-(1+\varpi m)^2]}<\frac{[6-(1-2\varpi)(1-u)+2\Delta q]^2\tau}{4\sigma[18\tau\sigma-(1+\varpi m)^2]}$，故 ϖ 的大小直接影响着 NN 与 nn 情形下商家 S_1 利润的大小。

同理，可以得到：$\Pi_{22}^{NN*}=\frac{\{3\tau\sigma[6-2\Delta q+(1-2\varpi)(1-u)]-2(1+\varpi m)^2\}^2}{2[18\tau\sigma-(1+\varpi m)^2]^2}$，$\Pi_{22}^{nn*}=\frac{\{[18\tau\sigma-(1+\varpi m)\varpi m][6-2\Delta q+(1-u)(1-2\varpi)]+12(1+\varpi m)\}^2}{72\sigma[18\tau\sigma-(1+\varpi m)^2]^2}$，又易证 $12(1+\varpi m)-\varpi m(1+\varpi m)[6-2\Delta q+(1-u)(1-2\varpi)]=\{12-\varpi m[6-2\Delta q+(1-u)(1-2\varpi)]\}(1+\varpi m)>0>-12(1+\varpi m)^2$，故有 $\Pi_{22}^{nn*}>\Pi_{22}^{NN*}$。证毕。

由命题4-5可知，S_1根据结合评论辅助决策产品改进时，会使竞争产品的盈利能力下降。此外，结合图形4-6可以看出，S_1产品改进效率的降低，使结合评论改进产品方式下S_1的利润相对于产品改进水平外生方式下的利润优势有所下降，而S_2的利润优势有所上升，但总利润水平一直低于产品改进水平外生方式。

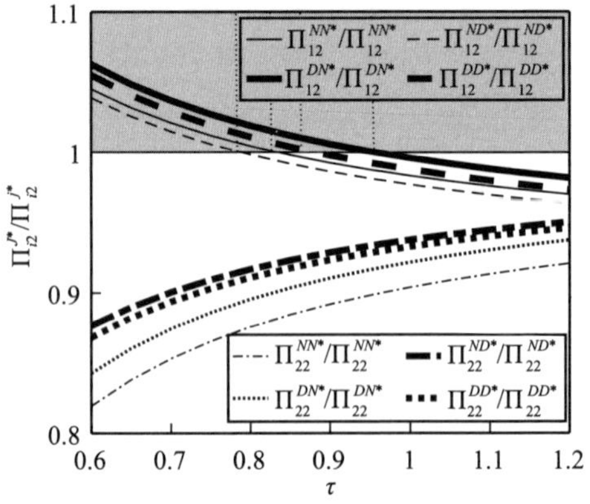

图4-6　两种改进方式下两商家利润对比

4.4　数值分析

以下将结合数值对上述相关推论与命题展开进一步论证与说明，并重点分析各主要参数对两商家决策、收益以及消费者剩余的影响，相关参数设置如下：$u=0.6$，$m=0.6$，$\varpi=0.6$，$q_1=0.7$，$q_2=0.5$，$l=0.1$，$\sigma=0.6$，$\tau=0.5$，满足$\tau>\dfrac{(1+\varpi m)^2}{18\sigma}=0.171$。

1. Δq_1^{J*}随σ与ϖ的变化情况

首先，分析相对于NN情形，其他三种情形下商家S_1产品的质量改进水平Δq_1^J（$J\neq NN$）在不同σ与ϖ下的变化规律，令σ取值区间为［0.4，1］，ϖ取离散值0.4与0.7，数值分析结果见图4-7。

由图4-7可以看出，当ϖ较高且σ低于一定水平时，DD情形下产品1的改进水平可能会低于NN情形。这是因为两商家的新客优惠策略对消费者来说无法起到足够的吸引作用，加上产品1本身具有较高的市场基础，在

DD 情形下，其可能会下调产品改进水平投入以降低产品生产成本。当ϖ较低时，无论σ值的高低，DD 情形下 S_1 更偏向于投入较高的产品改进水平以换取市场优势。但随着σ的不断提高，相对于 NN 情形，Δq_1^J 的提升幅度下降；DN 情形下，Δq_1^J 的提升幅度会随σ的提高而有所下降。这是因为产品 1 的改进成本会使产品价格提高，当消费者对价格敏感度更高时，高价产品的竞争能力下降，为控制产品价格，S_1 不得不控制产品质量改进水平。

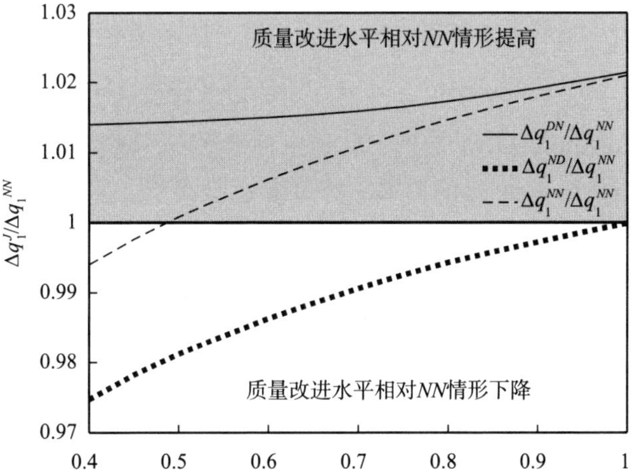

（a）ϖ=0.7

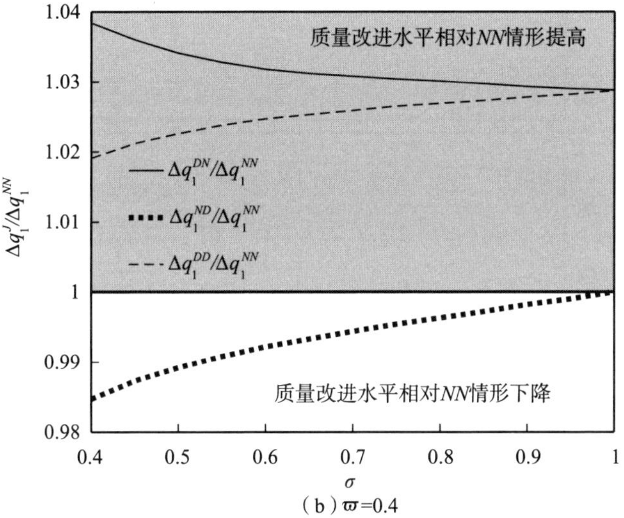

（b）ϖ=0.4

图 4－7　不同情形下产品 1 改进水平变化情况

2. p_{i2}^{J*} 及 D_{i2}^{J*} 的变化情况

然后，分析两竞争商家不同新客优惠实施策略下价格的变化情况。为忽略知情消费者对不同情形下产品价格的影响，取$\varpi=1/2$，数值仿真结果见图4－8。由图4－8可以看出，当两商家单独实施新客优惠时，相对于NN情形，其产品价格均有所提高，且改进的产品1价格提高幅度更大，即$\frac{p_{12}^{DN*}}{p_{12}^{NN*}}>\frac{p_{22}^{ND*}}{p_{22}^{NN*}}>1$。而$DD$情形下，由于$\tau>\tau_1=0.1013$，且$\sigma>\sigma_1=0$，$\tau>\tau_2=0.1302$，故两商家价格相对于$NN$情形均会提高，但提高程度均低于单独实施价格优惠的情形。同时相对于NN情形，其他三种情形下，随着τ的增大，S_1的价格提升幅度会减缓，而S_2的价格下降幅度也会减缓。当竞争者单独实施新客优惠时，两商家的价格相对于NN情形均会下降，但不同τ值下产品1的价格相对于NN情形变化幅度较为稳定，产品2的价格与NN情形下的价格差距会随τ的增大而减小（即S_1改进效率较低且其竞争者单独实施新客优惠时，相对于NN情形，产品1价格的下调幅度低于产品2）。综合来看，S_1在任何情形下均具有高于S_2的定价优势。

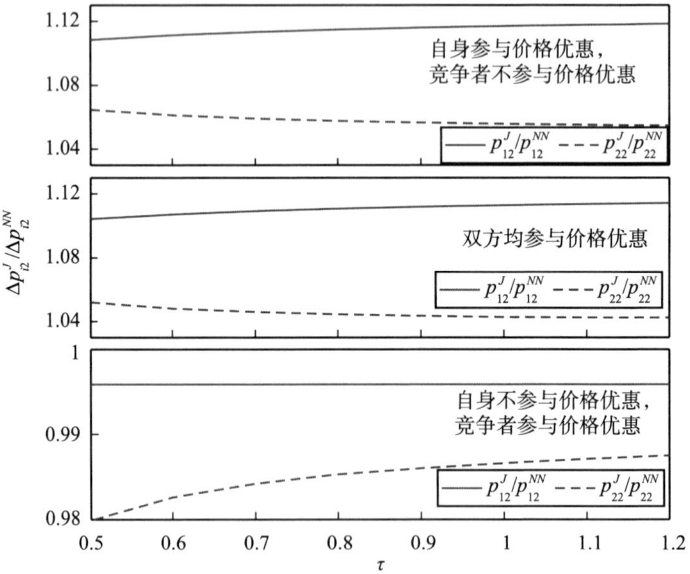

图4－8　不同优惠情形下的产品价格对比

考虑到两产品价格的变化同样会带来产品需求的变化，进一步分析不同情形下两商家间需求相互转移情况随 τ 的变化规律，τ 取值范围在［0.6，1.2］之间，ϖ取离散值0.7、0.5 与0.3。数值仿真结果见图 4 -9。

由图 4 -9 可以看出，当$\varpi>1/2$ 时，若 τ 较低，则 S_1 向竞争者转移的需求高于竞争者转向自身的需求量，即$(D_{12}^2)^J/(D_{22}^1)^J<1$；当$\varpi=1/2$ 或$\varpi\leqslant1/2$ 时，有$(D_{12}^2)^J>(D_{22}^1)^J$。随着$\varpi$的下降，$DD$ 情形下两商家之间转移的需求量比$(D_{12}^2)^{DD}/(D_{22}^1)^{DD}$较其他几种情形减小；而 NN 情形下转移需求量比相

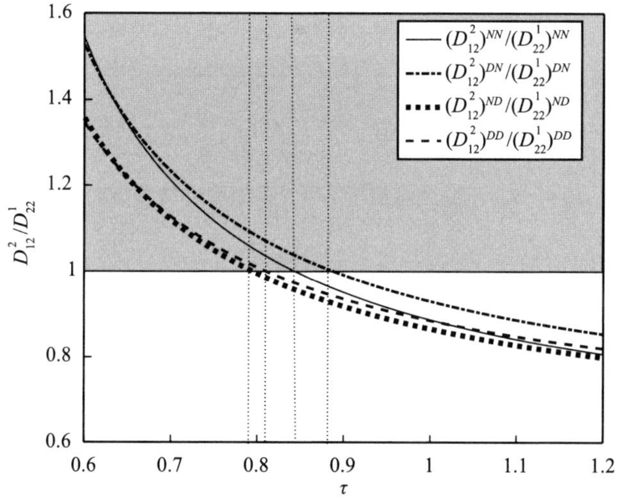

（a）ϖ=0.7

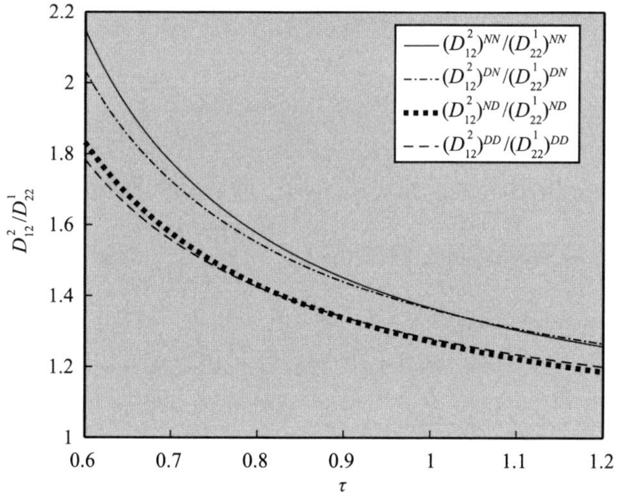

（b）ϖ=0.5

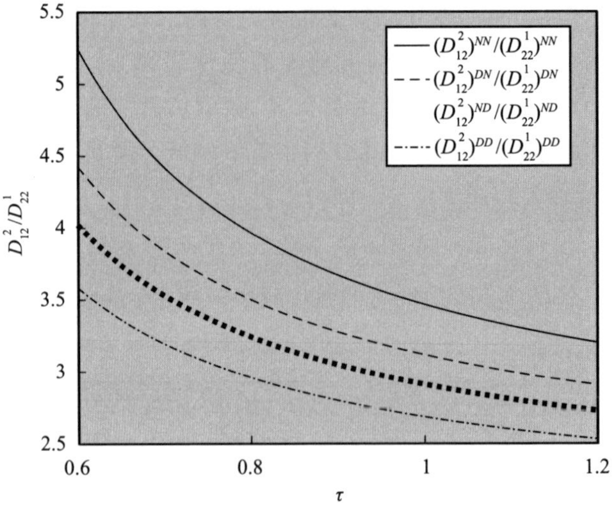

（c）ϖ=0.3

图 4－9　不同优惠情形下两产品消费者转移情况分析

对于其他几种情形增大。同时，*ND* 情形下转移的需求量低于 *DN* 与 *NN* 情形，表明商家实施新客优惠能够提升自身产品的吸引力；但在ϖ较低或者 τ 较小情形下，*ND* 情形下转移的需求量比高于 *DD* 情形下转移的需求量比。这是因为当 τ 较小时，S_1 投入更高的改进水平，加上新客优惠策略使产品 1 价格提高更多，受消费者价格敏感系数的影响，*DD* 情形转移到产品 1 的消费者数量减少；而ϖ较小时，单独实施价格优惠使产品价格提高过多，*ND* 情形下产品 2 新客优惠的吸引能力下降，这也可以解释 *NN* 情形下转移需求量比高于 *DN* 情形的现象。

3. Π_i 随ϖ与 σ 的变化情况

接下来，分析不同优惠券实施情形下两商家利润比值与均不发放新客优惠券情形下两商家利润比值的情况，即$\frac{\Pi_1^J}{\Pi_2^J}\Big/\frac{\Pi_1^{NN}}{\Pi_2^{NN}}$，其中，$\Pi_1/\Pi_2$ 可理解为 S_1 相对于 S_2 的利润优势程度。ϖ取值区间为［0.1，0.9］，σ 取值区间为［0.6，1］，三维图在二维平面的等比线投影见图 4－10。

由图 4－10（a）可以看出，当 S_1 单独实施新客优惠时，相对于 *NN* 情形，*DN* 情形下 S_1 利润优势会更高于 S_2，ϖ相同时，σ 越小，*DN* 情形下 S_1 的利润优势越明显；而相同 σ 值下，ϖ越低，*DN* 情形下 S_1 的利润优势越明显。由此可以看出，S_1 单独实施新客优惠券时，较低的ϖ与较低的 σ 对其更有利：一方面可以吸引更多竞争对手的消费者，另一方面，新客优惠带来的价格提升又会因消费者价格敏感系数较低而不会大量转移。

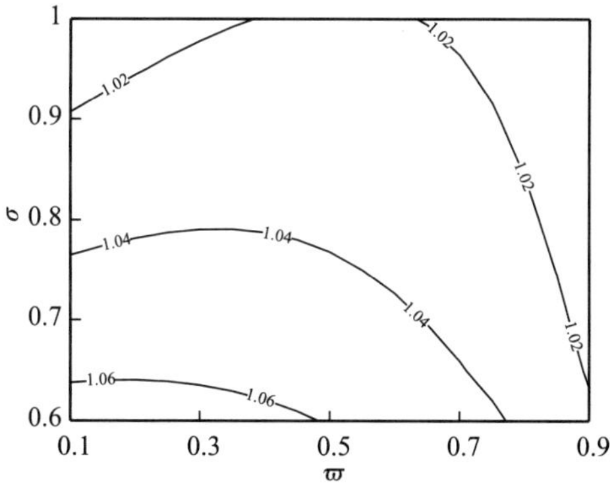

（a）*DN*

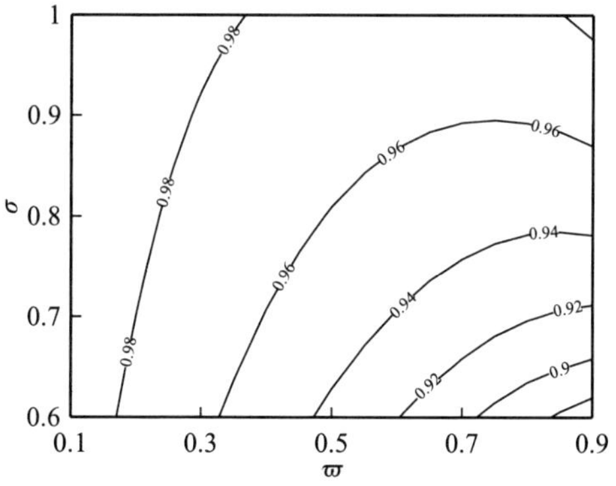

（b）*ND*

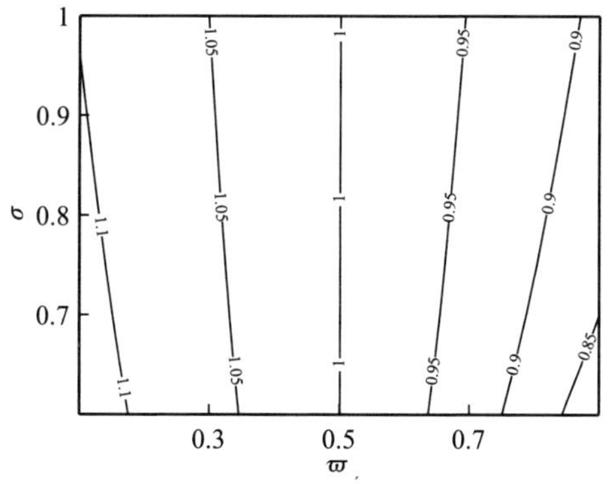

（c）*DD*

图 4－10　不同情形下利润比值变化情况

图4－10（b）表明，当 S_2 单独实施新客优惠时，相对于 NN 情形，ND 情形下 S_1 相对于 S_2 的利润优势下降；且当 ϖ 较高时，σ 越小，S_1 利润优势下降越加明显。ϖ 相同，σ 越大（或 σ 值相同，ϖ 越低），S_1 的利润优势下降越少，即 S_1 在 ϖ 较低或者 σ 较大时，能够缓解利润优势的下降水平。这是因为 S_2 新客优惠带来的价格提高使价格敏感系数较高的原有消费者更可能发生转移，$1-\varpi$ 越大，转移数量越多。

图4－10（c）表明，DD 情形相对于 NN 情形，影响 S_1 利润优势提升或下降的主要因素为知情消费者比例，知情消费者比例高于竞争者时，S_1 在 DD 情形下能够获得更高的利润优势。因为两者同时实施优惠，价格均提高，两者之间相互转移的需求量增多。S_1 知情消费者较多时，转移出的需求量相对较少，S_1 由此可以相对于 NN 情形实现更高的利润。

综上可以看出，当 ϖ 较低时，在不同优惠情形下 S_1 相对于 NN 情形会获得较高的利润优势；但其单独实施优惠时，应该想办法降低消费者价格敏感系数，而对方实施新客优惠时，应该想办法提高消费者价格敏感系数。

4. *CS* 随相关参数的变化

当 $\tau>0.38$ 时，两商家的最优博弈结果为均实施新客优惠，但有必要考察实施新客优惠后消费者剩余的变化情况，以分析产品在市场中的持续发展能力。因此，考察了不同情形下，随着 σ 与 u 的变化两商家消费者群体的 CS 相对于 NN 情形的变化情况（$\Delta CS=CS^J-CS^{NN}$）。u 取值区间为［0.1，0.9］。结果见图4－11。

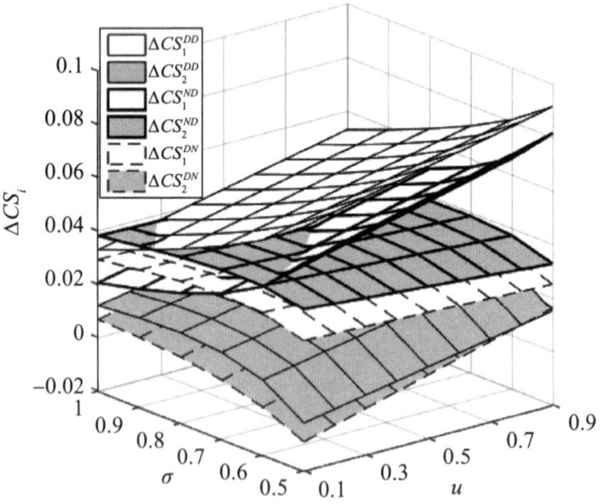

图4－11　不同情形下 *CS* 与 *NN* 情形下 *CS* 对比情况

由图4－11可以看出，相对于 NN 情形，当 σ 较低时，S_1 的 CS 均有所提高（ΔCS_1 大于0）；当 σ 较小且 u 较低时，S_2 的 CS 会有所下降。随着 σ 的提高，产品1消费者的 CS 提高水平有所下降；产品2消费者的 CS 在 σ 较高时会相对于 NN 情形有所提高；但随着 u 的提高，双方均实施新客优惠券会使 CS 随之提高。

且由图4－11可以看出，购买产品1的 CS 增长幅度在 DN 与 DD 情形下会大于购买产品2的 CS 增长幅度，即产品改进与实施新客优惠策略有助于更高水平地提升 CS；在 ND 情形下，当 σ 较低且 u 较高时，产品1消费者的 CS 相对于产品2消费者具有更大幅度的提高。

4.5　本章小结

本章基于两竞争商家中的一方商家在第二阶段改进产品质量的背景，考虑了当在线评论使产品质量信息更加透明时，商家实施新客优惠对自身与竞争者决策和利润的影响，得出如下结论。

（1）知情消费者比例影响着产品质量改进水平和第二阶段产品需求随消费者好评度的变化。消费者价格敏感系数较高时，其对好评关注度的提高会加剧市场竞争；反之，其对好评关注度的提高会缓解市场竞争。

（2）商家单独实施新客优惠后，继续购买其产品的消费者支付价格提高，而其竞争商家需要下调产品价格。两商家均实施新客优惠后，商家的产品改进效率决定了自身与竞争商家的价格策略。

（3）初始知情消费者比例偏低，更有助于改进产品的商家保持竞争优势；消费者较高的价格敏感系数与好评关注度有利于消费者剩余的提高。合理的新客优惠金额可以避免两商家在均实施新客优惠时陷入囚徒困境。

由此可以得到三点管理启示。一是对消费者具有较高价格敏感度的产品，消费者过度关注好评会加剧市场竞争，为维护市场总体稳定，平台与商家应合理调控消费者对负面评论的关注，优化评论系统。二是新客优惠策略会损害原有消费者的效用，发放优惠券无法弥补质量改进带来的竞争，为了企业更长远的发展，企业应更注重产品质量改进。三是知情消费者比例较低时，改进产品的商家在单独发放优惠券时，应试图降低消费者的价格敏感度；竞争者单独实施优惠时，应试图提高消费者的价格敏感度。

第5章　考虑在线评论与差评回复的竞争商家两阶段产品定价决策研究

第3章和第4章主要考虑了在线评论对网络商家两阶段运营决策的影响，所得结论为网络商家及电商平台的相关运营策略的科学制定提供了理论依据。在线评论对消费者决策行为与商家运营决策有重要影响，因此，回复负面评论作为一种积极的处理方式逐渐受到管理者的青睐。在此背景下，有必要从数学建模的角度，探讨竞争环境下相关参数对商家差评回复的最优努力水平以及定价决策的影响。本章考虑早期消费者给出的好评与差评数量对后续消费者产品估值、产品需求的影响，在此基础上，分析两竞争型商家进行差评回复时其运营决策的变化，探究商家差评回复行为的有效性以及相关参数对商家运营决策与利润的影响，以丰富评论管理与电商平台评论系统管理体系的相关理论。

5.1　模型描述与假设

两个竞争体验型产品商家 S_1 和商家 S_2 通过同一电商平台分两阶段直销各自所生产的产品1和产品2，两商家产品具有不完全替代性。市场中消费者分两阶段到达，第一阶段消费者无法获得有关产品的评论信息，但在收到并体验产品后，会对产品质量等信息进行在线评论，这些评论信息会影响第二阶段到达的消费者对产品的期望估值进而影响其购买决策，而商家也会在第二销售阶段前决定是否回复在线评论中的差评。

5.1.1 模型假设与符号说明

假设 5-1 消费者对产品的期望质量较高，因而均可得到正效用，但消费者不匹配成本较高，与消费者完全匹配的产品带来的效用高于其他产品，消费者效用同时也取决于产品质量和价格的相对高低。

假设 5-2 商家 S_i 生产产品的真实客观质量分别为 q_i（$i=1$ 或 2），该信息为商家内部信息。两阶段消费者从两产品中获得的效用分别为 U_{1t} 和 U_{2t}，其中，$t=1$ 或 2，表示第一阶段或第二阶段。考虑到更一般的情形，令每单位产品的生产成本为 0，每单位消费者需求一个单位产品。

假设 5-3 通过前期市场调查，两商家均可以获得市场中消费者对差评的关注度 $\overline{\alpha}$ 和对评论系统的可信度 β（Chen Yingju，2011）。只考虑以产品评论作为基本场景，分析产品评论对商家定价和利润的不同影响效果。

假设 5-4 商家在第二阶段初会决策是否回复差评，差评回复努力投入为 g_i，商家差评回复努力需要付出成本 rg_i^2，其中，r 为差评回复成本系数。

模型相关符号及含义说明见表 5-1。

表 5-1　模型相关符号及含义

符号	含义	符号	含义
q_i	产品 i 的真实客观质量	$E(q_i)_t$	第 t 阶段消费者对产品 i 的期望质量
$\overline{\alpha}$	消费者对差评的关注度	β	评论系统可信度
λ	消费者对产品 1 的错配度	x	消费者单位不匹配的成本
p_{it}	第 t 阶段商家 S_i 的产品价格	D_{it}	第 t 阶段商家 S_i 的市场需求
G_i	第一阶段产品 i 的好评数量	B_i	第一阶段制产品 i 的差评数量
r	差评回复成本系数	e	差评回复对消费者差评感知的影响
Π_i	商家 S_i 的总利润	V	消费者对产品质量的最大估值

首先，商家发布产品并决策第一阶段产品价格；第一阶段消费者通过对比从两产品中获得的效用进而制定购买决策，购买产品并体验后第一阶段消费者会根据产品的真实质量发表评论。然后，商家在第二阶段销售前决定是否回复差评、回复努力程度以及第二阶段产品价格。最后，第二阶段消费者根据第一阶段消费者的评论与商家差评回复内容修正对产品的期望估值，制

定购买决策。商家与消费者的具体决策过程如图 5－1 所示。

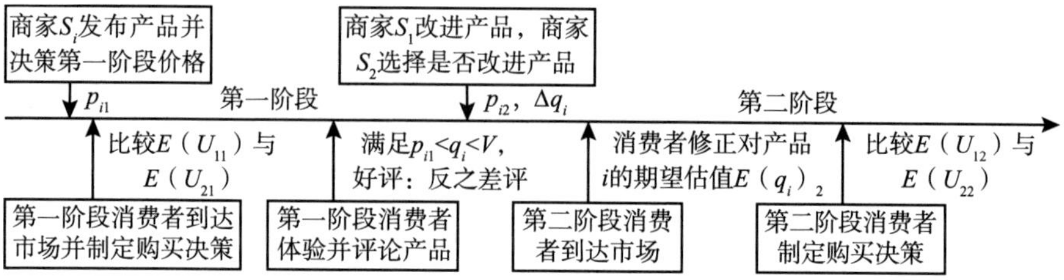

图 5－1　商家与消费者两阶段决策过程示意

5.1.2　消费者效用函数表示

基于以上假设，构建消费者效用函数模型。考虑到产品与消费者需求匹配度的差距会影响产品的评论，本章以 Hotelling 模型刻画不同产品的差异及定位。整个产品市场用一条长度为 1 的线段表示，商家 S_1 产品位于 0 点位置，商家 S_2 产品位于 1 点位置，消费者需求的产品类型均匀地分布在 [0，1] 区间内。设消费者的不匹配单位成本为 x，λ（$\lambda \in [0, 1]$）为消费者与 S_1 产品的错配度（即 S_1 产品与消费者所需要产品的差距程度），则对 S_2 产品的错配度为 $1-\lambda$，错配度成本与错配单位的乘积为消费者错配成本。

1. 第一阶段消费者效用函数

早期消费者仅能根据事前期望质量推断产品质量，消费者从两产品中获得期望效用 $E(U_{i1})$ 可分别表示为：

$$E(U_{11}) = E(q_1)_1 - \lambda x - p_{11} \tag{5-1}$$

$$E(U_{21}) = E(q_2)_1 - (1-\lambda)x - p_{21} \tag{5-2}$$

其中，p_{it} 为第 t 阶段商家 S_i 的产品价格，q_i 为产品 i 的真实质量，$E(q_i)_t$ 为第 t 阶段消费者对产品 i 的期望质量，且有 $E(q_i)_1 = \tilde{q}_i$，其中，$\tilde{q}_i \sim U[0, V]$。

2. 第二阶段消费者效用函数

第二阶段到达的消费者购买决策会受到第一阶段消费者产品评论的影响，记第一阶段商家 S_i 的产品市场需求为 D_{i1}，产品的好评数量为 G_i，差评数量为 B_i。若 $p_{i1} \geqslant q_i$，则 $G_i = 0$、$B_i = D_{i1}$。仅考虑商家均为理性商家的情形，其在定价时会确保售后产品得到差评的同时也会有好评出现，即 $p_{i1} <$

$q_i \leqslant V$，故有 $G_i = q_i - p_{i1}$、$B_i = D_{i1} - q_i$。考虑到平台评论系统的可靠性也会影响消费者对在线评论的感知以及商家评论优化策略的有效性，有必要考虑平台评论系统的影响。由此，第二阶段消费者对产品 i 的期望估值 $E(q_i)_2$ 可修正为：$E(q_i)_2 = \tilde{q}_i + (1-\bar{\alpha})\beta G_i - \bar{\alpha}\beta B_i$。此时，购买两商家产品的消费者效用函数 $E(U_{i2})$ 可分别表示为：

$$E(U_{12}) = \tilde{q}_1 + (1-\bar{\alpha})\beta G_1 - \bar{\alpha}\beta B_1 - \lambda x - p_{12}$$
$$= \tilde{q}_1 + (1-\bar{\alpha})\beta(q_1 - p_{11}) - \bar{\alpha}\beta(D_{11} - q_1) - \lambda x - p_{12} \tag{5-3}$$
$$E(U_{22}) = \tilde{q}_2 + (1-\bar{\alpha})\beta G_2 - \bar{\alpha}\beta B_2 - (1-\lambda)x - p_{22}$$
$$= \tilde{q}_2 + (1-\bar{\alpha})\beta(q_2 - p_{21}) - \bar{\alpha}\beta(D_{21} - q_2) - (1-\lambda)x - p_{22} \tag{5-4}$$

基于上述消费者效用函数，进一步求得两产品的需求函数。

5.1.3　产品需求函数

记 $\Delta Q = \tilde{q}_1 - \tilde{q}_2$ 为第一阶段消费者基于私人信息对 S_1 与 S_2 产品的质量估值差异，则 $\Delta Q \sim U[-V, V]$，进一步得到第一阶段消费者对两种产品的效用差异的条件期望为：

$$E[E(U_{11}) - E(U_{21}) \mid \Delta Q, \lambda]_1 = \Delta Q + (1-2\lambda)x - (p_{11} - p_{21}) \tag{5-5}$$

当 $E[E(U_{11}) - E(U_{21}) \mid \Delta Q, \lambda]_1 = 0$ 时，购买两产品的无差异曲线为：$\Delta Q(\lambda) = (p_{11} - p_{21}) - (1-2\lambda)x$，位于无差异曲线［图 5－2 中 $\Delta Q(\lambda)$］上方的消费者从产品 1 中获得更高的效用，将选择购买产品 1；位于无差异曲线下方的消费者从产品 2 中获得更高的效用，将选择购买产品 2。

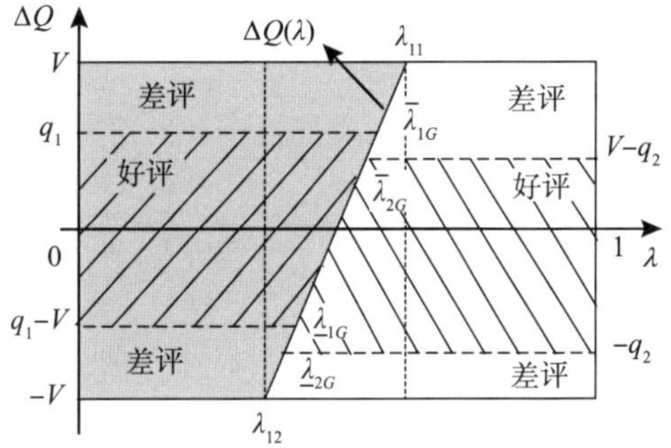

图 5－2　第一阶段消费者产品选择示意

令 $\Delta Q = -V$（或 $\Delta Q = V$），得到第一阶段消费者在产品无差异曲线上错配度的上限 λ_{11} 与下限 λ_{12}，分别为：$\lambda_{11} = \frac{V + x - (p_{11} - p_{21})}{2x}$，$\lambda_{12} = \frac{-V + x - (p_{11} - p_{21})}{2x}$。在相应错配度范围内的消费者均会购买产品，则第一阶段对两种产品的需求可分别表示为：

$$D_{11} = \int_0^{\lambda_{12}} d\lambda + \int_{\lambda_{12}}^{\lambda_{11}} \int_{\Delta Q(\lambda)}^{V} \frac{1}{2V} d\Delta Q d\lambda = \frac{1}{2} - \frac{p_{11} - p_{21}}{2x} \quad (5-6)$$

$$D_{21} = \int_{\lambda_{12}}^{\lambda_{11}} \int_{\Delta Q(\lambda)}^{V} \frac{1}{2V} d\Delta Q d\lambda + \int_{\lambda_{11}}^{1} d\lambda = \frac{1}{2} + \frac{p_{11} - p_{21}}{2x} \quad (5-7)$$

接下来，基于 S_i 第一阶段产品需求，可求解得到 S_i 在第二阶段的产品需求。若两产品均满足 $p_{i1} \leqslant q_i < V$，第二阶段消费者对两产品的效用差异的条件期望为：$E[E(U_{12}) - E(U_{22}) \mid \Delta Q, \lambda]_2 = \Delta Q + [(1-\overline{\alpha})\beta(G_1 - G_2) - \overline{\alpha}\beta(B_1 - B_2) + (1-2\lambda)x - (p_{12} - p_{22})]$。由于 S_i 产品的实际质量会低于消费者估值范围上限，已知 S_1 与 S_2 产品的真实质量为 q_1 与 q_2，记 S_1 的消费者在产品无差异曲线上发布好评的错配度上限与下限为 $\overline{\lambda}_{1G}$ 和 $\underline{\lambda}_{1G}$，S_2 的消费者在产品无差异曲线上发布好评的错配度上限与下限为 $\overline{\lambda}_{2G}$ 和 $\underline{\lambda}_{2G}$。因此，第一阶段销售结束后两商家产品的好评、差评数量 G_i、B_i 分别为：

$$\begin{aligned} G_1 &= \int_{\underline{\lambda}_{1G}}^{\overline{\lambda}_{1G}} \int_{q_1 - V}^{q_1} f(\Delta Q) d\Delta Q d\lambda + \int_{\underline{\lambda}_{1G}}^{\overline{\lambda}_{1G}} \int_{\Delta Q(\lambda)}^{q_1} f(\Delta Q) dQ d\lambda \\ &= \frac{1}{4} - \frac{2(p_{11} - p_{21}) + V - 2q_1}{8x} \end{aligned}$$

$$\begin{aligned} G_2 &= \int_{\underline{\lambda}_{2G}}^{\overline{\lambda}_{2G}} \int_{-q_2}^{V - q_2} f(\Delta Q) d\Delta Q d\lambda + \int_{\underline{\lambda}_{2G}}^{\overline{\lambda}_{2G}} \int_{\Delta Q(\lambda)}^{V - q_2} f(\Delta Q) dQ d\lambda \\ &= \frac{1}{4} + \frac{2(p_{11} - p_{21}) - V + 2q_2}{8x} \end{aligned}$$

$$B_1 = D_{11} - G_1 = \frac{1}{4} - \frac{2(p_{11} - p_{21}) - V + 2q_1}{8x}$$

$$B_2 = D_{21} - G_2 = \frac{1}{4} + \frac{2(p_{11} - p_{21}) + V - 2q_2}{8x}$$

当 $E[E(U_{12}) - E(U_{22}) \mid \Delta Q, \lambda]_2 = 0$ 时，第二阶段消费者的无差异曲线为：$\Delta Q_s(\lambda) = (p_{12} - p_{22}) - (1 - 2\lambda)x + \frac{\beta[2(1-2\overline{\alpha})(p_{11} - p_{21}) - (q_1 - q_2)]}{4x}$，位于无差异曲线［图5－3中 $\Delta Q_s(\lambda)$］上方的消费者选择购买产品1；位于

无差异曲线下方的消费者选择购买产品 2。

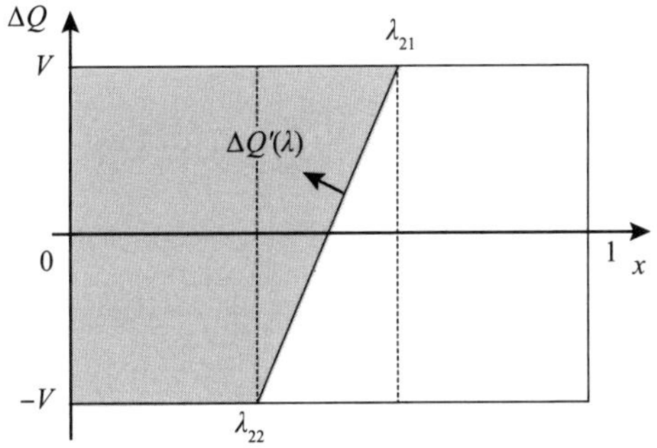

图 5－3　第二阶段消费者产品选择示意

令 $\Delta Q_s = -V$（或 $\Delta Q_s = V$），由此得到第二阶段消费者在无差异曲线上的产品错配度上限 λ_{21} 和下限 λ_{22}，分别为：

$$\lambda_{21} = \frac{1}{2} + \frac{1}{8x^2}\{4x(-p_{12} + p_{22} + V) + \beta[(-2 + 4\bar{\alpha})(p_{12} - p_{22}) + q_1 - q_2]\}$$

$$\lambda_{22} = \frac{1}{2} + \frac{1}{8x^2}\{4x(-p_{12} + p_{22} - V) + \beta[(-2 + 4\bar{\alpha})(p_{22} - p_{12}) + q_2 - q_1]\}$$

因此，第二阶段两种产品的需求 D_{i2} 可分别表示为：

$$\begin{aligned} D_{12} &= \int_0^{\lambda_{21}} \mathrm{d}\lambda + \int_{\lambda_{22}}^{\lambda_{21}} \int_{\Delta Q_s(\lambda)}^{V} f(\Delta Q)\,\mathrm{d}\Delta Q \mathrm{d}\lambda \\ &= \frac{1}{2} + \frac{1}{8x^2}\{4x(-p_{12} + p_{22}) + \beta[(-2 + 4\bar{\alpha})(p_{11} - p_{21}) + (q_1 - q_2)]\} \end{aligned} \tag{5-8}$$

$$\begin{aligned} D_{22} &= \int_{\lambda_{22}}^{\lambda_{21}} \int_{-V}^{\Delta Q_s(\lambda)} f(\Delta Q)\,\mathrm{d}\Delta Q \mathrm{d}\lambda + \int_{\lambda_{21}}^{1} \mathrm{d}\lambda \\ &= \frac{1}{2} + \frac{1}{8x^2}\{4x(-p_{22} + p_{12}) + \beta[(-2 + 4\bar{\alpha})(p_{21} - p_{11}) + (q_2 - q_1)]\} \end{aligned} \tag{5-9}$$

商家收益函数 Π_i 可表示为第一阶段收益与第二阶段收益之和，即：

$$\Pi_i = p_{i1}D_{i1} + p_{i2}D_{i2} \tag{5-10}$$

5.2　模型求解与分析

本节构建了两商家不同差评回复策略下的利润模型，并求解最优决策；

在此基础上，探究相关参数对决策变量的影响。

5.2.1 两商家均不考虑差评回复的情形

考虑两商家基于各自利润依次决定第一阶段和第二阶段价格，双方均不考虑差评回复（用上角标“NN”表示）。

1. 第二阶段决策模型及求解

第二阶段商家的决策模型可表示为：

$$\max_{p_{i2}^{NN}} \Pi_{i2}^{NN} = p_{i2}^{NN} D_{i2}^{NN}$$

$$s.t. \begin{cases} 0 \leqslant p_{i1}^{NN} < q_i, \\ 0 \leqslant D_{i1}^{NN} \leqslant 1, \\ 0 \leqslant G_i^{NN},\ B_i^{NN} \leqslant D_{i1}^{NN}. \end{cases} \tag{5-11}$$

利用 KKT 条件可求得：$p_{i2}^{NN} = x + \dfrac{\beta[2(2\overline{\alpha}-1)(p_{i1}^{NN} - p_{3-i,1}^{NN}) + (q_i - q_{3-i})]}{12x}$。

可见第二阶段产品的价格将会受到两种产品质量以及在第一阶段的价格差距影响，而市场中消费者对差评关注度 $\overline{\alpha}$ 的大小决定了两种产品价格差距对第二阶段价格的影响效果，将 p_{i2}^{NN} 代入商家利润函数 Π_{i2}^{NN} 中，得到：

$$\Pi_{i2}^{NN} = \frac{\{12x^2 + \beta[(-2+4\overline{\alpha})(p_{i1}^{NN} - p_{3-i,1}^{NN}) + (q_i - q_{3-i})]\}^2}{288x^3}$$

接下来基于第二阶段商家利润函数，对第一阶段决策情况展开说明。

2. 第一阶段决策模型及求解

第一阶段商家根据产品总利润进行决策，其决策模型为：

$$\max_{p_{i1}^{NN}} \Pi_{i1}^{NN} = p_{i1}^{NN} D_{i1}^{NN} + \Pi_{i2}^{NN}$$

$$s.t. \begin{cases} 0 \leqslant p_{i1}^{NN} < q_i, \\ 0 \leqslant D_{i1}^{NN} \leqslant 1. \end{cases} \tag{5-12}$$

将 p_{i2}^{NN}、Π_{i2}^{NN} 代入上式，构建拉格朗日函数，采用 KKT 条件求解第一阶段两商家的决策模型，最终得到结论 5－1。

结论 5－1 两商家在第一阶段与第二阶段的最优产品定价分别为：$p_{i1}^{NN*} =$

$x+\frac{(2\overline{\alpha}-1)\beta}{3}+\frac{(2\overline{\alpha}-1)\beta^2\Delta Q_i}{4A_1}$，$p_{i2}^{NN*}=x+\frac{9\beta x\Delta Q_i}{4A_1}$；商家总收益可表示为：$\Pi_i^{NN*}=x+\frac{(2\overline{\alpha}-1)\beta}{6}+\frac{\beta\Delta Q_i}{12x}-\frac{(2\overline{\alpha}-1)\beta^2\Delta Q_i}{8A_1}+\frac{\beta^2[81x^2-2(1-2\overline{\alpha})^2\beta^2]\Delta Q_i^2}{32xA_1^2}$，其中，$A_1=27x^2-(2\overline{\alpha}-1)^2\beta^2$，$\Delta Q_i=q_i-q_{3-i}$（下文同）。

推论5-1　(1) 若商家自身产品质量高于同类型竞争者，其产品的第二阶段价格随β单调递增；若$\overline{\alpha}>1/2$，第二阶段价格会同时随$\overline{\alpha}$单调递增；反之，若$\overline{\alpha}<1/2$，则随$\overline{\alpha}$单调递减。

(2) 若商家自身产品质量低于竞争者，当质量非显著低于竞争者（$\Delta Q_i<\Delta\overline{Q}_1$）时，第一阶段价格会随$\beta$单调递增；当$\Delta Q_i<\Delta\overline{Q}_2$时，第一阶段价格会随$\overline{\alpha}$单调递增。

证明：

(1) 求第二阶段产品价格p_{i2}^{NN}关于$\overline{\alpha}$与β的偏导，有$\frac{\partial p_{i2}^{NN*}}{\partial\overline{\alpha}}=\frac{9(2\overline{\alpha}-1)\beta^3x\Delta Q_i}{A_1^2}$，$\frac{\partial p_{i2}^{NN*}}{\partial\beta}=\frac{9x[27x^2+(2\overline{\alpha}-1)^2\beta^2]\Delta Q_i}{4A_1^2}$，故当$\overline{\alpha}>1/2$时，具有较高质量产品的商家第二阶段价格随$\overline{\alpha}$增大而增大；第二阶段价格同时随$\beta$增大而增大。需要说明的是，当两产品不存在质量差异时，竞争环境下第二阶段价格不受$\overline{\alpha}$、β的影响。

(2) 求第一阶段产品价格p_{i1}^{NN}关于$\overline{\alpha}$与β的偏导，有$\frac{\partial p_{i1}^{NN*}}{\partial\overline{\alpha}}=\frac{2\beta}{3}+\frac{\beta^2[27x^2+(2\overline{\alpha}-1)^2\beta^2]\Delta Q_i}{2A_1^2}$，$\frac{\partial p_{i1}^{NN*}}{\partial\beta}=\frac{2\overline{\alpha}-1}{3}+\frac{[27(2\alpha-1)\beta x^4]\Delta Q_i}{2A_1^2}$，当满足$\Delta Q_i<\Delta\overline{Q}_1=-\frac{2A_1^2}{81\beta x^4}$和$\Delta Q_i<\Delta\overline{Q}_2=-\frac{4A_1^2}{3\beta[27x^2+(2\overline{\alpha}-1)^2\beta^2]}$时，第一阶段价格仍会随$\overline{\alpha}$、$\beta$增大而增大。证毕。

由推论5-1可知，商家不考虑评论管理的情形下，高质量产品商家能够在消费者对差评关注水平较高时制定更高的产品价格，而低质量产品商家第二销售周期能够在消费者对差评关注水平较低时制定更高的价格，其第一销售周期销售价格与消费者对差评关注度的关系会受到自身产品与高质量产品的质量差异大小的影响。这是因为当消费者对差评的关注度较高时，若自身产品质量高于竞争者，竞争产品的消费者期望估值大幅下降，会使消费者需求发生转移，故其在第二阶段产品价格会提高；但由于产品评论只对第二阶段到达的消费者产生影响，故在产品销售的第一阶段，质量差异控制在一定范围内时，因高质量产品在两期的定价均较高，产品质量相对较低的商家第一阶段价格因而也会随 $\overline{\alpha}$ 的提高而提高。

推论 5 -2 质量较低产品的第二阶段价格一定低于第一阶段价格；存在一个关于质量差异的临界阈值，当质量差异高于该阈值时，产品第二阶段价格才能高于第一阶段价格。

证明：

令 $\Delta p_i^{NN} = p_{i1}^{NN*} - p_{i2}^{NN*}$，由结论 5 - 1 可得：$\Delta p_i^{NN} = \dfrac{(2\overline{\alpha}-1)\beta}{3} - \dfrac{\beta[9x-(2\overline{\alpha}-1)\beta]\Delta Q_i}{4A_1}$，令 $\Delta p_i^{NN}>0$，有：$\Delta Q_i > \dfrac{4(2\overline{\alpha}-1)A_1}{3[9x-(2\overline{\alpha}-1)\beta]}$时，产品的第二阶段价格较高。证毕。

由推论 5 -2 可知，第一阶段到达的消费者的产品评论会使第二阶段到达的消费者修正产品期望估值，第二阶段产品价格更偏向于低于第一阶段价格，即撇脂定价策略更适用于体验型产品的第一阶段销售，第二阶段销售则可考虑渗透定价策略。只有自身产品质量明显优于竞争者时，商家才可能提高第二阶段价格。现实中，尤其是电子产品行业，商家为降低库存缓解生产库存压力，分两期甚至多期销售产品，且大都会先进行预售或小区域预售，然后开始正式销售。如 2020 年 3 月 26 日华为举办了 P40 系列线上发布会，然后国内开启了线上预售，4 月 8 日的国内发布会结束后才会正式售卖。而电子产品的第一阶段价格通常也会高于第二阶段价格，如苹果品牌旗下的分体式耳机第一阶段售价为 1279 元，而后企业又有新产品推出，加之市场中同类型产品的大量出现，天猫商城售价更改为 1099 元。

5.2.2 单一商家考虑差评回复的情形

考虑仅商家 S_1 回复差评的情形（用上角标“RN”表示），差评回复会使消费者对差评的负面感知下降一定程度，即 eg_1^{RN}/B_1^{RN}，e 表示差评回复对消费者差评感知的影响程度，则购买 S_1 产品的消费者效用可表示为：

$$E(U_{12}^{RN}) = \tilde{q}_i + (1-\overline{\alpha})\beta(q_1 - p_{11}^{RN}) - (1 - eg_1^{RN}/B_1^{RN})\overline{\alpha}\beta(D_{11}^{RN} - q_1) - \lambda x - p_{12}^{RN} \quad (5-13)$$

消费者购买 S_1 或 S_2 产品的无差异曲线修正为：$\Delta Q_s(\lambda)^{RN} = (p_{12}^{RN} - p_{22}^{RN}) -$

$(1-2\lambda)x-\overline{\alpha}\beta e g_{12}^{RN}+\frac{\beta[2(1-2\overline{\alpha})(p_{11}^{RN}-p_{21}^{RN})-(q_1-q_2)]}{4x}$。因此，第二阶段两种产品的需求 D_{i2}^{RN} 可分别表示为：

$$
\begin{aligned}
D_{12}^{RN} &= \int_0^{\lambda_{21}}\mathrm{d}\lambda+\int_{\lambda_{22}}^{\lambda_{21}}\int_{\Delta Q_s(\lambda)^{RN}}^{V} f(\Delta Q)\,\mathrm{d}\Delta Q\,\mathrm{d}\lambda \\
&= \frac{1}{2}+\frac{1}{8x^2}\{4x(-p_{12}^{RN}+p_{22}^{RN}) \\
&\quad +\beta[(-2+4\overline{\alpha})(p_{11}^{RN}-p_{21}^{RN})+(q_1-q_2)+4\overline{\alpha}e g_1^{RN}x]\}
\end{aligned} \tag{5-14}
$$

$$
\begin{aligned}
D_{22}^{RN} &= \int_{\lambda_{22}}^{\lambda_{21}}\int_{-V}^{\Delta Q_s(\lambda)^{RN}} f(\Delta Q)\,\mathrm{d}\Delta Q\,\mathrm{d}\lambda+\int_{\lambda_{21}}^{1}\mathrm{d}\lambda \\
&= \frac{1}{2}+\frac{1}{8x^2}\{4x(-p_{22}^{RN}+p_{12}^{RN}) \\
&\quad +\beta[(-2+4\overline{\alpha})(p_{21}^{RN}-p_{11}^{RN})+(q_2-q_1)-4\overline{\alpha}e g_1^{RN}x]\}
\end{aligned} \tag{5-15}
$$

基于两阶段产品需求，可进一步得到商家两阶段利润函数。

1. 第二阶段决策模型及求解

本节根据逆向归纳法首先求解第二阶段产品价格，然后根据第二阶段价格决策 S_1 差评回复努力水平。

第二阶段 S_1 的决策模型可表示为：

$$
\max_{p_{12}^{RN}} \Pi_{12}^{RN}=p_{12}^{RN}D_{12}^{RN}-r(g_1^{RN})^2
$$

$$
s.t.\begin{cases}0\leqslant p_{11}^{RN}<q_1, \\ 0\leqslant D_{11}^{RN}\leqslant 1, \\ 0\leqslant G_1^{RN},\ B_1^{RN}\leqslant D_{11}^{RN}.\end{cases} \tag{5-16}
$$

利用KKT条件可求得：$p_{i2}^{RN}=x+\frac{\beta[-2(1-2\overline{\alpha})(p_{i1}^{RN}-p_{3-i,1}^{RN})+(q_i-q_{3-i})]}{12x}+\frac{(-1)^{3-i}4\overline{\alpha}\beta e g_1^{RN}x}{12x}$。将 p_{i2}^{RN} 回代入 Π_{i2}^{RN} 中，并根据 Π_{i2}^{RN} 求得：

$$
g_1^{RN}=\frac{12x^2\alpha\beta e+\alpha\beta^2 e\{[q_1-2(1-2\overline{\alpha})p_{11}^{RN}]+[q_2-2(1-2\overline{\alpha})p_{12}^{RN}]\}}{4x(18rx-\overline{\alpha}^2\beta^2e^2)}
$$

由此可知，当 $\overline{\alpha}>1/2$ 时，第一阶段产品价格越高越应该投入较高差评回复努力，当 $\overline{\alpha}=1/2$ 时，g_1^{RN} 只受产品质量差异的影响。由此，p_{i2}^{RN} 与 Π_{i2}^{RN} 可表示为：$p_{i2}^{RN}=x+\frac{3r\beta[2(2\overline{\alpha}-1)(p_{i1}^{RN}-p_{3-i,1}^{RN})+(q_i-q_{3-i})]+(-1)^{3-i}2\overline{\alpha}^2\beta^2e^2x}{2(18rx-\overline{\alpha}^2\beta^2e^2)}$，

$\Pi_{12}^{RN}=\dfrac{r\{12x^2+\beta[2(2\overline{\alpha}-1)(p_{11}^{RN}-p_{21}^{RN})+(q_1-q_2)]\}^2}{16x^2(18rx-\overline{\alpha}^2\beta^2e^2)}$，$\Pi_{22}^{RN}=\dfrac{1}{(18rx-\overline{\alpha}^2\beta^2e^2)^2}\times$ $\dfrac{\{-36rx^2+4\overline{\alpha}^2\beta^2e^2x+3\beta r[2(2\overline{\alpha}-1)(p_{11}^{RN}-p_{21}^{RN})+(q_1-q_2)]\}^2}{8x^2}$。

2. 第一阶段商家决策模型

第一阶段 S_1 同样根据产品总利润进行决策，其决策模型为：

$$\max_{p_{i1}^{RN}}\Pi_{i1}^{RN}=p_{i1}^{RN}D_{i1}^{RN}+\Pi_{i2}^{RN}$$

$$s.t.\begin{cases}0\leqslant p_{i1}^{RN}<q_i,\\0\leqslant D_{i1}^{RN}\leqslant 1.\end{cases}$$

参照 5.2.1 中方式求解第一阶段两商家的决策模型，得到结论 5－2。

结论 5－2 两阶段商家的最优决策及总利润分别为：$g_1^{RN*}=\dfrac{12\overline{\alpha}\beta ex(27rx^2-\beta^2A_2+3x\overline{\alpha}^2\beta^2e^2)+3(9rx-\overline{\alpha}^2\beta^2e^2)\beta\Delta Q_1}{18(27r^2x^3-\beta^2rxA_2)+2\overline{\alpha}^2\beta^4e^2A_2}$，$p_{i1}^{RN*}=x+(2\overline{\alpha}-1)\times$ $\dfrac{6\beta rx[27rx^2-\beta^2A_2+(3-i)\overline{\alpha}^2\beta^2e^2x]+(-1)^{3-i}[9rx-(3-i)\overline{\alpha}^2\beta^2e^2]A_2^2\beta^2r\Delta Q_i}{18(27r^2x^3-\beta^2rxA_2)+\overline{\alpha}^2\beta^4e^2A_2}$，

$p_{21}^{RN*}=\dfrac{36rx[27rx^3-\beta^2xA_2+3\overline{\alpha}^2\beta^2x^2e^2]+9\beta rx(9rx-\overline{\alpha}^2\beta^2e^2)\Delta Q_1}{2[18(27r^2x^3-\beta^2rxA_2)+\overline{\alpha}^2\beta^4e^2A_2]}$，$p_{22}^{RN*}=$ $\dfrac{4x(9rx-\overline{\alpha}^2\beta^2e^2)(27rx^2-\beta^2A_2)-9\beta rx(9rx-\overline{\alpha}^2\beta^2e^2)\Delta Q_1}{2[18rx(27rx^2-\beta^2A_2)+\overline{\alpha}^2\beta^4e^2A_2]}$，$\Pi_1^*=p_{11}^{RN*}D_{11}^{RN*}+$ $p_{12}^{RN*}D_{12}^{RN*}-r(g_1^{RN*})^2$，$\Pi_2^*=p_{21}^{RN*}D_{21}^{RN*}+p_{22}^{RN*}D_{22}^{RN*}$，$A_2=(1-2\overline{\alpha})^2r+\overline{\alpha}^2e^2x$。

推论 5－3 单一商家投入差评回复时，回复努力水平会随质量差异值的减小而减小，且存在一个关于质量差异的阈值 $\Delta Q_1'$：低于该阈值时，商家不会投入差评回复；该阈值会随 r、$\overline{\alpha}$、β 的增大而增大。

证明：

对 g_1^{RN*} 求关于 ΔQ_1 的一阶偏导，由结论 5－2 可以得到：$\dfrac{\partial g_1^{RN*}}{\partial\Delta Q_1}=$ $-\dfrac{3\overline{\alpha}\beta^2e(9rx+2\overline{\alpha}^2\beta^2e^2)}{36(27r^2x^3-\beta^2rxA_2)+2\overline{\alpha}^2\beta^4eA_2}<0$，由此可知，市场中两种竞争产品质量差异缩小时，商家单一投入差评回复的意愿有所降低。当商家产品质量低于其竞争者时，令 $g_1^{RN*}=0$，得到一个关于 ΔQ_1 的阈值：$\Delta Q_1'=$ $-\dfrac{4x\{27rx^2-\beta^2[(1-2\overline{\alpha})^2r+3\overline{\alpha}^2e^2x]\}}{9rx+\overline{\alpha}^2\beta^2e^2}$，求其关于 k、β、$\overline{\alpha}$ 的偏导得到：$\dfrac{\partial\Delta Q_1'}{\partial k}=$

$\frac{4(1-2\bar{\alpha})^2\bar{\alpha}^2\beta^3e^2x}{(9rx-\bar{\alpha}^2\beta^2e^2)^2}>0$，$\frac{\partial\Delta Q_1'}{\partial\bar{\alpha}}=\frac{144\beta r^2x^2(2\bar{\alpha}-1)}{(9\beta rx-\bar{\alpha}^2\beta^3e^2)^2}+\frac{8\alpha\beta rxe^2[(2\bar{\alpha}-1)\beta^2+54x^2]}{(9\beta rx-\bar{\alpha}^2\beta^3e^2)^2}>0$，$\frac{\partial\Delta Q_1'}{\partial\beta}=\frac{36rx^2(27rx^2+\beta^2A_2)}{(9\beta kx-\bar{\alpha}^2\beta^3e^2)^2}+\frac{4t\bar{\alpha}^2\beta^4e^2[(1-2\bar{\alpha})^2k+3\bar{\alpha}^2e^2x]}{(9\beta kx-\bar{\alpha}^2\beta^3e^2)^2}$。证毕。

由推论5-3可知，竞争商家产品质量差异较大时，商家更愿意单一投入差评回复努力，但消费者对差评的关注度、评论系统可信度以及差评回复成本系数会影响商家回复关于质量差异的临界条件。因此，为防止质量过低产品的商家通过差评回复获取更高收益，平台应在一定程度上控制差评回复成本系数，同时严格监管刷单、删评、虚假好评等不良手段，提高平台评论系统的可信度。

5.2.3　两商家均考虑差评回复的情形

两商家均考虑回复差评的情形下（用上角标“RR”表示），商家 S_i 投入的差评回复努力水平为 g_i^{RR}，则购买两产品的消费者效用可分别表示为：

$$E(U_{12}^{RR})=\tilde{q}_1+(1-\bar{\alpha})\beta(q_1-p_{11}^{RR})-\bar{\alpha}\beta(1-eg_1^{RR}/B_1^{RR})(D_1^{RR}-q_1)-\lambda x-p_{12}^{RR} \quad (5-17)$$

$$E(U_{22}^{RR})=\tilde{q}_2+(1-\bar{\alpha})\beta(q_2-p_{21}^{RR})-\bar{\alpha}\beta(1-eg_2^{RR}/B_2^{RR})(D_{21}^{RR}-q_2)-(1-\lambda)x-p_{22}^{RR} \quad (5-18)$$

消费者购买 S_1 与 S_2 产品的无差异期望效用曲线可以修正为：$Q_s(\lambda)^{RR}=(p_{12}^{RR}-p_{22}^{RR})-(1-2\lambda)x-\bar{\alpha}\beta e(g_1^{RR}-g_2^{RR})+\frac{\beta[2(1-2\bar{\alpha})(p_{11}^{RR}-p_{21}^{RR})-(q_1-q_2)]}{4x}$，因此，第二阶段两种产品的需求可分别表示为：

$$D_{12}^{RR}=\int_0^{\lambda_{21}}\mathrm{d}\lambda+\int_{\lambda_{22}}^{\lambda_{21}}\int_{\Delta Q_s(\lambda)^{RR}}^{V}f(\Delta Q)\mathrm{d}\Delta Q\mathrm{d}\lambda=\frac{1}{2}+\frac{1}{8x^2}\{4x(-p_{12}^{RR}+p_{22}^{RR})+\beta[-2(1-2\bar{\alpha})(p_{11}^{RR}-p_{21}^{RR})+(q_1-q_2)+4\bar{\alpha}ex(g_1^{RR}-g_2^{RR})]\}$$

$$D_{22}^{RR}=\int_{\lambda_{22}}^{\lambda_{21}}\int_{-V}^{\Delta_sQ(\lambda)^{RR}}f(\Delta Q)\mathrm{d}\Delta Q\mathrm{d}\lambda+\int_{\lambda_{21}}^{V}\mathrm{d}\lambda=\frac{1}{2}+\frac{1}{8x^2}\{4x(-p_{22}^{RR}+p_{12}^{RR})+\beta[-2(1-2\bar{\alpha})(p_{21}^{RR}-p_{11}^{RR})+(q_2-q_1)-4\bar{\alpha}ex(g_2^{RR}-g_1^{RR})]\}$$

基于两阶段产品需求，可进一步得到商家两阶段利润函数。

1. 第二阶段决策模型及求解

本节根据逆向归纳法，首先求解第二阶段产品价格，然后 S_i 决策差评回复投入。

第二阶段 S_i 的决策模型可表示为：

$$\max_{p_{i2}^{RR}} \Pi_{i2}^{RR} = p_{i2}^{RR} D_{i2}^{RR} - r(g_i^{RR})^2$$

$$s.t.\begin{cases} 0 \leqslant p_{i1}^{RR} < q_i, \\ 0 \leqslant D_{i1}^{RR} \leqslant 1, \\ 0 \leqslant G_i^{RR},\ B_i^{RR} \leqslant D_{i1}^{RR}. \end{cases}$$

利用 KKT 条件可求得：$p_{i2}^{RR} = x + \dfrac{\beta[q_i + 4\overline{\alpha} e g_i^{RR} x - 2(1-2\overline{\alpha})p_{i1}^{RR}]}{12x} - \dfrac{\beta[q_{3-i} + 4\overline{\alpha} e g_{3-i}^{RR} x - 2(1-2\overline{\alpha})p_{3-i,1}^{RR}]}{12x}$。

该结果表明，两商家均进行差评回复时，两商家之间除了进行质量与第一阶段价格的竞争外，还要考虑差评回复努力投入的竞争，两商家间竞争加剧。将 p_{i2}^{RR} 回代到 Π_{i2}^{RR} 中，并根据 Π_{i2}^{RR} 利用 KKT 条件求得：$g_i^{RR} = \dfrac{\overline{\alpha}\beta e\{36rx^2 - 8x\overline{\alpha}^2\beta^2 e^2 + 3\beta r[q_i - 2(1-2\overline{\alpha})p_{i1}^{RR}] - [q_{3-i} - 2(1-2\overline{\alpha})p_{3-i,1}^{RR}]\}}{12rx(9kx - 2\overline{\alpha}^2\beta^2 e^2)}$。

当 $\overline{\alpha} < 1/2$ 时，$q_i - 2(1-2\overline{\alpha})p_{i1}^{RR}$ 差值越大的商家差评回复努力水平应该越高，即质量与价格差异较大的商家应该投入更多的差评回复努力。当 $\overline{\alpha} > 1/2$ 时，第一阶段价格设置较高的商家更需要考虑是否投入较高的差评回复努力水平。$\dfrac{\partial g_i^{RR}}{\partial k} = -\dfrac{\overline{\alpha}\beta e}{3r^2} - \dfrac{9\overline{\alpha}\beta^2 e\{[q_i - 2(1-2\overline{\alpha})p_{i2}^{RR}] - [q_{3-i} - 2(1-\overline{\alpha})p_{3-i,2}^{RR}]\}}{4\ (9rx - 2\overline{\alpha}^2\beta^2 e^2)^2} < 0$，即 r 值越小，S_i 投入的差评回复努力水平越高，此时可能导致 S_i 的收益反倒降低。故当 r 值过低时，可能会导致商家差评回复竞争加剧，出现囚徒困境。由此进一步得到：$p_{i2}^{RR} = x + \dfrac{3\beta r[2(2\overline{\alpha}-1)(p_{i1}^{RR} - p_{3-i,1}^{RR}) + \Delta Q_i]}{36rx - 8\overline{\alpha}^2\beta^2 e^2}$，$\Pi_{i2}^{RR} = \dfrac{(9rx - \overline{\alpha}^2\beta^2 e^2)\{36rx^2 - 8\overline{\alpha}^2\beta^2 e^2 x + 3\beta r[2(2\overline{\alpha}-1)(p_{i1}^{RR} - p_{3-i,1}^{RR}) + \Delta Q_i]\}^2}{288rx^2\ (9rx - 2\overline{\alpha}^2\beta^2 e^2)^2}$。若满足两商家均采取差评回复投入策略，根据 g_i^{RR} 表达式可得到条件 1。

条件 1 当差评回复成本系数 r 满足一个阈值，即 $r > r' = \dfrac{8\overline{\alpha}^2\beta^2 e^2 x}{36x^2 + 3\beta\{[q_i - 2(1-2\overline{\alpha})p_{i1}^{RR}] - [q_{3-i} - 2(1-2\overline{\alpha})p_{3-i,1}^{RR}]\}}$ 时，两商家才会同时进行差评回复。

条件 1 表明，并不是回复成本系数越低对商家越有利，过低的回复成本系数会降低竞争“门槛”，当 $\overline{\alpha}$ 低于 1/2 时，商家质量和价格的差异较大，即产品性价比更高时，该限制条件有所降低；当 $\overline{\alpha}$ 高于 1/2 时，商家产品第一阶段价格的提高会降低该限制条件。

2. 第一阶段决策模型及求解

第一阶段两商家根据产品总利润进行决策，其决策模型为：

$$\max_{p_{i1}^{RR}} \Pi_{i1}^{RR} = p_{i1}^{RR} D_{i1}^{RR} + \Pi_{i2}^{RR}$$

$$s.\ t. \begin{cases} 0 \leqslant p_{i1}^{RR} < q_i, \\ 0 \leqslant D_{i1}^{RR} \leqslant 1. \end{cases}$$

参照 5.2.1 中方式求解第一阶段两商家的决策模型，得到结论 5－3。

结论 5－3　两阶段内商家的最优决策以及总利润分别为：$p_{i2}^{RR*} = x + \dfrac{9\beta re(9rx - 2\overline{\alpha}^2\beta^2e^2)\Delta Q_i}{4[9(27r^2x^3 - \beta^2 rxA_3) + \overline{\alpha}^2\beta^4e^2A_3]}$，$p_{i1}^{RR*} = \dfrac{(2\overline{\alpha}-1)\beta^2 r(9rx - \overline{\alpha}^2\beta^2e^2)\Delta Q_i}{4[9(27r^2x^3 - \beta^2 rxA_3) + \overline{\alpha}^2\beta^4e^2A_3]} + \dfrac{(2\alpha-1)(9rx - \overline{\alpha}^2\beta^2e^2)}{3(9rx - 2\overline{\alpha}^2\beta^2e^2)} + x$，$g_i^{RR*} = \dfrac{\overline{\alpha}\beta e}{3r} - \dfrac{3\overline{\alpha}\beta^2\gamma(9rx - 2\overline{\alpha}^2\beta^2e^2)\Delta Q_i}{4[9(27r^2x^3 - \beta^2 rxA_3) + \overline{\alpha}^2\beta^4e^2A_3]}$，

$$\Pi_i^{RR*} = x + \frac{[18rx(729r^2x^3 - 18\beta^2 rxA_3 + 4\overline{\alpha}^2\beta^4e^2A_3) - \overline{\alpha}^4\beta^6e^4A_3]r\beta^2\Delta Q_i^2}{16x[9(27r^2x^3 - \beta^2 rxA_3) + \overline{\alpha}^2\beta^4e^2A_3]} + \frac{1}{12x}$$

$$\frac{[2\beta x(2\overline{\alpha}-1) + \beta\Delta Q_i](9rx - \overline{\alpha}^2\beta^2e^2)}{9rx - 2\overline{\alpha}^2\beta^2e^2} + \frac{(2\overline{\alpha}-1)(9rx - \overline{\alpha}^2\beta^2e^2)\beta^2 r\Delta Q_i}{8(243r^2x^3 - 9\beta^2 rxA_3 + \overline{\alpha}^2\beta^4e^2A_3)} -$$

$$\frac{\overline{\alpha}^2\beta^2e^2}{18r} + \frac{[27rx(243r^2x^3 - 63\overline{\alpha}^2\beta^2e^2rx + 8\overline{\alpha}^4\beta^4e^4) + 3\overline{\alpha}^6\beta^6e^6]r\beta^2\Delta Q_i^2}{32\ (243r^2x^3 - 9\beta^2 rxA_3 + \overline{\alpha}^2\beta^4e^2A_3)^2} - \frac{\overline{\alpha}^2\beta^2e^2}{18r},$$

其中，$A_3 = (1-2\overline{\alpha})^2 r + 12\alpha^2e^2x$。

推论 5－4　当 $r > \dfrac{2\overline{\alpha}^2\beta^2e^2}{9x}$ 时，差评回复努力投入会随质量差异的增大而增大；当 $\Delta Q_i > 0$ 时，商家差评回复努力水平随 $\overline{\alpha}$、β 的提高而提高，存在一个关于 ΔQ_i 的阈值，低于该阈值时商家差评回复努力水平会随 $\overline{\alpha}$、β 的提高而降低。

证明：

求解差评回复努力水平关于质量差异的一阶偏导，得到：$\dfrac{\partial g_i^*}{\partial \Delta Q_i} = \dfrac{3\overline{\alpha}\beta^2 er(9kx - 2\overline{\alpha}^2\beta^2e^2)}{4[9(27r^2x^3 - \beta^2 rxA_3) + \overline{\alpha}^2\beta^4e^2A_3]}$，当满足 $r > \dfrac{2\overline{\alpha}^2\beta^2e^2}{9x}$ 时，差评回复努力投入会随质量差异数值的增大而增大，即产品质量低于其竞争者同类型产品越多，商家差评回复努力水平会越低，反之会越高。对 g_i 求解关于

消费者差评关注度 $\overline{\alpha}$、评论系统可信度 β 的导数，得到：$\frac{\partial g_1^{RR*}}{\partial\beta}=\frac{\overline{\alpha}e}{3r}+\frac{27\overline{\alpha}\beta rxe\Delta Q_i}{2[9(27r^2x^3-\beta^2rxA_3)+\overline{\alpha}^2\beta^4e^2A_3]}+\frac{27\overline{\alpha}\beta rxe\{9(2\overline{\alpha}-1)^2\beta^2r^2x\}\Delta Q_i}{2[9rx(27rx^2-\beta^2A_3)+\overline{\alpha}^2\beta^4e^2A_3]^2}$，$\frac{\partial g_1^{RR*}}{\partial\overline{\alpha}}=\frac{\beta e}{3r}+\frac{243\beta^2er^2x^2(\beta^2A_3+27rx^2)\Delta Q_i+6\overline{\alpha}^4\beta^8e^5A_3\Delta Q_i}{4[9(27r^2x^3-\beta^2rxA_3)+\overline{\alpha}^2\beta^4e^2A_3]^2}+3\beta^2re\Delta Q_i(\beta^2A_3+27rx^2)\times\frac{2187r^2x^4+\overline{\alpha}^2\beta^2[4\overline{\alpha}^4\beta^4e^4-18(4\overline{\alpha}-2+\overline{\alpha}^2)\beta^4e^2rx+162x^2r(r-9xe^2)]}{4[9(27r^2x^3-\beta^2rxA_3)+\overline{\alpha}^2\beta^4e^2A_3]^2}$。

当 $\Delta Q_i<0$ 时，由于$\frac{\partial g_1^{RR*}}{\partial\beta}$是关于 ΔQ_i 的一元线性方程，故可能存在一个关于 ΔQ_i 的临界阈值，使低质量产品商家的差评回复努力随 β 的增大而下降，该性质同样适用于$\frac{\partial g_1^{RR*}}{\partial\overline{\alpha}}$。证毕。

由推论 5 - 4 可知，差评回复成本系数能够影响低质量产品商家的差评回复意愿，平台应通过一定手段管控差评回复成本系数。

5.3 情形对比分析

对上述 3 种模型中的均衡决策变量和利润展开对比分析，得到命题 5 - 1 至命题 5 - 4。

命题 5 - 1 商家产品质量低于竞争者产品时（$\Delta Q_i<\Delta\overline{Q}_3$），相比于双方均进行差评回复努力的情形，单一投入差评回复情形下，其努力水平更高。

证明：

由结论 5 - 2 与结论 5 - 3 中商家的差评回复努力水平可得到：$g_1^{RN*}-g_1^{RR*}=\frac{-9\overline{\alpha}^3\beta^4e^3\{162r^2x^2-3\beta^2r[18\overline{\alpha}^2xe^2-(2\overline{\alpha}-1)^2]+4\overline{\alpha}^4\beta^4e^4\}\Delta Q_i}{[18(27r^2x^3-\beta^2rxA_2)+\overline{\alpha}^2\beta^2e^2A_2][9(27r^2x^3-\beta^2rtA_2)+\overline{\alpha}^2\beta^2e^2A_3]}+\frac{\overline{\alpha}^3\beta^3e^3\{54rx^2-\beta^2[6\overline{\alpha}^2xe^2+(2\overline{\alpha}-1)^2]\}}{3r[18(27r^2x^3-\beta^2rxA_2)+\overline{\alpha}^2\beta^2e^2A_2]}$，令 $g_1^{RN*}-g_1^{RR*}=0$，可得到：$\Delta Q^1=\frac{\{54rx^2-\beta^2[6\overline{\alpha}^2xe^2+(2\overline{\alpha}-1)^2]\}[9(27r^2x^3-\beta^2rxA_3)+\overline{\alpha}^2\beta^4e^2A_3]}{27r\beta x\{162r^2x^2-3\beta^2r[18\overline{\alpha}^2xe^2-(2\overline{\alpha}-1)^2]+4\overline{\alpha}^4\beta^4e^4\}}$，当满足条件 $\Delta Q_i<\Delta Q^1$ 时，单一投入差评回复努力时的回复努力水平较高。证毕。

由命题 5 - 1 可知，商家产品质量低于竞争者时，在其单一回复差评情形下会投入更高的回复努力。这是因为当商家产品质量相对较低时，单独回复差评能够在一定程度上提升其竞争能力，故其更愿意投入较高的差评回复努力；当自身产品质量相对较高时，若竞争者同时投入差评回复努力，出于维持自身产品优势的目的，商家有必要投入更高的差评回复努力。该策略在现实中也有一定的对应，现实电商平台中，一些护肤品牌旗舰店为维护品牌声誉，会对消费者评论中反馈的不同问题进行对应的回复或解释，但在一些代销店铺，如天猫国际等，同种商品下对消费者的差评更多采用的是统一回复模板。

命题5-2　不同情形下，第一阶段定价的高低关系主要取决于产品质量，而第二阶段定价的高低关系在很大程度上受到消费者差评关注度的影响。

(1) 若商家产品质量高于竞争者，相对于均不回复情形，均回复情形下商家第一阶段价格较高；当 $\overline{\alpha}>1/2$ 时，质量差异越大第二阶段价格越高，反之，质量差异越大第二阶段价格越低。

(2) 单一进行差评回复情形时，相对于均不回复的情形，质量差异越大，单一差评回复情形下产品第一阶段的价格越高；当 $\overline{\alpha}>1/2$ 时，质量差异越大，第二阶段价格越高，反之，质量差异越大，第二阶段价格越低。

证明：

(1) 商家产品质量高于竞争者时，有 $\Delta Q_i>0$，对比均不回复差评与均回复差评情形下的两阶段产品价格有：$p_{i1}^{NN*}-p_{i1}^{RR*}=\dfrac{-9\overline{\alpha}^2\beta^3e^2x\{54rx^2-[12\overline{\alpha}^2xe^2-(2\overline{\alpha}-1)^2]\beta^2\}\Delta Q_i}{4[27x^2-(2\overline{\alpha}-1)^2\beta^2]\{9[27r^2x^3-\beta^2rxA_3]+\overline{\alpha}^2\beta^4e^2A_3\}}<0$，$p_{i2}^{NN*}-p_{i2}^{RR*}=-\dfrac{\overline{\alpha}^2(2\overline{\alpha}-1)\beta^3e^2}{27rx-6\overline{\alpha}^2\beta^2e^2}-\dfrac{\{3\overline{\alpha}^2(2\overline{\alpha}-1)\beta^4xe^2(27rx-4\overline{\alpha}^2\beta^2e^2)\}\Delta Q_i}{4[27x^2-(2\overline{\alpha}-1)^2\beta^2]\{9[27r^2x^3-\beta^2rxA_3]+\overline{\alpha}^2\beta^4e^2A_3\}}$。当 $\overline{\alpha}>1/2$ 时，若 $\Delta Q_i>0$，则 $p_{i2}^{NN*}<p_{i2}^{RR*}$，满足 $\Delta Q_i<\Delta Q^2=-\dfrac{4[27x^2-(2\overline{\alpha}-1)^2\beta^2][9(27r^2x^3-\beta^2rxA_3)+\overline{\alpha}^2\beta^4e^2A_3]}{3\beta x(27rx-4\overline{\alpha}^2\beta^2e^2)(27rx-6\overline{\alpha}^2\beta^2e^2)}$，有 $p_{i2}^{NN*}>p_{i2}^{RR*}$；当 $\overline{\alpha}<1/2$ 时，若 $\Delta Q_i>0$，则 $p_{i2}^{NN*}>p_{i2}^{RR*}$，满足 $\Delta Q_i>\Delta Q^2$，有 $p_{i2}^{NN*}<p_{i2}^{RR*}$。

(2) 当 $\Delta Q_i>0$ 时，对比均不回复差评与单一回复差评情形下两阶段产品价格（以商家 S_1 为例），有：$p_{i1}^{NN*}-p_{i1}^{RN*}=-\dfrac{\overline{\alpha}^2\beta^3e^2x(54rx^2-\beta^2A_2)}{[18(27r^2x^3-\beta^2rxA_2)+\overline{\alpha}^2\beta^4e^2A_2]}-\dfrac{9\overline{\alpha}^2\beta^3e^2x[54rx^2+\beta^2(2\overline{\alpha}-1)^2r-6\overline{\alpha}^2\beta^2xe^2]\Delta Q_i}{4[27x^2-(2\overline{\alpha}-1)^2\beta^2][18(27r^2x^3-\beta^2rxA_2)+\overline{\alpha}^2\beta^4e^2A_2]}$，则 $p_{i1}^{NN*}<p_{i1}^{RN*}$，令 $p_{i1}^{NN*}-p_{i1}^{RN*}=0$，得到：满足 $\Delta Q_i<\Delta Q^3=-\dfrac{4[27x^2-(2\overline{\alpha}-1)^2\beta^2](54rx^2-\beta^2A_2)}{9[54rx^2+r\beta^2(2\overline{\alpha}-1)^2-6x\overline{\alpha}^2\beta^2u^2]}$，

有 $p_{i1}^{NN*} > p_{i1}^{RN*}$。$p_{i2}^{NN*} - p_{i2}^{RN*} = -\dfrac{\overline{\alpha}^2\beta^3 e^2(2\overline{\alpha}-1)(36rx^2-\beta^2 A_2)}{3[18(27r^2x^3-\beta^2 rxA_2)+\overline{\alpha}^2\beta^4 e^2 A_2]} - (2\overline{\alpha}-1)\times$
$\dfrac{3\overline{\alpha}^2\beta^6 e^2[(2\overline{\alpha}-1)^2 r - 2\overline{\alpha}^2 xe^2]\Delta Q_i}{4[27x^2-(2\overline{\alpha}-1)^2\beta^2][18(27r^2x^3-\beta^2 rxA_2)+\overline{\alpha}^2\beta^4 e^2 A_2]}$，同理，当满足条件 $\overline{\alpha} >$ 1/2 时，若 $\Delta Q_i > 0$，则有 $p_{i2}^{NN*} < p_{i2}^{RN*}$。满足 $\Delta Q_i < \Delta \overline{Q}_6 = -(36rx^2-\beta^2 A_2)\times$
$\dfrac{4[27x^2-(2\overline{\alpha}-1)^2\beta^2]}{9\beta^3[(2\overline{\alpha}-1)^2 r - 2\overline{\alpha}^2 xe^2]}$，则有 $p_{i2}^{NN*} > p_{i2}^{RN*}$；当 $\overline{\alpha} < 1/2$ 时，若 $\Delta Q_i > 0$，则 $p_{i2}^{NN*} > p_{i2}^{RN*}$，满足 $\Delta Q_i > \Delta Q^4$，有 $p_{i2}^{NN*} < p_{i2}^{RN*}$。证毕。

命题 5－2 表明，当商家采取差评回复策略时，由于进行差评回复在竞争环境下可以提升其自身竞争优势，且商家进行差评回复需要投入一定的努力成本，因此该策略表明商家更具有提升价格的动机。第一销售期消费者的期望估值不会受到在线评论的影响，故表现为质量高于竞争者即可提高第一阶段价格，而消费者差评关注度的高低会直接作用于产品的第二阶段定价。若市场中的消费者对差评关注度较低，差评回复对消费者期望估值的调整较小，为保证第二阶段能够占据一定的市场，商家会降低产品价格。低质量商家的差评回复策略甚至可能导致低质量、高价格现象的出现，因此当消费者的差评敏感程度过低时，对消费者自身以及产品质量较高的商家均不利，并将阻碍产品市场的长期良性发展。命题 5－1 与命题 5－2 中各个关于 ΔQ_i 的临界阈值变化以及各种情形下决策变量的大小情况见图 5－4。

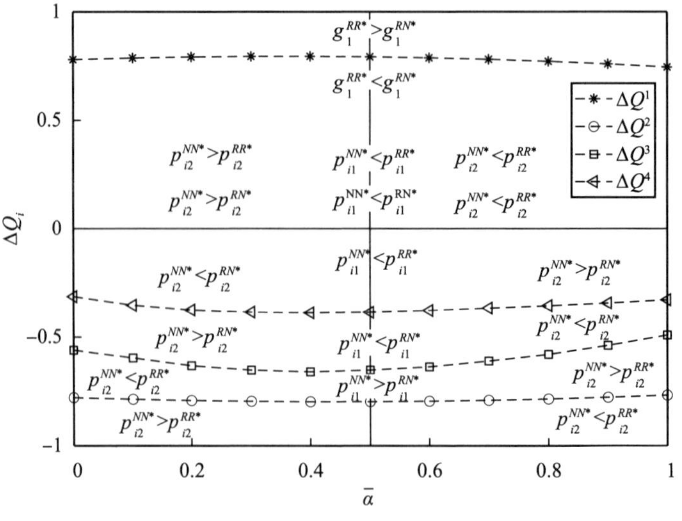

图 5－4　ΔQ 临界阈值与决策变量的变化

命题 5－3　对比不同情形，得到两竞争产品的两阶段销售价格差。

（1）均不回复差评的情形下，两竞争型产品质量差异越大，两种产品两阶段价格差越大。

（2）仅商家 S_i 回复差评的情形下，当 $\Delta Q_i<0$ 时，商家 S_i 产品的两阶段价格仍可能高于其竞争者。

（3）双方均回复情形下，当产品质量高于竞争者时，若 $\overline{\alpha}<1/2$，第一阶段价格差异相对均不回复差评增大；若 $\overline{\alpha}>1/2$，第一阶段价格差异相对均不回复差评减小。且当质量高于竞争者时，相同质量差下，均回复情形下两产品第二阶段产品价格差异增大。

证明：

（1）当两个商家均不回复差评时，两竞争型产品两阶段价格差分别为 $\Delta p_1^{NN}=\dfrac{(2\overline{\alpha}-1)\beta^2\Delta Q_i}{2[27x^2-(2\overline{\alpha}-1)^2\beta^2]}$ 和 $\Delta p_2^{NN}=\dfrac{9x\beta\Delta Q_i}{2[27x^2-(2\overline{\alpha}-1)^2\beta^2]}$，表明：在均不回复差评的情形下，两产品质量差异越大，两产品的两阶段价格差越高，符合实体店铺销售模式，且 $9x>3\sqrt{3}x>(2\overline{\alpha}-1)\beta$，故产品第二阶段价格差受质量差异影响更大。

（2）仅商家 S_i 回复情形下，第一阶段、第二阶段两产品的价格差为：$\Delta p_1^{RN}=\dfrac{\beta x[8\overline{\alpha}^3\beta^3e^2r(1-\overline{\alpha})-12\overline{\alpha}^4\beta^3e^4x+2\overline{\alpha}^2\beta re^2(54x^2-\beta^2)+9r(9rx-\overline{\alpha}^2\beta^2e^2)\Delta Q_i]}{18[27r^2x^3-\beta^2rx(2\overline{\alpha}-1)^2A_2]+\overline{\alpha}^2\beta^4e^2A_2}$，$\Delta p_2^{RN}=\dfrac{12(2\overline{\alpha}-1)r\overline{\alpha}^2\beta^3e^2x^2+[18x-(2\overline{\alpha}-1)\overline{\alpha}^2\beta^4e^2]r\Delta Q_i}{2\{18[27r^2x^3-\beta^2rx(2\overline{\alpha}-1)^2A_2]+\overline{\alpha}^2\beta^4e^2A_2\}}$。当 $\Delta Q_i>0$ 时，S_i 产品两阶段售价高，当 $\Delta Q_i<0$ 时，其差评回复是对消费者期望估值的修正，使 S_i 产品两期价格仍可能高于其竞争者。

（3）两方均回复差评时，两商家的两阶段价格差分别为：$\Delta p_1^{RR}=\dfrac{(2\overline{\alpha}-1)\beta^2r(9rx-\overline{\alpha}^2\beta^2e^2)\Delta Q_i}{2[9(27r^2x^3-\beta^2rxA_3)+\overline{\alpha}^2\beta^4e^2A_3]}$，$\Delta p_2^{RR}=\dfrac{9\beta rx(9rx-2\overline{\alpha}^2\beta^2e^2)\Delta Q_i}{2[9(27r^2x^3-\beta^2rxA_3)+\overline{\alpha}^2\beta^4e^2A_3]}$。当 $\tau=0$ 时，$\Delta p_1^{RR}=\Delta p_1^{NN}$，$\Delta p_2^{RR}=\Delta p_2^{NN}$。对 Δp_1^{RR}、Δp_2^{RR} 求解关于 τ 的偏导，由此得到：$\dfrac{\partial\Delta p_1^{RR}}{\partial\tau}=\dfrac{3(1-2\overline{\alpha})\overline{\alpha}^2\beta^4rxe(243r^2x^2+4\overline{\alpha}^4\beta^4e^4+72\overline{\alpha}^2\beta^2rxe^2)\Delta Q_i}{[9(27r^2x^3-\beta^2rxA_3)+\overline{\alpha}^2\beta^4e^2A_3]^2}$，当 $\overline{\alpha}<1/2$ 时，若 $\Delta Q_i>0$，价格差随 τ 增大而增大，即均进行差评回复时，相同质量差异下，价格差异越大；当 $\overline{\alpha}>1/2$ 时，若 $\Delta Q_i>0$，价格差随 τ 增大而减小，此时两商家之间的竞争会加剧。同时有 $\dfrac{\partial\Delta p_2^{RR}}{\partial\tau}=\dfrac{27\overline{\alpha}^2\beta^3rx^2e\{162r^2x^2+8\overline{\alpha}^4\beta^4e^4+3\beta^2r[(2\overline{\alpha}-1)^2r-24\overline{\alpha}^2xe^2]\}\Delta Q_i}{[(27r^2x^3-\beta^2rxA_3)+\overline{\alpha}^2\beta^4e^2A_3]^2}>$

0，表明质量高于竞争者时，第二阶段价格差会随 τ 增大而增大。证毕。

由命题 5－3 可知，单一商家回复差评能够在一定程度上弥补产品质量劣势，而当两个商家均进行差评回复时，消费者对差评关注度过高会加剧第一阶段产品竞争，第二阶段由于同时存在质量竞争与差评回复竞争，且差评回复努力程度与自身质量成正比，故价格差异会增加。无论产品质量高低，商家进行差评回复时会使产品价格提高。这是因为当差评回复在一定程度上可以抵消产品在质量上的不足时，商家有可能通过更高的价格来获取更高的产品利润，而消费者对差评关注程度较高时，两商家同时投入较高的差评回复，使竞争加剧，产品质量差异对需求的影响作用有所下降。命题 5－3 体现的管理启示是商家可以通过差评回复努力提高自身产品的竞争优势，但差评回复策略带来的产品价格提高可能会导致消费者剩余的下降。因此，电商平台需要发挥好产品质量监督作用，加大对差评过多商家的惩罚力度。

命题 5－4 存在一个关于 r 的临界区间 $[r_1,\ r_2]$，当在该区间范围内时，同等质量差异下，两商家均回复差评情形下的利润差距要大于两者均不回复情形下的利润差距，反之会缩小利润差距。

证明：

首先，令 $\Delta\Pi_i^{NN}=\Pi_i^{NN}-\Pi_{3-i}^{NN}$，$\Delta\Pi_i^{RR}=\Pi_i^{RR}-\Pi_{3-i}^{RR}$，对比得到：$\Delta\Pi_i^{NN}=\dfrac{\beta\Delta Q_i}{6x}-\dfrac{(2\bar{\alpha}-1)\beta^2\Delta Q_i}{4A_1}$，$\Delta\Pi_i^{RR}=\dfrac{\beta\Delta Q_i}{6x}-\dfrac{r\Delta Q_i\beta^2(9rx-\bar{\alpha}^2\beta^2e^2)}{4A_1}\times\dfrac{(2\bar{\alpha}-1)[27x^2-(1-2\bar{\alpha})^2\beta^2]}{243r^2x^3-9\beta^2rxA_3+2\bar{\alpha}^2\beta^4e^2A_3}$，由 $\Delta\Pi_i^{NN}$、$\Delta\Pi_i^{RR}$ 表达式可知，当 $\dfrac{rA_1}{243r^2x^3-9\beta^2rxA_3+2\bar{\alpha}^2\beta^4e^2A_3}<1$ 时，即在 $[r_1,\ r_2]$ 区间内，有 $\Delta\Pi_i^{RR}>\Delta\Pi_i^{NN}$；反之，有 $\Delta\Pi_i^{RR}<\Delta\Pi_i^{NN}$；其中，$r_1=\dfrac{\bar{\alpha}^2\beta^2e^2(81x^2+A_1)}{18A_1}-\dfrac{Z}{18A_1}$，$r_2=\dfrac{Z}{18A_1}+\dfrac{\bar{\alpha}^2\beta^2e^2(81x^2+A_1)}{18A_1}$，$Z=\sqrt{\dfrac{36xA_1^2+(1-2\bar{\alpha})^2\bar{\alpha}^4\beta^6e^4}{[8A_1-6(1-2\bar{\alpha})^2\beta^2]}}$。证毕。

由命题 5－4 可知，具有高产品质量的商家可以通过合理控制回复成本系数来拉大与竞争者的利润差距。这是因为回复成本系数控制在一定范围内时，回复差评策略门槛的提高能够有效抑制低质量产品商家的差评回复努力程度，同时控制差评回复成本系数上限，可以避免过高的差评回复成本影响自身收益。临界阈值取值情况见图 5－5。

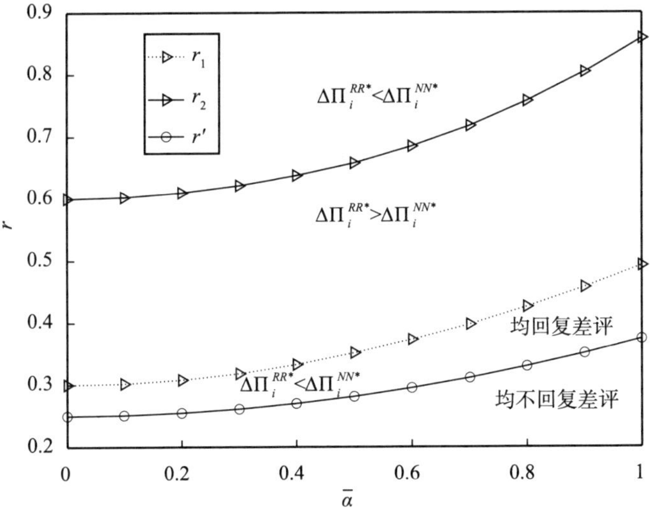

图5-5　r值临界阈值变化情况

由图5-5中r阈值的取值情况可知，该阈值区间的下限高于两商家均进行差评回复的阈值，同时随着消费者对差评关注度的提高，临界阈值的取值会提高。这是因为消费者受差评影响较大时，商家需要投入更多的差评回复努力，对回复努力系数的要求降低。因此，具有较高产品质量的商家可以考虑帮助平台合理控制差评回复成本系数，将产品质量过低的商家从最终产品市场中淘汰，间接保障消费者权益。

5.4　数值分析

为检验上文命题及推论的正确性，变动相关参数取值范围进行数值分析，观察产品质量差异以及消费者差评关注度对两竞争型产品两阶段定价的影响。具体相关参数设定为：$\bar{\alpha}=0.6$，$\beta=0.6$，$x=0.6$，$q_1=0.8$，$q_2=0.6$，$e=0.4$，$V=1$，$r=0.4$。

1. p_{it}^*价格随$\bar{\alpha}$的变化

取定$\bar{\alpha}$值在［0.1，1］之间变动，q_1先后取值0.8和0.6，q_2先后取值为0.6和0.8，单一差评回复情形下，假定仅S_1进行回复，由此得到不同情形下两商家第二阶段的产品价格策略（见图5-6和图5-7）。

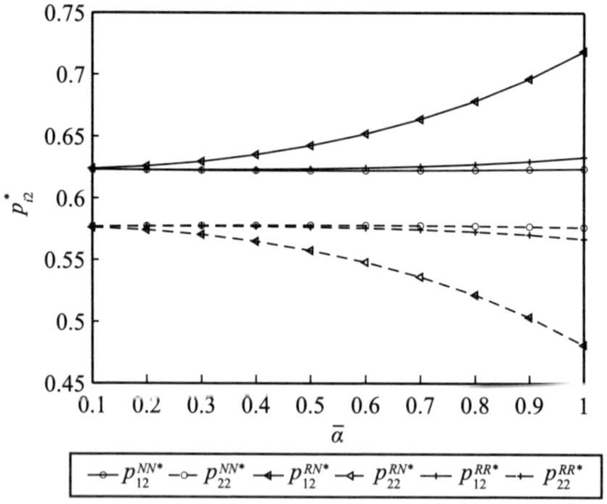

图 5－6　产品价格随 $\overline{\alpha}$ 的变化（$q_1 > q_2$）

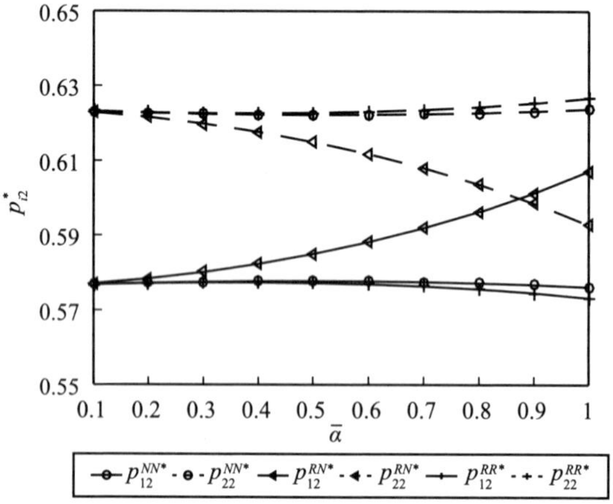

图 5－7　产品价格随 $\overline{\alpha}$ 的变化（$q_1 < q_2$）

由图 5－6 可知，随着消费者的差评关注度的提高，均不回复情形下，商家的第二阶段价格呈下降趋势；S_1 单一回复差评情形下，产品的第二阶段价格均有所提高，且消费者的差评关注度越高，差评回复投入越高。这表明，无论商家产品质量的高低，在单一差评回复策略下，其产品的第二阶段价格均会较高。当两个商家均采取差评回复策略时，当 $\overline{\alpha}$ 值较小时，商家均会不进行差评回复，随着 $\overline{\alpha}$ 的提高，尽管两商家均采取差评回复策略，但低产品质量的商家第二阶段价格仍会有所降低，表明差评回复可以增加两个产品的定价差距。因此，高质量产品有必要进行差评回复以维持自身优势，而低质量产品进行单一回复容易造成市场混乱，平台也有必要对差评回复成本进行合理控制。

2. 价格差与质量差比值随 $\overline{\alpha}$ 的变化

分析产品价格差与质量差的比值随 $\overline{\alpha}$ 的变化情况，参数取值情况不变，仿真结果见图5-8和图5-9。

由图5-8和图5-9容易看出，第一阶段两产品价格差异与质量差异的比值受消费者差评关注度的影响较小，$\overline{\alpha}$ 取0.1时，临界阈值 $\Delta Q_1' = -0.2531 < -0.2$。由推论5-3可知，临界阈值随 $\overline{\alpha}$ 增大而增大，故两种质量取值状态下商家单一投入差评回复时其努力程度恒大于0。当进行差评回复的商家产品质量较高时，消费者的差评关注度越高，两种产品的价格差或质量差越大；当进行差评回复的商家产品质量较低时，相同质量差异下，随着消费者对差评关注度的提高，两种产品的价格差异会减小，甚至可能会出现低质量产品-高销售价格的现象，与命题5-2一致。因此，高质量产品商家有必要进行差评回复以维持自身竞争优势，并结合更加详细的产品说明、产品细节展示等提高消费者对产品的估值。

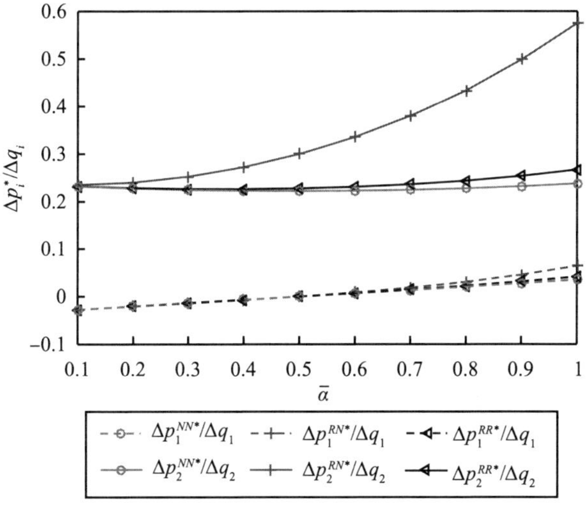

图5-8　$\Delta p_i^*/\Delta q_i$ 随 $\overline{\alpha}$ 变化情况（$q_1 > q_2$）

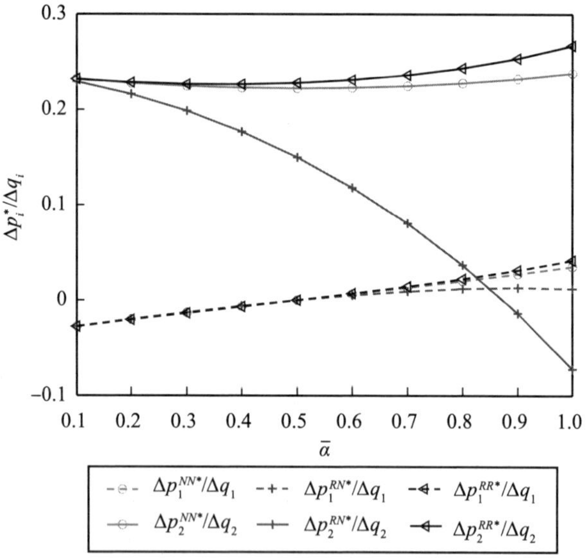

图 5－9　$\Delta p_i^*/\Delta q_i$ 随 $\bar{\alpha}$ 变化情况（$q_1<q_2$）

3. Π_i^* 随 $\bar{\alpha}$ 的变化

对比不同情形下商家利润与差评回复努力水平随消费者差评关注度的变化情况，同样取定 $\bar{\alpha}$ 值在［0.1，1］之间变动，q_1 先后取值 0.8 和 0.6，q_2 相应地先后取值为 0.6 和 0.8。单一差评回复情形下，假定仅商家 S_1 进行差评回复，仿真结果见图 5－10 和图 5－11，两商家均进行差评回复情形见图 5－12。

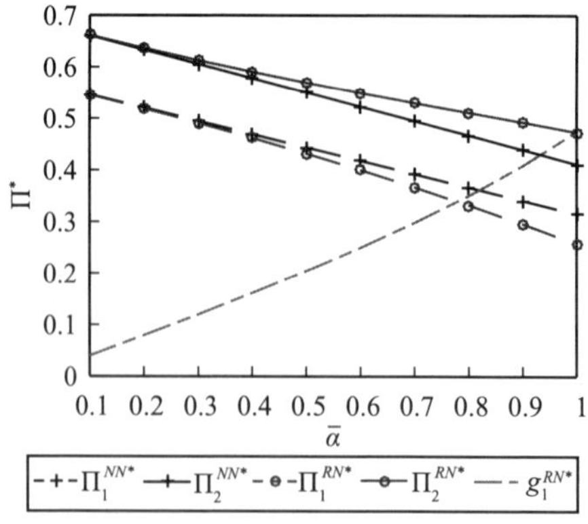

图 5－10　情形 *RN* 下利润随 $\bar{\alpha}$ 变化（$q_1>q_2$）

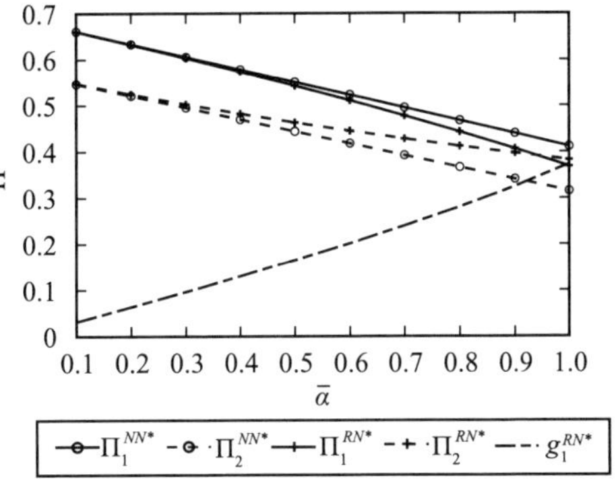

图 5－11　情形 *RN* 下利润随 $\bar{\alpha}$ 变化（$q_1<q_2$）

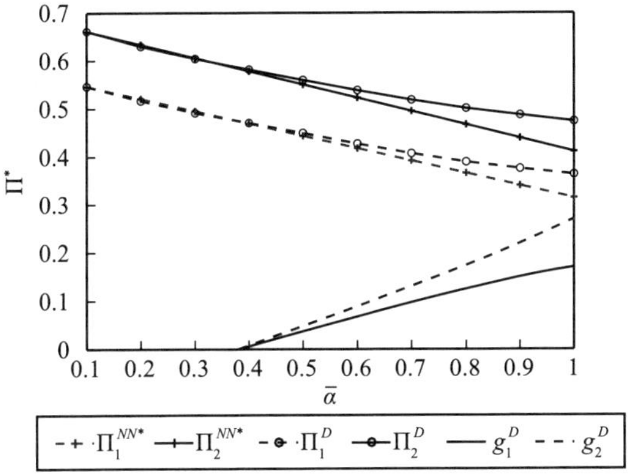

图 5－12　情形 *RR* 下利润随 $\bar{\alpha}$ 变化（$q_1>q_2$）

对比图 5－10 和图 5－11 可以看出，高质量产品的商家能够通过差评回复获取更高的利润，并降低竞争对手的利润空间，且其差评回复努力程度随消费者差评关注度的增加而增加。由图 5－12 可以看出，两商家均进行差评回复时，当消费者的差评关注度较低时，两者不会投入差评回复努力，当 $\bar{\alpha}$ 取值为 0.341 时，临界阈值 $r'=0.6$，且随着消费者差评关注度的提高，两商家均开始逐渐提高差评回复努力投入，产品质量较高的商家更倾向于投入较高的回复努力水平。但无论何种情形下，消费者差评关注度的提高均会使商家利润下降。

4. Π_i^* 随质量差异的变化

进一步对比不同质量差异下商家收益的变化情况，q_2 取值为 0.5，q_1 取值区间为［0.1，0.9］，其他参数取值不变，得到单一商家回复与商家均回复情形下商家收益变化情况，分别见图 5－13 与图 5－14。

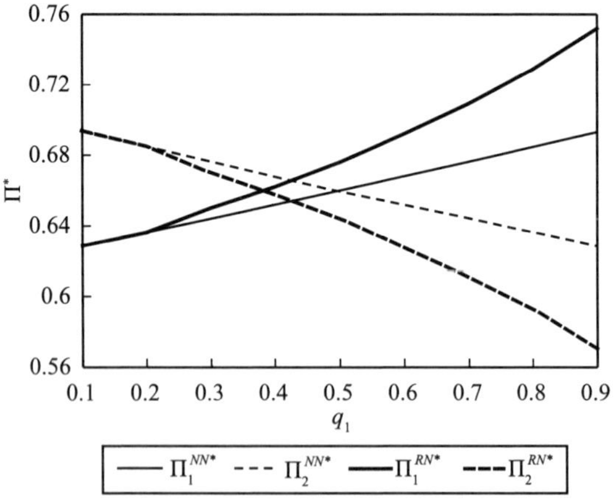

图 5－13　单一回复情形下商家收益随质量差异变化情况

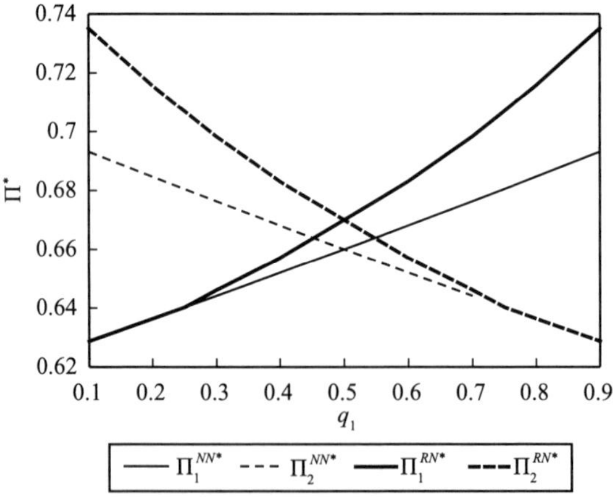

图 5－14　均回复情形下商家收益随质量差异变化情况

由图 5－13、结合命题 5－1 可以看出，商家 S_1 单一差评回复策略下，在两种产品质量差异较大时，产品质量与竞争者差异较大时商家 S_1 不会采取差评回复策略。随着 S_1 产品质量的不断提高，S_1 通过回复差评提升经济利润的幅度越来越大；而由图 5－14 可以看出，当两商家均采取差评回复策略时，当商家的产品质量明显低于其竞争者时，商家不会进行差评回复努力投入，而随着产品质量差异的增加，商家收益提升幅度明显增大。由此可以看出，高产品质量商家更有必要进行差评回复，无论低质量产品商家是否采取回复差评策略，均能抑制低质量产品商家利润的增长，最终将低质量产品商家从市场中淘汰。

5.5 本章小结

考虑到两阶段销售的竞争型产品其第一阶段在线评论对第二阶段消费者产品期望或估值的影响，本章构建了基于在线评论的竞争型产品两阶段定价模型，分析了消费者对差评的关注度、平台评论体系可信度、质量差异及商家差评回复策略对产品两阶段价格的影响，得到主要结论如下。

（1）商家产品质量低于竞争者时，其在单一回复差评情形下会投入更高的回复努力水平。商家差评回复努力投入会随两产品质量差异的增大而增大，且存在一个关于质量差异的临界阈值；低于该临界阈值时，低质量商家不会进行差评回复。

（2）相对于均不回复差评的情形，单一回复差评或均回复差评的情形下，第一阶段产品价格的调整策略取决于与竞争产品的质量差异，第二阶段价格的调整策略受消费者对差评敏感度的影响。消费者较低的差评关注度对消费者自身、高产品质量商家均不利。

（3）回复成本系数控制在一定范围内时，均回复差评的情形下，具有较高产品质量的商家能够获取更高的利润优势。两商家产品质量差异在一定范围内的情形下，无论产品质量高低，商家总能通过差评回复获益。

由此可以得到如下管理启示：一是在电商平台中，面对前期消费者对产品的负面评论，商家尤其是高质量产品商家有必要投入一定的差评回复努力；二是电商平台有必要不断完善平台的评论机制，鼓励消费者发表产品评论并监督商家评论造假等不良行为，避免消费者因缺乏对产品评论的关注而购买到低质量产品，进而失去对平台及平台中同类型产品店家的信任；三是为避免低质量产品商家过度依赖差评回复获取利润，平台有必要提高商家的差评回复成本，具有较高产品质量的商家应考虑帮助平台控制差评回复成本。此外，商家应该更加注重产品细节，提高消费者对产品的估值，从根本上减少产品的差评数量。

第6章 评论优化策略下考虑退货的商家两阶段产品定价与库存决策研究

第5章主要考虑了商家的负面评论管理策略以及两阶段产品定价策略，本章进一步考虑商家的评论优化策略对其运营决策的影响。评论优化策略能够提高产品正面评论数量，但该做法可能会导致在线评论所反映出的产品质量信息失真，使下一销售周期产品退货量激增。因此，有必要对允许退货的背景下开展评论优化活动的商家定价与库存联合决策问题展开研究。本章考虑消费者购买前的初始价值认知与购买后的认知差异，基于评论优化策略给出两阶段中消费者的决策行为，运用报童模型构建商家不同评论优化策略下的利润模型，对两阶段最优价格与库存进行联合决策，以为网络商家的评论优化管理与运营决策提供一定的理论指导。

6.1 模型描述与假设

考虑商家依托电商平台分两阶段销售单一产品，且需要在每销售周期前决策产品库存量 Q_t（$t=1$，2，分别表示第一阶段与第二阶段），第一阶段末商家会通过邀请消费者好评或好评返现（券）等方式提高产品的好评数量，市场中同时存在同类型产品商家。消费者在每阶段末会根据产品的真实质量决策好评（差评、不评）或购买价格退货（无缺陷退货），好（差）评会影响下一阶段消费者的产品初始价值认知。考虑商家与消费者均为理性决策者，提出如下假设。

假设6－1 第一阶段为全价阶段，产品价格为 p；第二阶段为折扣阶段，价格折扣为δ，产品实际价格为δp。

假设6-2　若产品库存量过多，商家需要付出单位产品库存费用h；若产品库存量不足，商家需要付出单位产品缺货成本o。

假设6-3　退货产品和剩余产品不再进行销售，产品残值记为s，产品采购成本记为w，有$p>w>s$。

假设6-4　两阶段市场中产品需求量为N_t，N_t的概率密度函数和分布函数分别为$f(N_t)$和$F(N_t)$，且$F(N_t)$为关于N_t的单调增函数。

假设6-5　在购买前，消费者根据产品网页介绍信息与评论信息形成产品的初始价值认知v，消费者收到产品后的认知差异为ε，收到产品后消费者的真实价值认知为$v-\varepsilon$。消费者对产品的认知差异影响着其购买产品后的行为。

假设6-6　记消费者对好评的关注度为α，则其对差评的关注度为$1-\alpha$。考虑电商平台评论系统可信度对消费者初始价值认知的影响，记平台评论系统可信度为β。

多数文献考虑消费者的初始价值认知与购买后的认知差异相互独立（Chen Yingju，2011），参照樊双蛟和王旭坪（2019）中将消费者初始价值认知与认知差异表述为二维随机变量，记两者的联合概率密度函数为$g(v,\varepsilon)$，分布函数为$G(v,\varepsilon)$。为方便计算，令$v\sim U[a,b]$，$\varepsilon\sim U[c,d]$，故有$g(v,\varepsilon)=\dfrac{1}{(b-a)(d-c)}$，且满足$c<0<a<d<b$。相关参数符号及含义见表6-1。

表6-1　**相关参数符号及含义说明**

符号	含义	符号	含义
v	产品初始价值认知	ε	产品认知差异
p	第一阶段产品价格	δ	第二阶段价格折扣率
w	单位产品采购成本	s	单位产品残值
h	单位产品库存费用	o	单位产品缺货成本
μ	好评效用敏感值	y	消费者退货成本
θ	好评邀请努力水平	ϕ	好评返现金额
Ω	好评消费者比例	ξ	θ与Ω相关系数

续表

符号	含义	符号	含义
α	消费者好评关注度	β	平台评论系统可信度
N_t	第 t 阶段产品市场需求量	Q_t	第 t 阶段产品库存量
Π_t	第 t 阶段产品收益	D_t	第 t 阶段产品购买概率
R_t	第 t 阶段产品退货概率	X	第一阶段产品好评概率
Y	第一阶段产品差评概率	L	第一阶段不评论产品概率

6.2 模型求解与分析

下面针对商家不同评论优化策略下的消费者决策行为与商家运营决策展开分析。

6.2.1 商家不进行评论优化的情形

当商家不进行产品评论优化时（记为情形 B，用上角标“B”表示），首先对第一阶段与第二阶段消费者决策行为展开分析，然后构建商家利润模型，求解商家最优决策。

1. 消费者决策过程分析

两阶段中，消费者首先做出决策是否购买产品，收到产品后再决策做出何种反应，具体决策过程说明如下。

（1）第一阶段消费者决策。

仅考虑产品质量与价格对消费者效用的影响，第一阶段消费者从产品中获得的期望效用为 $E(U_1)=v-p$，当 $E(U_1)\geqslant 0$，即 $v\geqslant p$ 时，消费者购买产品，产品购买概率 D_1^B 见式（6－1）。

$$D_1^B = G(v \geqslant p) = \int_c^d \int_p^b \frac{1}{(b-a)(d-c)} \mathrm{d}v\mathrm{d}\varepsilon = \frac{b-p}{b-a} \tag{6-1}$$

消费者收到并体验产品后，受产品认知差异的影响，其真实效用可表示为 $U_1=v-\varepsilon-p$。消费者根据自身真实效用制定购买后的决策（好评、差评、不评或退货）。设消费者的退货成本为 y，进行好评的效用敏感值为 μ。不同 U_1 范围下消费者决策说明如下：

当 $U_1 \leqslant -y$，即 $v \leqslant p+\varepsilon-y$ 时，消费者选择退货。购买产品的消费者有 $v \geqslant p$，故认知差异需满足 $y \leqslant \varepsilon$。当 $y \leqslant \varepsilon < d$ 时，产品退货概率 $R_1^B > 0$；当 $y=\varepsilon=d$ 时，有 $R_1^B > 0$；情形 $d < y \leqslant \varepsilon$ 不成立，记该情形下 $R_1^B > 0$，得到：

$$R_1^B = \begin{cases} \int_y^d \int_p^{p+\varepsilon-y} \frac{1}{(b-a)(d-c)} \mathrm{d}v\mathrm{d}\varepsilon = \frac{(d-y)^2}{2(b-a)(d-c)},\ y < d \\ \int_d^d \int_p^{p+\varepsilon-y} \frac{1}{(b-a)(d-c)} \mathrm{d}v\mathrm{d}\varepsilon = 0,\ y \geqslant d \end{cases} \tag{6-2}$$

当 $-y < U_1 \leqslant 0$，即 $p+\varepsilon-y < v \leqslant p+\varepsilon$ 且 $y < \varepsilon \leqslant d$ 时，消费者不会退货但会给出差评；情形 $d \leqslant y \leqslant \varepsilon$ 不成立，记该情形下差评概率 $Y^B=0$，得到：

$$Y^B = \begin{cases} \int_y^d \int_{p+\varepsilon-y}^{p+\varepsilon} \frac{1}{(b-a)(d-c)} \mathrm{d}v\mathrm{d}\varepsilon = \frac{(d-y)y}{(b-a)(d-c)},\ y < d \\ 0,\ y \geqslant d \end{cases} \tag{6-3}$$

当 $0 < U_1 \leqslant \mu$，即 $p+\varepsilon < v \leqslant p+\varepsilon+\mu$ 时，消费者不评论产品；又 $v \geqslant p$，故需满足 $\varepsilon > 0$。消费者不评论概率 L^B：

$$L^B = \int_0^d \int_{p+\varepsilon}^{p+\varepsilon+\mu} \frac{1}{(b-a)(d-c)} \mathrm{d}v\mathrm{d}\varepsilon = \frac{d\mu}{(b-a)(d-c)} \tag{6-4}$$

当 $U_1 > \mu$，即 $v > p+\varepsilon+\mu$ 时，消费者会给出好评；又 $v \geqslant p$，故有 $\varepsilon > -\mu$。考虑到存在 $\varepsilon > -\mu > c$ 或 $\varepsilon > c > -\mu$ 的可能，故好评概率 X^B 如式（6-5）所示：

$$X^B = \begin{cases} \int_{-\mu}^d \int_{p+\mu+\varepsilon}^{b} \frac{1}{(b-a)(d-c)} \mathrm{d}v\mathrm{d}\varepsilon = \frac{(2b-2p-d-\mu)(d+\mu)}{2(b-a)(d-c)},\ \mu < -c \\ \int_c^d \int_{p+\mu+\varepsilon}^{b} \frac{1}{(b-a)(d-c)} \mathrm{d}v\mathrm{d}\varepsilon = \frac{(2b-2p-d-2\mu-c)}{2(b-a)},\ \mu \geqslant -c \end{cases} \tag{6-5}$$

本章为重点考虑消费者好评的效用敏感值 μ 对好评概率的影响，仅重点考虑 $\varepsilon > -\mu > c$ 的情形。情形 B 下第一阶段消费者决策如图 6-1 所示。

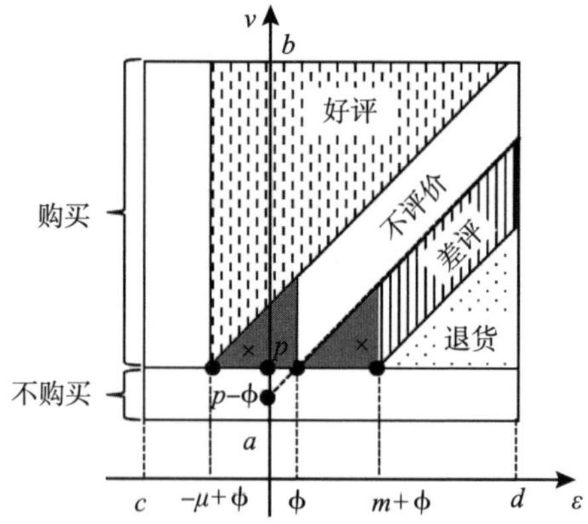

（a）$-\mu>c$ 情形

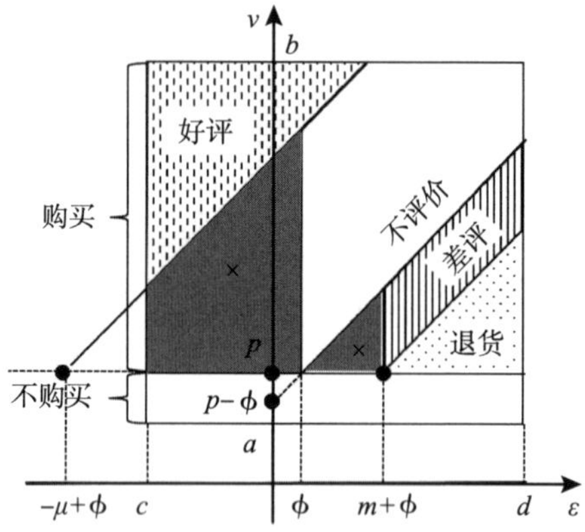

（b）$-\mu\leqslant c$ 情形

图 6－1　情形 B 第一阶段消费者决策

（2）第二阶段消费者决策。

在第二阶段，消费者会根据评论来修正产品初始价值认知。如果消费者可有效浏览的评论数为 $\bar{n}$，则评论认知效用为 $\zeta^B=\alpha\beta X^B\bar{n}-(1-\alpha)\beta Y^B\bar{n}$；消费者产品初始价值认知修正为 $\hat{v}=v+\zeta^B$，第二阶段消费者购买前的期望效用为 $E(U_2)=\hat{v}-\delta p=v+\zeta^B-\delta p$。当 $E(U_2)\geqslant 0$，即 $v\geqslant\delta p-\zeta^B$ 时，消费者购买产品，产品购买概率 D_2^B 如式（6－6）所示：

$$\begin{aligned}D_2^B&=\int_c^d\int_{\delta p-\zeta^B}^b\frac{1}{(b-a)(d-c)}\mathrm{d}v\mathrm{d}\varepsilon\\&=\frac{2(b-\delta p)(b-a)(d-c)+\Gamma_1}{2(b-a)^2(d-c)}\end{aligned}\tag{6-6}$$

其中，$\Gamma_1=[(2b-2p-d-\mu)(d+\mu)\alpha-2(d-y)(1-\alpha)y]\beta\bar{n}$。收到产品后消费者的真实效用为 $U_2=v+\zeta^B-\varepsilon-\delta p$，第二阶段的评论不会影响商家运营决策，故仅考虑产品退货概率。假设产品仅在固定的一段时间进行促销，消费者在第二阶段选择退货时需要以原价购买同类型其他产品，即会损失价格折扣效用。为简化模型，考虑同类型竞争商家的产品价格同样为 p，则当 $U_2\leqslant -y-(1-\delta)p$，即 $v\leqslant v_1=\delta p-\zeta^B+\varepsilon-y-(1-\delta)p$ 时，消费者才会选择退货；又有 $v\geqslant\delta p-\zeta^B$，故需满足 $\varepsilon\geqslant y+(1-\delta)p$。当 $d\geqslant\varepsilon>y+(1-\delta)p$ 时，第二阶段退货概率为 $R_2^B>0$；当 $y+(1-\delta)p=\varepsilon=d$ 时，有 $R_2^B=0$；情形 $\varepsilon\geqslant y+(1-\delta)p>d$ 不成立，记 $R_2^B=0$，得到：

$$R_2^B=\begin{cases}\displaystyle\int_{y+(1-\delta)p}^{d}\int_{\delta p-\tau}^{v_1}\frac{1}{(b-a)(d-c)}\mathrm{d}v\mathrm{d}\varepsilon=\frac{[d-y-(1-\delta)p]^2}{2(b-a)(d-c)},\\ \quad y<d-(1-\delta)p\\ 0,\ y\geqslant d-(1-\delta)p\end{cases}\tag{6-7}$$

由式（6－7）可以看出，价格折扣率的存在使消费者对自身的退货成本敏感度发生改变。下面对两阶段消费者各决策行为概率展开分析，得到推论 6－1。

推论 6－1　第一阶段产品的购买概率和好评概率与价格呈负相关关系，但差评概率与退货概率不受价格影响；第二阶段产品的购买概率与价格折扣率呈负相关关系，退货概率与价格折扣率呈正相关关系。

证明：

从 Y^B 和 R_1^B 解析式容易看出，差评概率与退货概率不会受到价格的影响，对 D_1^B 和 X^B 求关于 p 的一阶偏导，有：$\frac{\partial D_1^B}{\partial p}=-\frac{1}{b-a}<0$，$\frac{\partial X_1^B}{\partial p}=-\frac{d+u}{(b-a)(d-c)}<0$；对 D_2^B 和 R_2^B（存在退货）求关于 δ 的一阶偏导，得到：$\frac{\partial D_2^B}{\partial\delta}=-\frac{2(b-a)(d-c)p}{2(b-a)^2(d-c)}<0$，$\frac{\partial R_2^B}{\partial\delta}=\frac{p(d-y-p+\delta p)}{(b-a)(d-c)}>0$。证毕。

推论 6－1 表明，商家不采取评论优化时，第一阶段产品价格的提高会使 D_1^B 与 X^B 下降，但产品 Y^B 与 R_1^B 不会受到价格的影响。这是因为消费者选择购买产品后，自身对产品价格存在一定的认可度；但消费者退货成本会影响消费者做出差评或退货的选择。影响消费者退货成本的因素包括产品是否提供退货运费险、退货便利性等因素。网络商家可以根据实际情况，通过调整这些影响因素来调控产品的退货量。

产品价格折扣率下降意味着折扣力度增大，消费者实际购买价格下降，D_2^B 因此提高；当存在产品退货时 $[y<d-(1-\delta)p]$，价格折扣力度的增大会使 R_2^B 下降，且由 $R_2^B<R_1^B$ 可知，消费者退货后会失去价格折扣的机会，故能够有效降低消费者退货意愿，但该结论仅在市场中消费者均为理性消费者的情形下成立。

2. 网络商家决策过程分析

由于两阶段中市场产品需求量随机，商家不确定市场中消费者数量，所以在做订货计划时，其库存量可能出现过量或不足两种情况。

当商家订货过量，即 $Q_t \geqslant N_tD_t$ 时，产品实际销售量为 N_tD_t，期末剩余产品库存量 $H_t=Q_t-N_tD_t$，剩余与退货产品量 $\overline{S}_t=Q_t-N_t(D_t+R_t)$；

当网络商家订货不足，即 $Q_t<N_tD_t$ 时，产品实际销售量为 Q_t，产品缺货数量 $O_t=N_tD_t-Q_t$，退货产品量 $\underline{S}_t=R_tQ_t/D_t$。

（1）第一阶段商家决策。

第一阶段决策变量为产品价格与库存量，商家第一阶段利润函数如下：

$$\Pi_1^B(p,\ Q_1)=\underbrace{\int_0^{\frac{Q_1}{D_1^B}}[pN_1(D_1^B-R_1^B)-wQ_1-hH_1^B+s\overline{S}_1^B]\cdot f(N_1)\mathrm{d}N_1}_{Q_1\geqslant N_1D_1^B}$$

$$+\underbrace{\int_{\frac{Q_1}{D_1^B}}^{\infty}[pQ_1(1-R_1^B/D_1^B)-wQ_1-oO_1^B+s\underline{S}_1^B]\cdot f(N_1)\mathrm{d}N_1}_{Q_1<N_1D_1^B}$$

根据商家第一阶段利润函数求解最优价格与库存量，得到命题6－1。

命题6－1 第一阶段产品价格给定，存在一个最优库存量 $Q_1^{B^*}$，使商家取得最大利润。

证明：

给定产品价格后，对 $\Pi_1^B(p,\ Q_1)$ 求关于 Q_1 的一阶与二阶偏导，得到：

$$\frac{\partial\Pi_1^B(p,\ Q_1)}{\partial Q_1}=\frac{(p+g)D_1^B-(p-s)R_1^B}{D_1^B}\cdot\left[1-F\left(\frac{Q_1}{D_1^B}\right)\right]-(h-s)\cdot F\left(\frac{Q_1}{D_1^B}\right)-w$$

$$\frac{\partial^2\Pi_1^B(p,\ Q_1)}{\partial Q_1^2}=-\frac{(p-s)\cdot(D_1^B-R_1^B)+h+o}{D_1^B}\times f\left(\frac{Q_1}{D_1^B}\right)<0$$

由 $\frac{\partial^2\Pi_1^B(p,\ Q_1)}{\partial Q_1^2}<0$ 可知，$\Pi_1^B(p,\ Q_1)$ 为关于 Q_1 的凸函数，且由于 $F(N_1)$

连续可导，故第一阶段商家利润模型存在极大值。令$\frac{\partial \Pi_1^B(p,\ Q_1)}{\partial Q_1}=0$，得到：$F\left(\frac{Q_1}{D_1}\right)=\frac{(p+o-w)D_1-(p-s)R_1}{(p+o+h-s)D_1-(p-s)R_1}$，通过逆函数求解得到：

$$Q_1^{B*}=\begin{cases}\frac{b-p}{b-a}\cdot F^{-1}(Z_1),\ y<d\\ \frac{b-p}{b-a}\cdot F^{-1}\left(\frac{p+o-w}{p+o+h-s}\right),\ y\geqslant d\end{cases}$$

其中，$Z_1=\frac{2(d-c)(b-p)(o+p-w)-(d-y)^2(p-s)}{2(d-c)(b-p)(o+p-s+h)-(d-y)^2(p-s)}$，由 Q_1^{B*} 表达式可以看出，其在很大程度上受到 w 与（$s-h$）大小关系的影响。证毕。

将 Q_1^{B*} 代回到 $\Pi_1^B(p,\ Q_1)$ 中，可进一步求得最优的产品价格 p^{B*}，鉴于 p^{B*} 解析式的复杂性，仅在数值分析部分展开分析。接下来，求解第二阶段产品的最优库存量与最优定价。

（2）第二阶段商家决策。

第二阶段决策变量为价格折扣率与库存量，商家第二阶段利润函数如下：

$$\Pi_2^B(\delta,\ Q_2)=\underbrace{\int_0^{\frac{Q_2}{D_2^B}}[\delta pN_2(D_2^B-R_2^B)-wQ_2-hH_2^B+s\overline{S}_2^B]\cdot f(N_2)\mathrm{d}N_2}_{Q_2\geqslant N_2D_2^B}$$
$$+\underbrace{\int_{\frac{Q_2}{D_2^B}}^{\infty}[\delta pQ_2(1-R_2^B/D_2^B)-wQ_2-oO_2^B+s\underline{S}_2^B]\cdot f(N_2)\mathrm{d}N_2}_{Q_2<N_2D_2^B}$$

根据商家利润函数求解最优价格折扣率与库存量，得到命题 6－2。

命题 6－2　第二阶段价格折扣率给定，存在唯一最优库存量 Q_2^{B*} 使商家取得最大利润。

证明：

假设价格折扣率 δ 给定，对 $\Pi_2^B(\delta,\ Q_2)$ 求关于 Q_2 的一阶偏导与二阶偏导，得到：

$$\frac{\partial \Pi_2^B(\delta,\ Q_2)}{\partial Q_2}=\left[\frac{(\delta p+o)D_2^B-(\delta p-s)R_2^B}{D_2^B}\right]\cdot\left[1-F\left(\frac{Q_2}{D_2^B}\right)\right]+(s-h)\cdot F\left(\frac{Q_2}{D_2^B}\right)-w$$

$$\frac{\partial^2 \Pi_2^B(\delta,\ Q_2)}{\partial Q_2^2}=-\left[(\delta p-s)\left(1-\frac{R_2^B}{D_2^B}\right)+\frac{h+o}{D_2^B}\right]\cdot f\left(\frac{Q_2}{D_2^B}\right)<0$$

由 $\partial^2\Pi_2^B(\delta,\ Q_2)/\partial Q_2^2<0$ 可知，$\Pi_2^B(\delta,\ Q_2)$ 为关于 Q_2 的凸函数，且由于 $F(N_2)$ 连续可导，故利润函数 $\Pi_2^B(\delta,\ Q_2)$ 存在极大值，令 $\partial\Pi_2^B$（δ，

$Q_2)/\partial Q_2=0$，得到：$F\left(\frac{Q_2}{D_2^B}\right)=\frac{(\delta p+o-w)D_2^B-(\delta p-s)R_2^B}{(\delta p+o-s+h)D_2^B-(\delta p-s)R_2^B}$，通过逆函数求解得到：

$$Q_2^{B*}=\begin{cases}\frac{2(b-\delta p)(b-a)(d-c)+\Gamma_1}{b-a}\cdot F^{-1}(Z_2),\ y<d-(1-\delta)p\\ \frac{2(b-\delta p)(b-a)(d-c)+\Gamma_1}{b-a}\cdot F^{-1}\left(\frac{\delta p+o-w}{\delta p+o+h-s}\right),\ y\geqslant d-(1-\delta)p\end{cases}$$

其中，$Z_2=\frac{(\delta p+o-w)[2(b-\delta p)(b-a)(d-c)+\Gamma_1]-(\delta p-s)\Gamma_2}{(\delta p+o-s+h)[2(b-\delta p)(b-a)(d-c)+\Gamma_1]-(\delta p-s)\Gamma_2}$，$\Gamma_2=2(b-a)[d-y-(1-\delta)p]^2$。证毕。

将 Q_2^{B*} 带回 $\Pi_2(\delta,\ Q_2)$，可求得最优的产品折扣率 δ^{B*}，鉴于 δ^{B*} 解析式的复杂性，仅在数值分析中展开分析。分析两阶段最优库存量随相关参数的变化情况，得到命题6－3。

命题6－3 当存在退货产品时，产品价格给定，第一阶段最优库存量与消费者退货成本呈正相关关系；价格折扣率给定，满足 $y\leqslant d/2$，第二阶段最优库存量与消费者退货成本呈负相关关系。

证明：

当两阶段存在退货产品（退货概率不为0）时，考虑产品价格与折扣率，对 Q_1^{B*}、Q_2^{B*} 求关于 y 的一阶偏导，有：

$$\frac{\partial Q_1^{B*}}{\partial y}=\frac{(b-p)[(d-y)^2(p-s)-2(d-c)(b-p)(o+p-s+h)]^2}{(b-a)[4(d-c)(d-y)(b-p)(p-s)(h+w-s)]f(Z_1)}$$

$$\begin{aligned}\frac{\partial Q_1^{B*}}{\partial y}=\frac{\partial Q_2^{B*}}{\partial y}=&-\frac{(1-\alpha)(d-2y)\beta\bar{n}}{(d-c)(b-a)^2}F^{-1}(Z_2)\\&-\frac{2(b-\delta p)(b-a)(d-c)+\Gamma_1}{2f(Z_2)\Gamma_2(b-a)^2(d-c)(h+w-s)}\\&\times\frac{[\Gamma_2-2(o+\delta p-s+h)\Gamma_1]^2}{2(d-c)[(b-\delta p)(b-a)+(b^2-ab+a\delta p)]+\Gamma_1}\end{aligned}$$

已知 $2(b-p)(b-a)(d-c)+\Gamma_1>0$，故当 $y\leqslant d/2$ 时，$\partial Q_2^{B*}/\partial y<0$；当 $d/2<y<d-(1-\delta)p$ 时，Q_2^{B*} 随 y 的变化会因 y 的大小而不同。当两阶段不存在退货产品时，有 $\partial Q_1^{B*}/\partial y=0$，$\partial Q_2^{B*}/\partial y=0$。证毕。

由命题6－3可知，价格与折扣率给定的情形下，第一阶段与第二阶段的产品最优库存量随消费者退货成本 y 的提高呈现相反的变化趋势；y 的提高，使第一阶段产品退货概率下降，产品退货量相对较少，商家会偏向于订购更多产品。第二阶段 γ 的提高使 Q_2^{B*} 下降。这是因为，第一阶段更多不满产品质量的消费者由于较高的退货成本而给出差评，第二阶段消费者对产品估值下降，产品的购买概率下降，因而最优库存量减少。

6.2.2　商家发送好评邀请的情形

研究商家在消费者签收产品后，发送好评邀请营销文案以请求消费者进行好评的情形（记为情形 I，用上角标“I”表示）。该策略在电商平台中广为应用，如抖音商城中，商家可以事先编辑好评邀请文案，而后点击“邀请好评”选项发送给消费者。

1. 消费者决策过程分析

情形 I 下两阶段消费者具体决策过程说明如下。

（1）第一阶段消费者决策。

记商家在邀请好评过程对每位消费者付出的努力水平为 θ，受到邀请的消费者中有比例 $\Omega=\min\{\xi\theta,\ 1\}$ 的消费者会给出好评（重点考虑 $\Omega=\xi\theta$ 情形），ξ 为 θ 与 Ω 之间的关联系数，该设置表明，当 ξ 较高时，商家可以降低好评邀请努力，产品好评概率 X^I 见式（6－8）。

$$X^I=X^B+\Omega L^B=\frac{(2b-2p-d-\mu)(d+\mu)+2\Omega d\mu}{2(b-a)(d-c)} \tag{6-8}$$

产品购买概率、退货概率及差评概率与情形 B 下一致，即 $D_2^I=D_2^B$，$Y^I=Y^B$，$R_2^I=R_2^B$。

（2）第二阶段消费者决策。

情形 I 下，第二阶段消费者评论认知效用为：$\zeta^I=\alpha\beta X^I\overline{n}-(1-\alpha)\beta Y^I\overline{n}$，由此得到第二阶段消费者购买产品前的期望效用为：$E(U_2)=v+\zeta^I-\delta p$。当 $E(U_2)\geqslant 0$，即 $v\geqslant\delta p-\zeta^I$ 时，消费者选择购买产品。第二阶段产品购买概率 D_2^I 见式（6－9）：

$$\begin{aligned}D_2^I&=\int_c^d\int_{\delta p-\zeta^I}^b\frac{1}{(b-a)(d-c)}\mathrm{d}v\mathrm{d}\varepsilon\\&=\frac{2(b-\delta p)(b-a)(d-c)+\Gamma_1+2(1-\alpha)d\mu\beta\Omega\overline{n}}{b-a}\end{aligned} \tag{6-9}$$

第二阶段仅考虑产品退货概率，收到产品后消费者的真实效用为：$U_2=v-\varepsilon+\zeta^I-\delta p$，参照6.1.1得到：当 $U_2\leqslant-\gamma-(1-\delta)p$，即 $v\leqslant\delta p-\zeta^I+\varepsilon-$

$y-(1-\delta)p$ 时，消费者选择退货；当 $v \geqslant \delta p-\zeta^I$ 时，有 $\varepsilon \geqslant y+(1-\delta)p$。但上述假设中没有考虑好评邀请策略对第二阶段退货概率的影响。收到产品后消费者的真实效用与未实施好评邀请前一致，则收到产品后消费者的真实效用为：$U_2=v-\varepsilon+\zeta^I-\delta p$，当 $v \leqslant v_2=\delta p-\zeta^I+\alpha\beta\lambda L^I\bar{n}+\varepsilon-y-(1-\delta)p$ 时，消费者选择退货；$v \geqslant \delta p-\zeta^I$ 时，有 $\varepsilon \geqslant y+(1-\delta)p-\alpha\beta L^I\Omega\bar{n}$，与 $\varepsilon \geqslant y+(1-\delta)p$ 取交集得到：$\varepsilon \geqslant y+(1-\delta)p$，则第二阶段退货概率为：

$$R_2^I=\begin{cases}\displaystyle\int_{y+(1-\delta)p}^{d}\int_{\delta p-\zeta\tau^I}^{v_2}\frac{1}{(b-a)(d-c)}\mathrm{d}v\mathrm{d}\varepsilon=\frac{(d-y-p+\delta p)\Gamma_3}{2(b-a)^2(d-c)^2},\\ \quad y<d-(1-\delta)p\\ 0,\ y \geqslant d-(1-\delta)p\end{cases} \tag{6-10}$$

其中，$\Gamma_3=[d-y-(1-\delta)p](d-a)(d-c)+2du\alpha\beta\lambda\bar{n}$。通过分析消费者各种决策行为的概率随相关参数的变化情况，得到推论 6－2 和推论 6－3。

推论 6－2 好评邀请情形下，第二阶段产品购买概率及退货概率随相关参数的变化规律有：$\frac{\partial D_2^I}{\partial p}<0$，$\frac{\partial D_2^I}{\partial \delta}<0$；$\frac{\partial R_2^I}{\partial p}<0$，$\frac{\partial R_2^I}{\partial \delta}>0$。

证明：

对 D_2^I 求关于 p 和 δ 的一阶偏导，有：$\frac{\partial D_2^I}{\partial \delta}=-\frac{(b-a)(d-c)p}{(b-a)^2(d-c)}<0$，$\frac{\partial D_2^I}{\partial p}=-\frac{(b-a)(d-c)\delta+(d+\mu)\alpha\beta\bar{n}}{(b-a)^2(d-c)}<0$；对 R_2^I 求关于 p 和 δ 的一阶偏导，可以得到：$\frac{\partial R_2^I}{\partial p}=-\frac{(1-k)[(b-a)(d-c)(d-m-p+\delta p)-d\alpha\beta\xi\theta\bar{n}]}{(b-a)^2(d-c)^2}<0$，$\frac{\partial R_2^I}{\partial \delta}=\frac{p[(b-a)(d-c)(d-m-p+\delta p)-d\alpha\beta\xi\theta\bar{n}]}{(b-a)^2(d-c)^2}>0$。证毕。

由推论 6－2 可以看出，情形 I 下，第一阶段产品价格的提高会使第二阶段的 D_2^I 与 R_2^I 降低。第一阶段较高的价格会降低消费者的购买可能，但价格的提高也会使第二阶段产品退货概率降低。这一结论看似有悖常理，一方面是因为消费者退货后需要以高价购买同类型产品，价格折扣使消费者节省费用较高因而降低了退货意愿；另一方面是因为产品购买概率下降，退货概率由此下降。而价格折扣率的减小会使 D_2^I 提高，即价格折扣力度越大，产品购买概率越高。同时，价格折扣力度的提高也会降低 R_2^I，即价格折扣力度的提高能够有效降低消费者的退货意愿。

接下来，对比情形 I 相对于情形 B 下，第二阶段产品购买与退货概率的变化，得到推论6－3。

推论6－3　邀请好评策略能够提高产品的购买概率与退货概率，且产品购买概率提升幅度更大。

证明：

对比情形 I 相对于情形 B 下产品购买与退货概率的变化，得到：$D_2^I - D_2^B = \frac{\alpha d\mu\beta\Omega\bar{n}}{(b-a)^2(d-c)} > 0$，存在退货时有 $y < d-(1-\delta)p$，故有：$R_2^I - R_2^B = \frac{(d-y-p+\delta p)(1-\alpha)d\mu\beta\Omega\bar{n}}{(b-a)^2(d-c)^2} > 0$。对比 $D_2^I - D_2^B$ 与 $R_2^I - R_2^B$，有 $\frac{R_2^I - R_2^B}{D_2^I - D_2^B} = \frac{d-y-p+\delta p}{d-c}$，已知 $y+(1-\delta)p > 0 > c$，故 $\frac{R_2^I - R_2^B}{D_2^I - D_2^B} < 1$，故产品购买概率的提高幅度高于退货概率的提高幅度。证毕。

由推论6－3可知，情形 I 下好评概率的提高使 D_2^I 与 R_2^I 均有所提高，但购买概率的提高幅度高于退货概率，使商家有利可图，证明了商家好评邀请策略的有效性。由 $D_2^I - D_2^B$ 与 $R_2^I - R_2^B$ 比值结果并结合推论6－2结论可知，价格折扣率的下降（折扣力度提高）会增大产品购买概率与退货概率之间的差距，即商家能够通过适当提高产品第二阶段的折扣力度，在保证产品购买概率提高的同时，尽可能降低产品退货概率。

2. 网络商家决策过程分析

（1）第一阶段商家决策。

在商家邀请好评情形下，同样存在产品库存量过量与不足两种情况，由此商家邀请好评的努力投入成本 $C(\theta) = \theta \cdot \max\{N_1 D_1^I, Q_1^I\}$，则第一阶段内商家的利润可表示为：

$$\Pi_1^I(p, Q_1) = \underbrace{\int_0^{\frac{Q_1}{D_1^I}} [pN_1(D_1^I - R_1^I) - wQ_1 - hH_1^I + s\bar{S}_1^I - \theta N_1 D_1^I] \cdot f(N_1)\mathrm{d}N_1}_{Q_1 \geqslant N_1 D_1^I}$$

$$+ \underbrace{\int_{\frac{Q_1}{D_1^I}}^{\infty} [pQ_1(1 - R_1^I/D_1^I) - wQ_1 - oO_1^I + s\underline{S}_1^I - \theta Q_1] \cdot f(N_1)\mathrm{d}N_1}_{Q_1 < N_1 D_1^I}$$

参照6.1.2中的求解过程，得到：$F\left(\frac{Q_1}{D_1^I}\right) = \frac{(p+o-w-\theta)D_1^I - (p-s)R_1^I}{(p+o+h-s)D_1^I - (p-s)R_1^I}$，

通过逆函数求解得到：

$$Q_1^{I*}=\begin{cases}\dfrac{b-p}{b-a}\cdot F^{-1}(Z_3),\ y<d\\[2mm]\dfrac{b-p}{b-a}\cdot F^{-1}\left(\dfrac{p+o-w-\theta}{p+o+h-s}\right),\ y\geqslant d\end{cases}$$

其中，$Z_3=\dfrac{2(d-c)(b-p)(p+o-\theta-w)-(d-y)^2(p-s)}{2(d-c)(b-p)(p+o+h-s)-(d-y)^2(p-s)}$，即第一阶段产品价格给定，存在一个最优库存量 Q_1^{I*}，使实施好评邀请策略的商家取得最大利润。将 Q_1^{I*} 代回到 $\Pi_1^I(p,\ Q_1)$ 中，可进一步求得最优定价 p^{I*}，p^{I*} 仅在数值部分展开分析。

（2）第二阶段商家决策。

商家邀请好评情形下，第二阶段网络商家利润可表示为：

$$\Pi_2^I(\delta,\ Q_2)=\underbrace{\int_0^{\frac{Q_2}{D_2^I}}[\delta pN_2(D_2^I-R_2^I)-wQ_2-hH_2^I+s\overline{S}_2^I]\cdot f(N_2)\mathrm{d}N_2}_{Q_2\geqslant N_2D_2^I}$$
$$+\underbrace{\int_{\frac{Q_2}{D_2^I}}^{\infty}[\delta pQ_2(1-R_2^I/D_2^I)-wQ_2-oO_2^I+s\underline{S}_2^I]\cdot f(N_2)\mathrm{d}N_2}_{Q_2<N_2D_2^I}$$

参照6.1.2中的求解过程，可得到：$F\left(\dfrac{Q_2}{D_2^I}\right)=\dfrac{(\delta p+o-w)D_2^I-(\delta p-s)R_2^I}{(\delta p+o+h-s)D_2^I-(\delta p-s)R_2^I}$，通过逆函数求解，得到：

$$Q_2^{I*}=\begin{cases}\left[2(b-\delta p)(d-c)+\dfrac{\Gamma_1+2(1-\alpha)d\mu\beta\Omega\bar{n}}{b-a}\right]\cdot\\ \quad F^{-1}(Z_4),\ y<d-(1-\delta)p\\ \left[2(b-\delta p)(d-c)+\dfrac{\Gamma_1+2(1-\alpha)d\mu\beta\Omega\bar{n}}{b-a}\right]\cdot\\ \quad F^{-1}\left(\dfrac{\delta p+o-w}{\delta p+o+h-s}\right),\ y\geqslant d-(1-\delta)p\end{cases}$$

其中，$Z_4=\dfrac{(d-c)(\delta p+o-w)[2Z_5+\Lambda_1+2(1-\alpha)d\mu\beta\Omega\bar{n}]-Z_6\Gamma_3}{(d-c)(\delta p+o+h-s)[2Z_5+\Lambda_1+2(1-\alpha)d\mu\beta\Omega\bar{n}]-Z_6\Gamma_3}$，$Z_5=(b-a)(d-c)(b-\delta p)$，$Z_6=(\delta p-s)[d-y-(1-\delta)p]$，即第二阶段价格折扣率给定，存在唯一最优库存量 Q_2^{I*}，使商家取得最大收益。将 Q_2^{I*} 带回 $\Pi_2^I(\delta,\ Q_2)$，可求得最优的产品折扣率 δ^{I*}，δ^{I*} 仅在数值分析中展开讨论。

命题6-4 在第一阶段，相同价格下，相对于不进行评论优化的情形，商家邀请好评的情形中，最优库存量下降。当消费者退货成本 $y \geqslant y_1$ 时，有 $\partial Q_1^{I*}/\partial\theta \leqslant 0$；当 $y < y_1$ 时，有 $\partial Q_1^{I*}/\partial\theta > 0$。

证明：

前文设定 $F(N_1)$ 为单调递增函数，则 $F(N_1)$ 的反函数同样为增函数，当价格相同时，有：$\dfrac{(p+o-w-\theta)D_1^I-(p-s)\cdot R_1^I}{(p+o+h-s)D_1^I-(p-s)R_1^I} \leqslant \dfrac{(p+o-w)D_1^B-(p-s)R_1^B}{(p+o+h-s)D_1^B-(p-s)R_1^B}$，故 $Q_1^{I*} \leqslant Q_1^{B*}$ 成立；当 $y<d$ 时，对 Q_1^{I*} 求关于 θ 的一阶偏导，得到：$\dfrac{\partial Q_1^{I*}}{\partial\theta} = \dfrac{[(d-y)^2(p-s)-2(d-c)(b-p)(p+o+h-s)]D_1^I}{2(b-p)(d-c)\cdot f(Z_3)}$，令 $\partial Q_1^{I*}/\partial\theta=0$，得到 y_1、y_2，且对称轴为 d，故在区间 $[y_1, d)$ 中，有 $\partial Q_1^{I*}/\partial\theta \leqslant 0$；当 $y<y_1$ 时，$\partial Q_1^{I*}/\partial\theta>0$。当 $y \geqslant d$ 时，$\dfrac{\partial Q_1^{I*}}{\partial\theta} = -\dfrac{(p+o+h-s)D_1^I}{f\left(\dfrac{p+o-w-\theta}{p+o+h-s}\right)} < 0$。证毕。

命题6-4表明，相对于情形 B，情形 I 中 Q_1^{I*} 降低。这是因为商家需要对每一位购买产品的消费者付出好评邀请努力，商家应适当降低产品库存量，在能够有效提高下一期产品声誉的同时，保证本销售周期的利润。同时可以看出，商家的好评邀请策略下，Q_1^{I*} 随 θ 的变化规律会受到 y 的影响。当 y 过低时，θ 的提高会使 Q_1^{I*} 提高。这是因为消费者退货成本过低时，消费者选择退货的概率会提高，商家投入好评邀请的消费者数量减少，商家能够适当提高订购量；而当 y 过高时，消费者退货的可能性降低，但好评邀请投入增加使好评邀请成本提高，需要减少产品销量以降低好评邀请成本。由此可知，好评邀请策略需要商家考虑是否减少第一阶段产品库存量来降低评论优化成本。

命题6-5 第二阶段价格折扣率给定，好评邀请情形下，最优库存量与 θ 呈正相关关系。

证明：

存在退货情形下，对 Q_2^{I*} 求关于 θ 的一阶偏导，得到：

$$\frac{\partial Q_2^{I*}}{\partial\theta} = \frac{(1-\alpha)d\mu\beta\xi\bar{n}}{(b-a)^2(d-c)}\cdot F^{-1}(Z_4) + \frac{D_2^I}{(1-\alpha)d\mu\beta\xi\bar{n}f(Z_4)} \times \frac{(b-a)^2(d-c)^2[(\delta p+o+h-s)D_2^I-(\delta p-s)R_2^I]^2}{\left\{\begin{array}{l}[Z_6+(d-c)(\delta p+o-w)][(\delta p+o+h-s)D_2^I-(\delta p-s)R_2^I]+[(d-c)\\(o+h)+(y+p-\delta p-c)(\delta p-s)][(\delta p+o-w)D_2^I-(\delta p-s)R_2^I]\end{array}\right\}},$$

$\frac{\partial Q_2^{I*}}{\partial \theta}>0$；无退货下$\frac{\partial Q_2^{I*}}{\partial \theta}=\frac{d\mu\alpha\beta\xi\bar{n}}{(b-a)^2(d-c)}\cdot F^{-1}\left(\frac{\delta p+o-w}{\delta p+o+h-s}\right)>0$。证毕。

由命题6－5可知，无论第二阶段是否存在退货产品，第一阶段末商家好评邀请努力程度的提高均会使第二阶段的产品最优库存量Q_2^{I*}提高；结合推论6－3可知，好评邀请策略使第二阶段产品的购买概率相对于退货概率提高得更多，产品最优库存量由此提高。该结论表明，商家在第一阶段的好评邀请策略虽然可能会降低当期的最优库存量，但能够有效提升下一阶段的产品销售量，比较适合需要通过平台促销活动提升市场的产品。

6.2.3 商家实施好评返现的情形

研究商家在消费者收到产品后，赠送优惠券或者现金红包等形式换取消费者对产品做出好评的情形（记为情形O，用上标“O”表示）。记好评返现金额为ϕ。

1. 消费者决策过程分析

情形O下两阶段消费者具体决策过程说明如下。

（1）第一阶段消费者决策。

网络商家在日常期末实施好评返现，产品购买概率不变，即$D_1^O=D_1^B$，收到产品后消费者根据自身真实效用进行决策。

当$U_1\leqslant -y-\phi$，即$v\leqslant p+\varepsilon-y-\phi$时，消费者选择退货；又$v\geqslant p$，有$\varepsilon\geqslant y+\phi$。当$d>\varepsilon\geqslant y+\phi$时，退货概率$R_1^O>0$；当$d=\varepsilon=y+\phi$时，有$R_1^O=0$；$\varepsilon\geqslant y+\phi>d$不成立，此时$R_1^O=0$，得到：

$$R_1^O=\begin{cases}\int_{\phi+m}^{d}\int_{p}^{p-y+\varepsilon-\phi}\frac{1}{(b-a)(d-c)}\mathrm{d}v\mathrm{d}\varepsilon=\frac{(d-y-\phi)^2}{2(b-a)(d-c)},\ y<d-\phi\\0,\ y\geqslant d-\phi\end{cases}\tag{6-11}$$

当$-y-\phi<U_1\leqslant 0$，即$p+\varepsilon-y-\phi\leqslant v\leqslant p+\varepsilon-\phi$时，消费者进行差评；又$v\geqslant p$，有$\varepsilon>d>y+\phi$，情形$\varepsilon>y+\phi\geqslant d$不成立，概率记为0；差评概率$Y^O$见式（6－12）：

$$Y^O=\begin{cases}\int_{y+\phi}^{d}\int_{p-y+\varepsilon-\phi}^{p+\varepsilon-\phi}\frac{1}{(b-a)(d-c)}\mathrm{d}v\mathrm{d}\varepsilon=\frac{y(d-y-\phi)}{(b-a)(d-c)},\ y<d-\phi\\0,\ y\geqslant d-\phi\end{cases}\tag{6-12}$$

当$0 < U_1 \leqslant \mu - \phi$，即$p + \varepsilon - \phi < v \leqslant p + \varepsilon - \phi + \mu$时，消费者均不评论；又$v \geqslant p$，故有$\varepsilon > \phi$，不评论概率对后续研究无影响，故对不评论概率不展开计算。

当$U_1 > \mu - \phi$，即$v > p + \varepsilon - \phi + \mu$时，消费者会给出好评；又$v \geqslant p$，故有$\varepsilon > \phi - \mu$；考虑到存在$\varepsilon > c > \phi - \mu$或$\varepsilon > \phi - \mu > c$两种可能，产品好评概率$X^O$见式（6－13）：

$$X^O = \begin{cases} \int_{\phi-\mu}^{d}\int_{p+\mu+\varepsilon-\phi}^{b} \frac{1}{(b-a)(d-c)} \mathrm{d}v\mathrm{d}\varepsilon = \frac{(2b-2p-d+\phi-\mu)(d+\mu-\phi)}{2(b-a)(d-c)}, \\ \mu < \phi - c \\ \int_{c}^{d}\int_{p+\mu+\varepsilon-\phi}^{b} \frac{1}{(b-a)(d-c)} \mathrm{d}v\mathrm{d}\varepsilon = \frac{2b-2p-d+2\phi-2\mu-c}{2(b-a)}, \ \mu \geqslant \phi - c \end{cases} \tag{6-13}$$

以下重点考虑$\varepsilon \geqslant \phi - \mu > c$的情形。情形$O$下第一阶段消费者决策如图 6－2 所示。

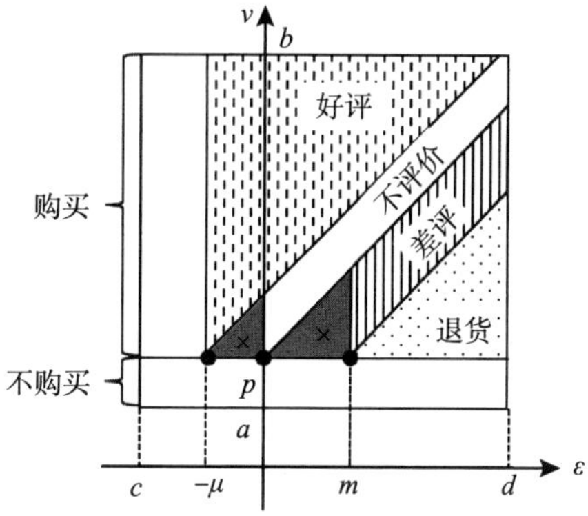

（a）$\phi-\mu>c$ 情形

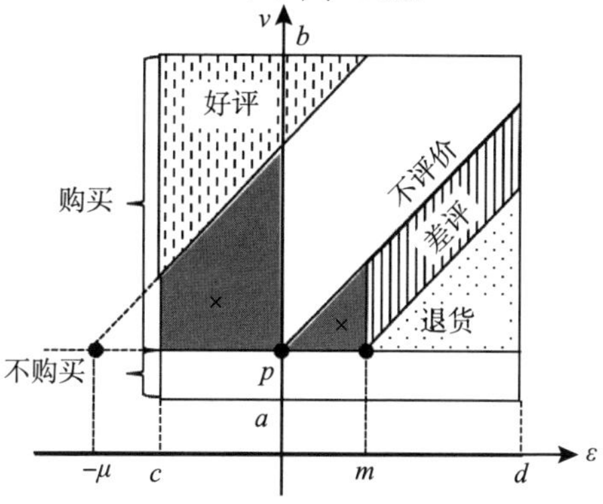

（b）$\phi-\mu\leqslant c$ 情形

图 6－2 情形 O 第一阶段消费者决策

（2）第二阶段商家决策。

情形 O 下，第二阶段消费者从产品中获得的期望效用修正为：$E(U_2)=v+\zeta^O-\delta p=v+\alpha\beta X^O\overline{n}-(1-\alpha)\beta Y^O\overline{n}-\delta p$，参照 3.2.1 求解过程，求得第二阶段 D_2^O 与 R_2^O：

$$D_2^O=\frac{2(b-\delta p)(b-a)(d-c)+\Gamma_4}{2(b-a)^2(d-c)} \tag{6-14}$$

$$R_2^O=\begin{cases}\dfrac{[d-y-(1-\delta)p]\Gamma_5}{2(b-a)(d-c)}, & y<d-(1-\delta)p\\ 0, & y\geqslant d-(1-\delta)p\end{cases} \tag{6-15}$$

其中，$\Gamma_4=[(1-\alpha)(d-\phi+\mu)(2b-2p-d+\phi-\mu)-2\alpha(d-\phi-y)y]\beta\overline{n}$，$\Gamma_5=(d-y-p+\delta p)(b-a)(d-c)-\{(1-\alpha)[2(b-p-d+\mu)+\phi]-2\alpha y\}\phi\beta\overline{n}$，分析消费者不同行为的变化规律，得到推论 6-4 和推论 6-5。

推论 6-4 第一阶段价格给定，有 $\frac{\partial Y^O}{\partial\phi}\leqslant 0$，$\frac{\partial R_1^O}{\partial\phi}\leqslant 0$。存在一个关于好评返现金额的临界阈值 ϕ_1，当 $\phi<\phi_1$ 时，有 $\frac{\partial X^O}{\partial\phi}>0$；反之，$\frac{\partial X^O}{\partial\phi}\leqslant 0$。

证明：

对 X^O、Y^O 与 R_1^O 求关于 ϕ 的一阶偏导，得到：$\frac{\partial X^O}{\partial\phi}=\frac{-b+p+d+\mu-\phi}{(b-a)^2(d-c)}$，$\frac{\partial Y^O}{\partial\phi}=-\frac{c(d-y-\phi)}{(b-a)(d-c)}$，$\frac{\partial R_1^O}{\partial\phi}=-\frac{d-y-\phi}{(b-a)^2(d-c)}$。当存在退货，即 $y<d-\phi$ 时，有 $\frac{\partial R_1^O}{\partial\phi}<0$，$\frac{\partial Y^O}{\partial\phi}<0$；当不存在退货，即 $y\geqslant d-\phi$ 时，$Y^O=0$，$R_1^O=0$，有 $\frac{\partial Y^O}{\partial\phi}=0$，$\frac{\partial R_1^O}{\partial\phi}=0$。令 $\frac{\partial X^O}{\partial\phi}=0$，得到：$\phi=p+d+\mu-b$，故当 $\phi<\phi_1=p+d+\mu-b$ 时，有 $\frac{\partial X^O}{\partial\phi}>0$；反之，$\frac{\partial X^O}{\partial\phi}\leqslant 0$。证毕。

由推论 6-4 可知，在第一阶段，当消费者退货成本偏低时（$y<d-\phi$），好评返现金额 ϕ 能够降低产品差评概率和退货概率。产品好评概率随 ϕ 的变化规律同时也会受到第一阶段产品价格的影响，只有 ϕ 在一定范围内，才能保证 ϕ 的提高对产品好评概率的提升具有积极作用。这一结论表明，好评返现金额并不总是越高越好。同时，价格的提高使好评返现金额上限提高，还需要进一步确定更加有效的好评返现金额范围。

推论 6-5 相对于情形 B，情形 O 下产品购买概率的提高或下降幅度均高于退货概率提高或下降的幅度。第二阶段价格折扣率给定，存在一个关于好评返现金额的临界阈值 ϕ_2，低于该阈值，有 $\frac{\partial D_2^O}{\partial \phi}>0$，$\frac{\partial R_2^O}{\partial \phi}>0(R_2^O\neq 0)$；反之，有 $\frac{\partial D_2^O}{\partial \phi}\leqslant 0$，$\frac{\partial R_2^O}{\partial \phi}\leqslant 0(R_2^O\neq 0)$。

证明：

对 D_2^O 与 R_2^O 求关于 ϕ 的一阶偏导，得到：

$$\frac{\partial D_2^O}{\partial \phi}=-\frac{[(b-d-p+\phi-\mu)(1-\alpha)-\alpha y]\beta\bar{n}}{(b-a)^2(d-c)}$$

$$\frac{\partial R_2^O}{\partial \phi}=-\frac{[d-y-(1-\sigma)p][(b-d-p+\phi-\mu)(1-\alpha)-\alpha y]\beta\bar{n}}{(b-a)^2(d-c)^2}$$

令 $\frac{\partial D_2^O}{\partial \phi}=0$，得到：$\phi=\frac{\alpha y}{1-\alpha}+d+p+\mu-b$，当 $\phi<\phi_2=\frac{\alpha y}{1-\alpha}+d+p+\mu-p$ 时，有 $\frac{\partial D_2^O}{\partial \phi}>0$。存在退货时，有 $d-y-(1-\delta)p>0$，故 $\frac{\partial R_2^O}{\partial \phi}>0$；反之，有 $\frac{\partial D_2^O}{\partial \phi}\leqslant 0$，$\frac{\partial R_2^O}{\partial \phi}\leqslant 0$。对比情形 O 与情形 B 下产品的购买概率与退货概率的大小，可以得到：$D_2^O-D_2^B=-\frac{\{[(b-d-p-\mu)+\phi](1-\alpha)-\alpha y\}\phi\beta\bar{n}}{(b-a)^2(d-c)}$，$R_2^O-R_2^B=-\frac{[d-y-(1-\delta)p]\{[(b-d-p-\mu)+\phi](1-\alpha)-\alpha y\}\phi\beta\bar{n}}{(b-a)^2(d-c)}$，进而可得：$\frac{R_2^O-R_2^B}{D_2^O-D_2^B}=\frac{d-y-(1-\delta)p}{d-c}$。已知 $y+(1-\delta)p>0>c$，故 $\frac{R_2^O-R_2^B}{D_2^O-D_2^B}<1$ 恒成立。当 $\phi<\phi_2$ 时，相对于不进行评论管理情形，好评返现策略使产品购买概率提升幅度大于退货概率提升幅度；反之，好评返现策略使产品购买概率下降幅度大于退货概率下降幅度。证毕。

由推论6-5可知，若好评返现策略能够提高第一阶段的产品好评概率，则其会有助于第二阶段产品购买概率的提高；当消费者退货成本低于一定范围时，也会提高产品的退货概率，但购买概率提升幅度高于产品退货概率使商家利润仍能够有所提高。当好评返现策略不利于第一阶段的产品好评概率时，结合推论6-4，有 $\phi_1<\phi_2$，第二阶段产品购买概率与退货概率仍均存在提升的可能；当好评返现金额过高时，虽然产品退货概率会有所下降，但产品购买概率的大幅度下降也会使商家面临利润下降的问题。

2. 网络商家决策过程分析

(1) 第一阶段商家决策。

当网络商家实行好评返现时，其需要为每位对产品做出好评的消费者提供返现金额 ϕ，则好评返现策略成本投入为 $C(\phi)=\phi N_1X^O$，且第一阶段内有 $D_1^O=D_1^B$。网络商家存在订货过量与订货不足两种可能，故第一阶段商家的利润函数可表示为：

$$\Pi_1^O(p,Q_1)=\underbrace{\int_0^{\frac{Q_1}{D_1^O}}[N_1p(D_1^O-R_1^O)-wQ_1-hH_1^O+s\overline{S}_1^O]\cdot f(N_1)\mathrm{d}N_1}_{Q_1\geqslant N_1D_1^O}$$
$$+\underbrace{\int_{\frac{Q_1}{D_1^O}}^{+\infty}[pQ_1(1-R_1^O/D_1^O)-wQ_1-oO_1^O+s\underline{S}_1^O]\cdot f(N_1)\mathrm{d}N_1}_{Q_1<N_1D_1^O}$$
$$-\int_0^{+\infty}\phi N_1X_1^O\cdot f(N_1)\mathrm{d}N_1$$

参照 6.2.1 中求解方式，得到第一阶段最优库存量：

$$Q_1^{O^*}=\begin{cases}\dfrac{b-p}{b-a}\cdot F^{-1}(Z_7),\ y<d-(1-\delta)p\\[2ex]\dfrac{b-p}{b-a}\cdot F^{-1}\left(\dfrac{p+o-w}{p+o+h-s}\right),\ y\geqslant d-(1-\delta)p\end{cases}$$

其中，$Z_7=\dfrac{2(b-p)(d-c)(p+o-w)-(p-s)(d-y-\phi)^2}{2(b-p)(d-c)(p+o+h-s)-(p-s)(d-y-\phi)^2}$，即第一阶段产品价格给定，会存在一个最优库存量 $Q_1^{O^*}$，使实施好评返现策略的商家取得最大利润；将 $Q_1^{O^*}$ 代回到 $\Pi_1^O(p,Q_1)$ 中，可进一步求得最优 p^{O^*}。

(2) 第二阶段网络商家决策。

当网络商家实施好评返现时，第二阶段网络商家利润可表示为：

$$\Pi_2^O(\delta,Q_2)=\underbrace{\int_0^{\frac{Q_2}{D_2^O}}[\delta pN_2(D_2^O-R_2^O)-wQ_2-hH_2^O+s\overline{S}_2^O]\cdot f(N_2)\mathrm{d}N_2}_{Q_2\geqslant N_2D_2^O}$$
$$+\underbrace{\int_{\frac{Q_2}{D_2^O}}^{\infty}[\delta pQ_2(1-R_2^O/D_2^O)-wQ_2-oO_2^O+s\underline{S}_2^O]\cdot f(N_2)\mathrm{d}N_2}_{Q_2<N_2D_2^O}$$

参照 6.1.2 中求解过程，得到：

$$Q_2^{O*}=\begin{cases}\dfrac{2(b-\delta p)(b-a)(d-c)+\Gamma_4}{2(b-a)^2(d-c)}\cdot F^{-1}(Z_8),\ y<d-(1-\delta)p\\ \dfrac{2(b-\delta p)(b-a)(d-c)+\Gamma_4}{2(b-a)^2(d-c)}\cdot F^{-1}\left(\dfrac{\delta p+o-w}{\delta p+o+h-s}\right),\ y\geqslant d-(1-\delta)p\end{cases}$$

其中，$Z_8=\dfrac{(\delta p+o-w)(2Z_5+\Gamma_4)-(b-a)Z_6\Gamma_5}{(\delta p+o+h-s)(2Z_5+\Gamma_4)-(b-a)Z_6\Gamma_5}$，即第二阶段价格折扣率给定，存在唯一最优 Q_2^{O*}，使 $\Pi_2^O(\delta,\ Q_2)$ 最大。将 Q_2^{O*} 带回 $\Pi_2^O(\delta,\ Q_2)$，可求得最优的产品折扣率 δ^{O*}，δ^{O*} 仅在数值分析中展开讨论。

命题6－6　第一阶段价格给定，好评返现情形下商家最优库存量满足 $Q_1^{O*}\geqslant Q_1^{B*}$。且存在退货时，$Q_1^{O*}$ 与 ϕ 呈正相关关系，不存在退货时，Q_1^{O*} 不受 ϕ 的影响。

证明：

当价格相同时，对比 $\dfrac{(p+o-w)D_1^O-(p-s)R_1^O}{(p+o+h-s)D_1^O-(p-s)R_1^O}$ 与 $\dfrac{(p+o-w)D_1^B-(p-s)R_1^B}{(p+o+h-s)D_1^B-(p-s)R_1^B}$ 的大小关系。

存在退货时，两者差值为

$$\frac{2(d-c)(b-p)(p-s)(2d-2y-\phi)(w-s+h)\phi}{\left\{\begin{array}{l}[2(b-p)(d-c)(o+h+p-s)-(p-s)\\(d-y)^2]\times[2(b-p)(d-c)(o+h+\\p-s)-(p-s)(d-y-\phi)^2]\end{array}\right\}}>0,$$

故 $Q_1^{O*}\geqslant Q_1^{B*}$ 成立；不存在退货时，$Q_1^{O*}=Q_1^{B*}$；对 Q_1^{O*} 求关于 ϕ 的一阶偏导，得到：

$$\frac{\partial Q_1^{O*}}{\partial\phi}=\frac{[2(b-p)(d-c)(o+h+p-s)-(d-y-\phi)^2(p-s)]^2D_1^O}{4(d-c)(b-p)(p-s)(d-y-\phi)(w+h-s)f(Z_5)}>0,$$

无退货时，Q_1^{O*} 不受 ϕ 的影响。证毕。

命题6－6表明，价格相同时，相对于情形 B，网络商家实施好评返现时最优库存量提高。这是因为 ϕ 的存在一定程度上降低了产品的退货概率，故产品库存量提高，由此推得，好评返现策略有利于提高第一阶段产品的市场份额且能够提高产品好评概率。这更加适用于第一阶段需要提高产品市场份额与口碑的新面世产品。结合推论6－4可知，好评返现情形下存在退货时，随着 ϕ 的增大，第一阶段消费者退货概率会下降，故 Q_1^{O*} 提高，但 ϕ 的增大使存在退货的关于 y 的临界值减小；而不存在退货时，ϕ 对产品退货概率无影响，Q_1^{O*} 因此不变。

命题6－7　第二阶段价格折扣率给定，存在退货时，好评返现情形中，

Q_2^{O*} 随 ϕ 变化，在不同 ϕ 值下不尽相同；不存在退货时，若 $\phi<\phi_2$，有 $\frac{\partial Q_2^{O*}}{\partial \phi}>0$，反之，有 $\frac{\partial Q_2^{O*}}{\partial \phi}\leqslant 0$。

证明：

存在产品退货时 $[y<d-(1-\delta)p]$，对 Q_2^{O*} 求关于 ϕ 的一阶偏导，有：

$$\frac{\partial Q_2^{O*}}{\partial \phi}=\frac{D_2^O\cdot(b-a)^2(d-c)^2[(\delta p+o+h-s)D_2^O-(\delta p-s)R_2^O]^2}{\begin{Bmatrix}[(b-p-d-\mu+\phi)(1-\alpha)-\alpha y](\delta p-s)(h+w-s)[D_2^O(y+p-\\\delta p+c)(\delta p-s)+(d-c)(D_2^O(2o+h+\delta p-w)-R_2^O(\delta p-s))]\beta\bar{n}\end{Bmatrix}}$$

$$\times\frac{1}{f(Z_6)}-\frac{[(b-p-d-\mu+\phi)\alpha-(1-\alpha)y]\beta\bar{n}}{(b-a)^2(d-c)}\cdot F^{-1}(Z_6)$$

可以看出，$\frac{\partial Q_2^{O*}}{\partial \phi}$ 的正负受到 ϕ 值大小的影响；若不存在退货，$\frac{\partial Q_2^{O*}}{\partial \phi}=-F^{-1}\left(\frac{\delta p+o-w}{\delta p+o+h-s}\right)\times\frac{[(b-p-d-\mu+\phi)\alpha-(1-\alpha)y]\beta\bar{n}}{(b-a)^2(d-c)}$，当 $\phi<\phi_2$ 时，有 $\frac{\partial Q_2^{O*}}{\partial \phi}>0$，反之，有 $\frac{\partial Q_2^{O*}}{\partial \phi}\leqslant 0$。证毕。

由命题 6-7 可知，存在退货情形下，第一阶段的好评返现策略能否提高第二阶段产品最优库存量，受到 ϕ 值大小的影响。结合推论 6-5 可知，当 ϕ 控制在一定范围内时，第二阶段产品购买概率与退货概率均提高，且产品的购买概率相对退货概率提升得更多；当 ϕ 过高时，产品购买概率相对退货概率会下降得更多；由此使网络商家利润最大化目标下的库存量随 ϕ 的变化规律受到 ϕ 值大小的影响。当不存在退货时，ϕ 控制在一定范围内，产品购买概率随 ϕ 提高，最优库存量因此提高。

6.3 数值分析

限于产品最优库存、价格及折扣率解析公式的复杂性，本章重点对不同评论优化策略下的商家的决策与利润展开讨论。假设第一阶段与第二阶段产品需求量均服从正态分布，有 $u_1=1000$，$\sigma_1=100$，$u_2=1000$，$\sigma_2=100$，其他参数设置如下：$a=6$，$b=30$，$c=-5$，$d=15$，满足 $c<0<a<d<b$，$w=8$，$h=3$，$o=2$，$s=1$，$y=3$，$\mu=4$，$\alpha=0.4$，$\beta=0.8$，$\bar{n}=100$，$\theta=0.2$，$\xi=0.8$，$\phi=2$。

1. 网络商家两阶段决策与利润分析

结合前述命题及 Matlab 最优化计算工具，可求得三种情形下网络商家在第一阶段与第二阶段的最优决策与利润；考虑到第二阶段的产品市场需求量可能改变，增加考虑了市场需求量扩充（$u_2=1100$）与市场需求量缩减（$u_2=900$）两种情况。具体结果见表 6－2。

表 6－2　　两阶段中三种情形下网络商家最优决策及利润

变量		情形 B	情形 I	情形 O
第一阶段	p^*	15.53	15.70	15.56
	$Q_1{}^*$	603	597	605
	$\Pi_1{}^*$	10252.98	9974.35	10678.13
第二阶段（$u_1=u_2$）	σ^*	0.87	0.95	0.92
	Q_2^*	747	742	720
	Π_2^*	10473.45	12152.95	12016.12
第二阶段（$u_1>u_2$）	σ^*	0.89	0.97	0.93
	Q_2^*	808	771	769
	Π_2^*	11354.23	12376.32	11735.35
第二阶段（$u_1<u_2$）	σ^*	0.87	0.95	0.92
	Q_2^*	672	645	635
	Π_2^*	9345.90	10997.58	10698.49

表 6－2 表明，情形 I 与情形 O 下产品价格均有所提高，情形 I 下商家在第一阶段的利润相对于情形 B 会有所降低；但在第二阶段相对于其他情形能获得更高的利润，即实施好评邀请策略，网络商家需要通过牺牲第一阶段的利润来换取第二阶段更高的经济效益。当第二阶段产品市场需求量扩充时，其能够更大程度地提高利润。情形 O 下，第一阶段、第二阶段商家的利润均提高，但当第二阶段市场需求缩减时，其利润下降程度会高于情形 I。

2. 消费者退货成本对网络商家决策及利润的影响分析

分析消费者退货成本对商家决策与利润的影响，不考虑无退货情形，y 在［0，5］之间取值，得到图 6－3。

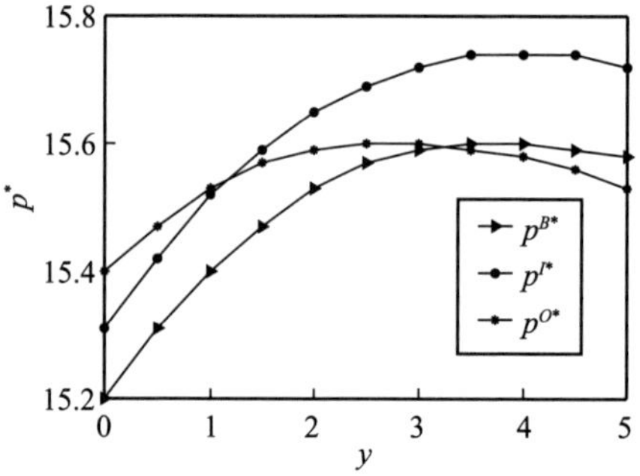

（a）p^*

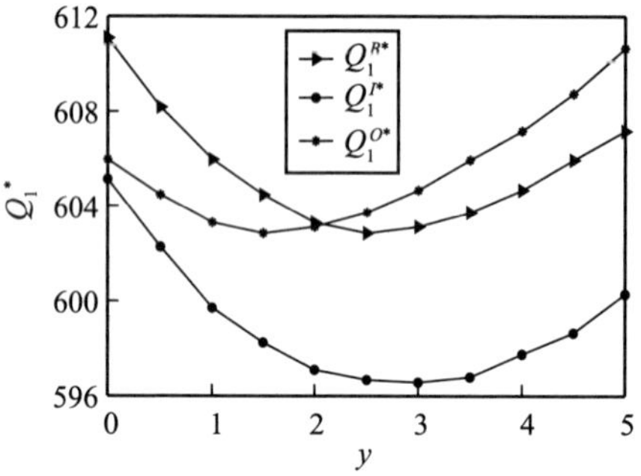

（b）Q_1^*

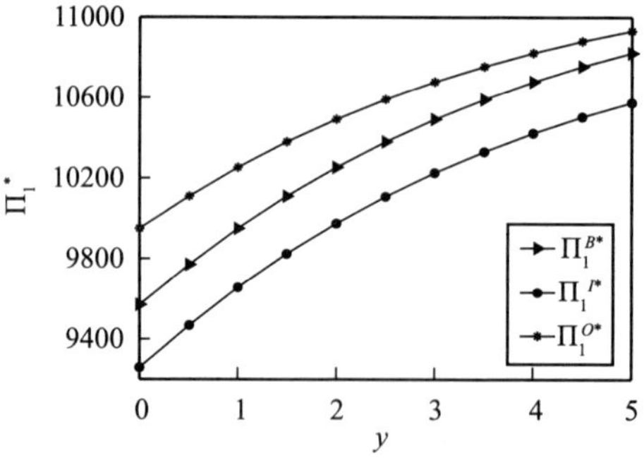

（c）Π_1^*

图 6－3　第一阶段 y 对商家决策及利润的影响

（1）第一阶段最优定价方面。由图 6－3（a）可知，随着 y 的增大，三种情形下的价格均呈现先增后减的趋势。这是因为 y 在一定范围内时能够抑制产品退货概率的提高，使网络商家将产品退货量控制在一定范围内的同时，提升产品价格；但 y 增大到一定值后，网络商家需要适当下调价格，且 p^{I*} 恒高于 p^{B*}，即好评邀请策略会使产品价格提高。

（2）第一阶段最优库存量方面。y 的增大使 Q_1^* 呈先减后增的变化趋势。这是因为 y 的增大使价格先提高，产品的购买概率因此下降，商家需要减少产品库存量；但 y 增大到一定水平后，商家下调价格，产品购买概率提高，y 的增大也使消费者退货意愿降低，故产品的最优库存量提高。情形 I 中的最优库存量低于其他两种情形。

（3）第一阶段利润方面。由于商家的好评邀请努力在第二阶段才能发挥作用，故其在第一阶段的利润相对于模型 B 下降。好评返现策略能够在一定程度上降低产品的退货概率，故好评返现金额控制在一定范围内时，网络商家可以在第一阶段通过好评返现活动取得产品口碑与经济利润的双赢。

此外，随着 y 的增大，三种情形下商家的利润均会提高。这是因为消费者退货成本的提高降低了产品退货概率，网络商家更容易从中获取经济收益。该结果也表明，不考虑退货成本对消费者购买决策的影响时，第一阶段提供退货运费险会降低商家收益。其他参数取值不变，第二阶段商家最优决策与利润随 y 变化规律见图 6－4。

（4）第二阶段最优定价方面。由图 6－4（a）可知，δ^{I*} 与 δ^{O*} 随 y 的变化幅度均较小，呈先减后增趋势，而 δ^{B*} 随 y 的增大而迅速下降，即折扣力度不断提高。这说明网络商家通过采取评论优化策略，可以保持价格折扣率的稳定，由此避免因大幅度折扣而引发第一阶段消费者的不满。

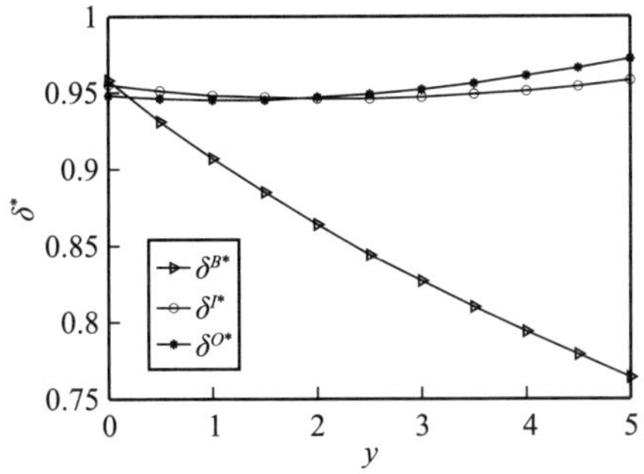

（a）δ^*

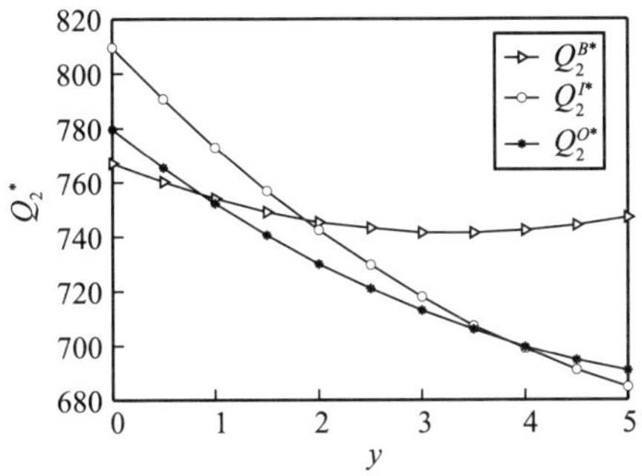

（b）Q_2^*

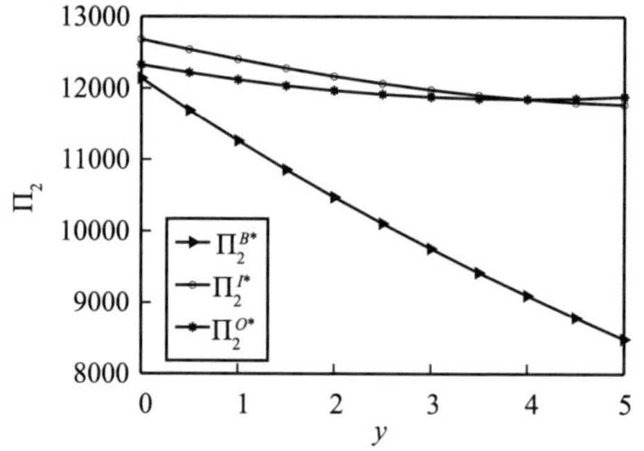

（c）Π_2^*

图 6－4　第二阶段 y 对商家决策及利润的影响

（5）第二阶段最优库存量方面。图 6－4（b）表明，第二阶段，随 y 的增大，Q_2^{I*} 与 Q_2^{O*} 均呈现下降趋势，而情形 B 下的折扣率的大幅度变化使 Q_2^{B*} 随 y 的变化幅度较小，当 y 增大到一定水平后，情形 B 下的最优库存量会有所提升；但网络商家在情形 I 与情形 O 下主要通过维持产品价格，缩减库存量的方式进行价格折扣率与库存量决策。

（6）第二阶段利润方面。结合图 6－4（c）可以看出，情形 I 与情形 O 下的撇脂定价策略能够获取较高利润，但商家需要确保产品质量，避免消费者剩余受到损失。同时，网络商家的评论优化努力能够有效提高其在销售期的收益；但 y 的增大会使产品最优库存量下降，进而导致商家经济利润的下降，该结果说明了第二阶段提供退货运费险的必要性。

分析第二阶段产品市场需求量发生变化时，好评邀请与好评返现两种策略下商家的利润变化。u_2 分别取值为 1100 与 900，对比与市场需求量不变时的利润差，得到图 6－5。

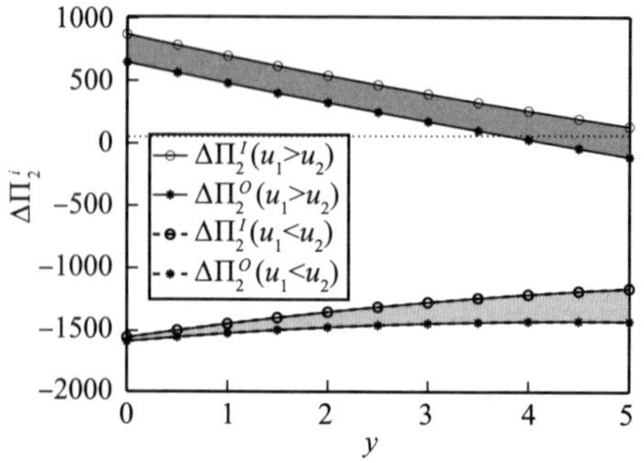

图 6－5　第二阶段市场需求量改变时商家利润变化情况

由图6-5可以看出，当第二阶段市场需求量扩充时，情形 I 与情形 O 下网络商家的利润均有所提高，且情形 I 下网络商家的利润提升水平较高；但随着 y 的增大，两种情形下利润提升水平下降。当 y 增大到一定值后，情形 O 下商家的利润可能下降。当第二阶段市场需求量缩减时，两种情形下网络商家的利润均有所下降，且情形 I 下的利润下降幅度低于情形 O；验证了好评邀请策略更能够使网络商家在第二阶段获取较高的利润。两种评论优化策略下网络商家利润的下降水平均随 y 的增大而减小。

3. 评论优化策略对网络商家最优决策与利润的影响分析

分析网络商家评论优化策略对其最优决策与利润的影响。本节增加考虑消费者给出好评的效用敏感值较高的情形，以提高研究内容的全面性。由前文分析可知，μ 不影响第一阶段网络商家的决策，仅影响其在第二阶段的决策。其他参数取值不变，θ 取值区间为［0.1，1］，μ 分别取值 4($-\mu>c$) 与 6($-\mu\leqslant c$)，数值仿真结果见图6-6。

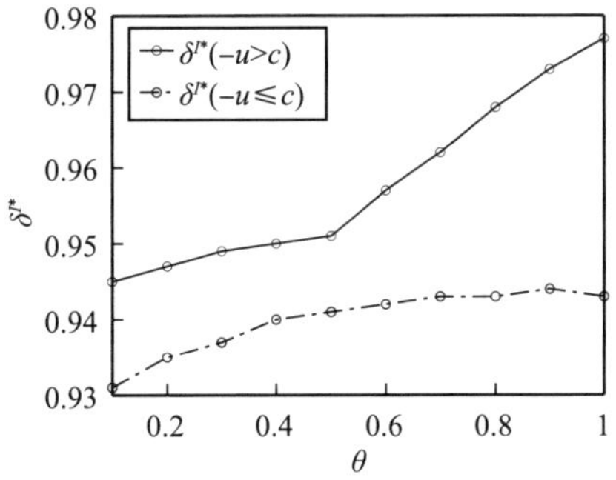

（a）δ^*

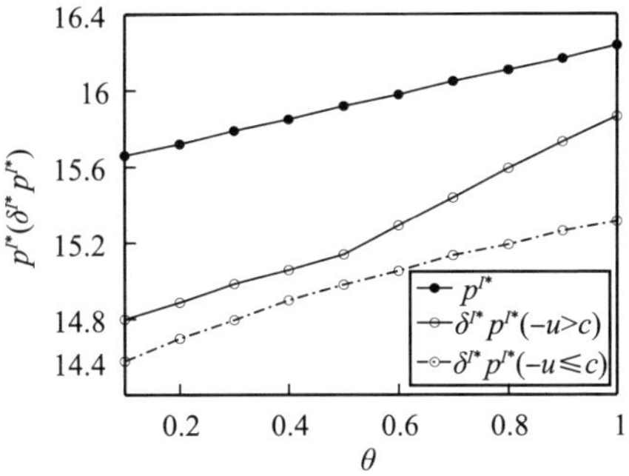

（b）$p^*(\delta^* p^*)$

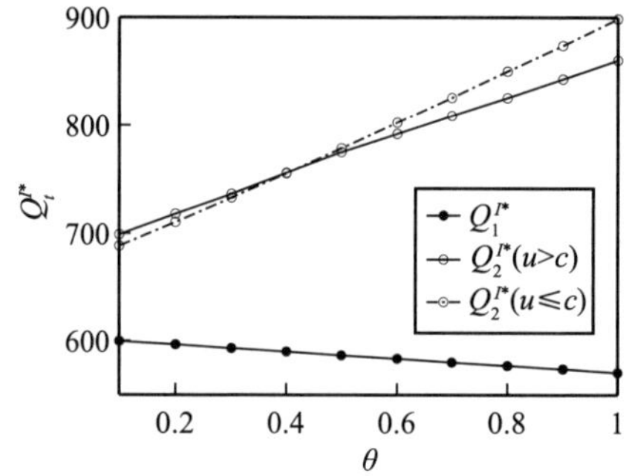

（c）Q_t^*

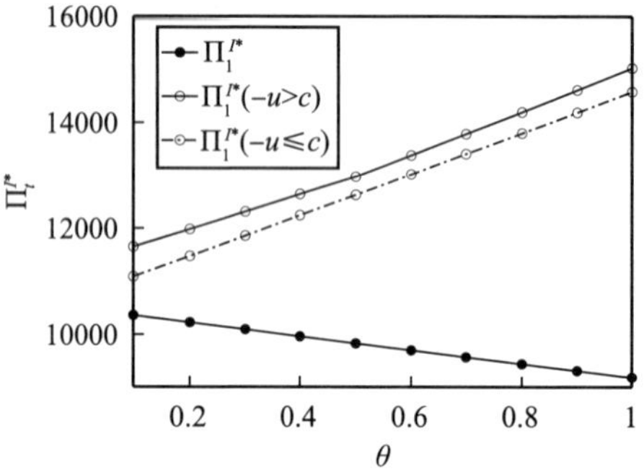

（d）Π_t^*

图 6－6　θ 对商家两阶段最优决策与利润的影响

由图 6－6（a）、图 6－6（b）可以看出，θ 的提高会使 p^{l*} 与 δ^{l*} 均呈现上升趋势，即两期内产品的价格均会提高。在 $-\mu>c$ 的情况下，θ 高于一定值后，δ^{l*} 会迅速提升，即产品促销力度下降，此时可能会使促销活动对消费者吸引力度减小；而在 $-\mu\leqslant c$ 的情况下，θ 高于一定值后，δ^{l*} 虽仍有提高，但提升幅度减小。这是因为能够给出好评的消费者数量下降，虽然 θ 的提高有助于更多不评论产品的消费者给出好评，但受这部分评论影响的消费者也更可能在第二阶段选择退货，因此第二阶段商家仍需要通过较大力度的折扣减少产品退货。这也解释了图 6－6（c）中 θ 高于一定值后，$-\mu>c$ 情形下的最优库存量会低于 $-\mu\leqslant c$ 的原因。图 6－6（d）中，θ 的提高虽然会降低网络商家第一阶段的利润，但其在第二阶段的利润得以更大幅度地提升，侧面说明了好评邀请策略的收益具有一定的延后性。而该性质也会使当第二阶段产品市场需求量扩充时，商家获得更高的利润。

接下来，分析网络商家好评返现策略对其决策与利润的影响。ϕ 取值区间为 [0.5，4]，μ 分别取 5（$\phi-\mu>c$）与 9（$\phi-\mu\leqslant c$），数值分析结果见图 6－7。

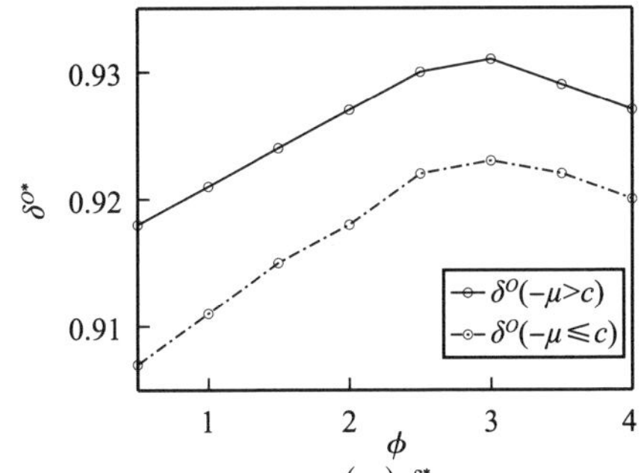

（a）δ^*

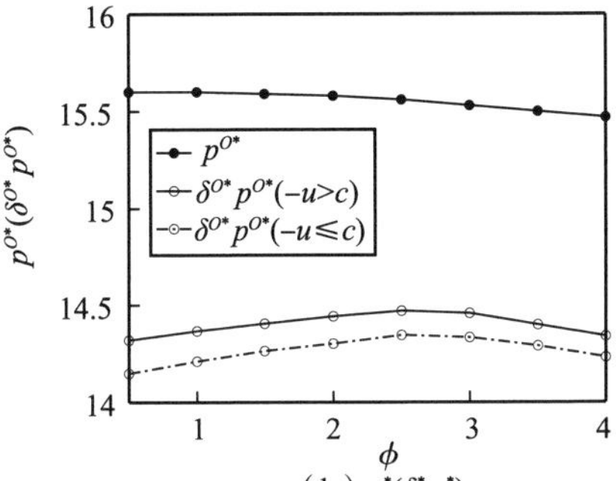

（b）$p^*(\delta^* p^*)$

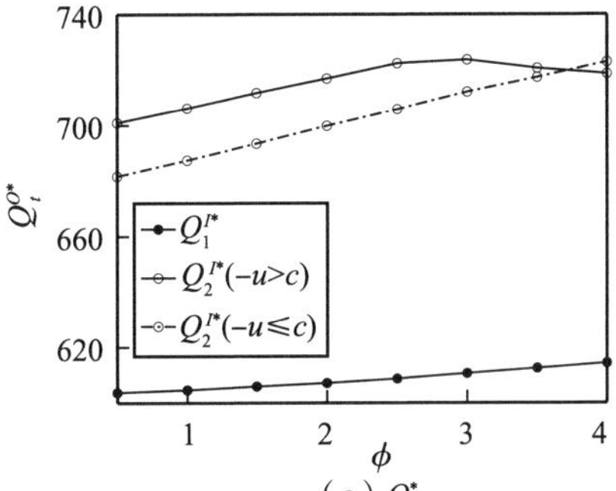

（c）Q^*

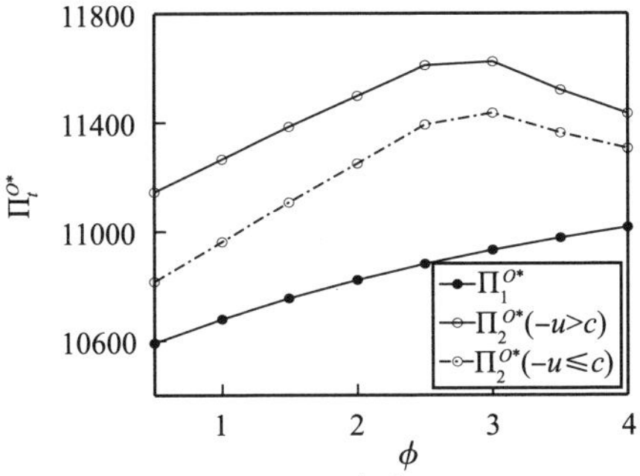

（d）Π^*

图 6－7　ϕ 对商家两阶段最优决策与利润的影响

图6－7（a）、图6－7（b）表明，随着ϕ的增大，p^{O*}出现小幅度下降，而δ^{O*}呈先增后减的变化趋势。这是因为ϕ的增大会使第一阶段产品购买数量与好评数量增多，产品退货量下降，而消费者购买与进行好评的概率同时会受到产品价格的影响。为更好地发挥好评返现这一评论优化策略的有效性，商家会在第二阶段采用渗透定价方式，即小幅度降低产品价格。而第二阶段，在$\phi-\mu>c$与$\phi-\mu\leq c$两种情形下，产品的δ^{O*}均会先随ϕ的增大而提高，即折扣力度有所下降。这是因为第一阶段的好评返现金额使产品形成了良好的口碑，商家可以在保证市场份额的同时提升产品价格，但ϕ增大到一定水平后，δ^{O*}呈现下降趋势。

图6－7（c）、图6－7（d）表明，价格折扣的存在使第二阶段产品最优库存量与利润相对于第一阶段均有较大幅度的提高，但过高的μ使ϕ对第二阶段网络商家最优库存量与利润的提升效果下降。

6.4 本章小结

本章针对商家不同评论优化策略下的两阶段产品定价与库存决策问题展开研究，基于消费者不同决策行为的概率构建商家两阶段利润模型，对两阶段产品定价与库存量进行求解，并结合数值，分析相关参数对商家决策与利润的影响，得出结论如下。

（1）好评邀请策略下，产品在的购买概率与退货概率均提高，但购买概率提升幅度更大；好评返现策略下，返现金额在一定区间内，产品购买概率与退货概率均提高。

（2）存在退货时，第一阶段存在一个关于退货成本的阈值，使最优库存量与好评邀请努力水平负相关；最优库存量与好评返现金额正相关。第二阶段，最优库存量与好评邀请努力水平正相关。

（3）商家好评邀请投入的提高使产品价格与折扣率提高；好评返现金额的提高会使产品价格下降，折扣率先增后减。评论优化策略使价格折扣率趋于稳定。好评邀请策略在第二阶段市场需求扩充时能够更大程度地提高商家利润。

由此得到相关管理启示。一是评论优化策略能够使第二阶段产品购买概率与退货概率均提高，但网络商家可以通过调整价格折扣率来抑制退货概率的提高。二是好评邀请策略收益具有延后性，更加适用于后续产品市场需求扩充的情形。好评返现策略下返现金额控制在一定范围内，网络商家在前期通过扩大市场需求规模可以提高产品收益与口碑。三是消费者退货成本影响消费者给出差评或退货的选择，网络商家可以根据实际情况，通过调整退货运费险设置方式、产品退货便利性等因素，合理调控产品的退货量。

第7章 结　论

7.1 研究结论

考虑在线评论对电子商务运营的重要影响，本书首先分析了在线评论和产品质量改进对后续消费者需求转移的影响，研究了竞争环境下网络商家的产品质量改进策略与两阶段产品定价问题。然后考虑商家的营销策略，分析了在线评论和差异性价格优惠对消费者需求转移的影响，研究商家两阶段定价以及价格优惠策略的有效性问题；在考虑在线评论对商家运营策略与利润影响的基础上，进一步分析商家实施评论优化行为背景下商家的相关最优运营决策。考虑到负面在线评论更大程度的影响效果，研究了商家的差评回复策略对产品定价和竞争双方利润的影响。最后，将研究拓展到允许产品无缺陷退货的背景下，分析商家的评论优化策略对产品需求量、退货量以及好评、差评数量的影响，研究评论优化策略下商家的两阶段最优定价与库存联合决策问题。通过不同情形下的决策对比和敏感度分析，并结合数值分析结果，得到研究结论如下。

（1）基于在线评论考虑竞争环境下商家的产品质量改进策略对异质性消费者效用的影响，研究竞争型商家的产品质量改进策略与定价决策。研究发现，在线评论影响方面，消费者对好评关注度的提高会使第二阶段消费者需求更容易发生转移，进而加剧市场竞争，消费者对好评关注度的下降会有助于产品市场占比较高的商家维持产品市场份额，提升产品定价能力并获得更高收益。产品质量改进方面，较高的初始市场份额占比使高质量产品商家更愿意投入较高的产品改进水平，但会降低低质量产品商家的产品改进意愿。产品定价方面，产品价格随消费者好评关注度的变化规律会受产品知情消费者比例和市场中质量敏感型消费者比例的影响，且较高的质量敏感型消费者比例与消费者显著性水平会使产品质量改进水平提高，产品价格提升幅度随之提高。

（2）基于在线评论与新客优惠策略对两竞争产品后续销售阶段中消费者需求转移情况的影响，研究商家的产品质量改进与产品两阶段定价决策。研究发现，在线评论影响方面，当消费者价格敏感系数较高时，消费者对好评关注度的提高会加剧市场竞争；反之，消费者对好评关注度的提高会缓解市场竞争。初始产品知情消费者的比例决定了第二阶段产品市场需求随消费者好评关注度的变化规律。优惠策略对价格的影响方面，商家单独实施新客优惠，继续购买其产品的消费者支付价格提高；同时，其竞争商家也需要下调产品价格。均实施新客优惠情形下，商家的产品改进效率决定着自身与竞争商家的产品价格提高或者下降情况；优惠券金额应控制在一定范围内以避免商家陷入囚徒困境。

（3）考虑商家对负面评论的管理行为，研究基于在线评论的竞争商家负面评论回复与两阶段产品定价决策。研究发现，差评回复努力策略方面，高质量产品商家可不必投入过高水平的差评回复努力，低质量产品商家在单一回复差评情形下的回复努力水平更高；消费者对差评关注度的提高会使商家的差评回复努力提高。差评回复努力策略对价格的影响方面，当商家回复差评时，产品第一阶段价格是否提高取决于与竞争产品的质量差异程度，第二阶段价格是否提高取决于消费者的差评关注度。高质量商家回复差评后，第一阶段产品价格高于竞争产品，但第二阶段产品价格的高低还受到消费者差评关注度的影响。质量差异控制在一定范围内，差评回复能够提高商家的收益。

（4）考虑商家不同正面评论优化行为对消费者决策行为的影响，基于存在产品退货的背景研究商家不同评论优化策略下的定价与库存问题。研究发现，评论优化策略的影响方面，好评邀请策略下，第二阶段产品购买概率与退货概率均提高，且购买概率提高幅度更大。好评返现策略下，当返现金额在一定范围内时，第二阶段产品购买概率与退货概率均提高；反之，购买概率与退货概率均下降，且购买概率的变化幅度更大。评论优化策略对库存的影响方面，第一阶段中，最优库存与好评邀请努力水平在一定的退货成本范围内负相关，与好评返现金额正相关。第二阶段中，最优库存随好评邀请努力水平提高而提高，随好评返现金额的变化情况受返现金额的影响，存在不确定性。好评返现金额的提高会使产品最优价格下降，折扣率先增后减。评论优化策略使价格折扣率趋于稳定，在第二阶段市场需求扩充时，好评邀请策略能够更大程度地提高商家的收益。

7.2 研究局限性与未来研究计划

基于在线评论的商家运营决策研究对指导网络商家合理制定营销策略以及平台运营管理等方面均具有重要的现实意义。本研究中使用了博弈论、消费者效用理论及最优化方法等理论方法，鉴于模型求解难度和建模的复杂性，仅重点对与研究内容相关的因素展开详细分析。本书的研究内容仍存在不足和完善空间，下一步研究重点内容规划如下。

（1）本书在对消费者产品质量估值的表示过程中，主要采用的是均匀分布函数，但考虑到市场中消费者对产品质量估值存在随机性，有必要采用更一般的分布函数表示消费者对产品质量的估值，以提高结论的适用性。

（2）本书在模型构建和分析过程中，仅将消费者的评论划分为正面评论与负面评论两类，但考虑到常见电商平台中通常让消费者通过等级打分的形式进行评论，因此，有必要进一步对在线评论采用分级的方式进行划分，以更好地刻画在线评论对消费者质量估值的影响。

（3）本书主要考虑了在线评论对电商平台中的竞争网络商家相关运营决策的影响，但双渠道或混合渠道销售更多地被商家采用，需要深入研究在线评论对实体渠道产品销售的影响；同时，考虑到市场产品的多样化发展，需要考虑市场中存在多个竞争商家情形下的决策问题，以为商家决策提供更有效的参考依据。

（4）本书在考虑网络商家两阶段定价决策的过程中，没有分析消费者价格参考效应对后续消费者期望效用的影响，但现实中的消费者普遍存在参考对比心理，在线评论中也会有评论直接反映产品的价格。因此，未来研究需要将消费者的参考价格效应纳入后续消费者的决策以及网络商家定价决策分析中。

（5）本书仅在第 4 章较为简短地分析了消费者剩余随相关参数的变化

情况，考虑到了消费者剩余决定了消费者对产品以及品牌的态度，也影响着产品的可持续性发展。但在线评论优化策略在提高网络商家利润的同时，可能会损害到消费者的利益，因此，下一步，作者也将针对在线评论以及商家评论优化策略对消费者剩余的影响展开分析，试图寻找实现商家与消费者共赢的运营决策。

参考文献

[1] 鲍立江，仲伟俊，梅姝娥．电子商务平台中刷单行为对商家间竞争的影响 [J]. 系统工程理论与实践，2021 (41).

[2] 蔡学媛，李建斌，戴宾，等．基于在线评论的多个竞争制造商和零售商的产品定价策略 [J]. 运筹与管理，2020 (29).

[3] 程明宝，张景凌，于秀丽．考虑消费者购买历史的两阶段定价策略研究 [J]. 系统工程理论与实践，2021 (41).

[4] 樊双蛟，王旭坪．考虑退货的定价和订货优化及信息发布美化策略 [J]. 中国管理科学，2019 (27).

[5] 冯娇，姚忠．基于社会学习理论的在线评论信息对购买决策的影响研究 [J]. 中国管理科学，2016 (24).

[6] 冯立杰，关柯楠，王金凤．基于在线评论考虑潜在用户需求的产品创新方案识别研究 [J]. 情报理论与实践，2022 (45).

[7] 巩天啸，王玮，陈丽华，等．面对策略型消费者的产品创新换代策略 [J]. 管理科学学报，2015 (18).

[8] 侯泽敏，綦勇，曹金霞．基于消费者隐私价值差异的网络零售商定价策略研究 [J]. 管理学报，2021 (18).

[9] 黄丽清，张弓亮．策略型消费者创新感知与产品定价换代策略研究 [J]. 中国管理科学，2021 (29).

[10] 纪雪，高琦，李先飞，等．考虑产品属性层次性的评论挖掘及需求获取方法 [J]. 计算机集成制造系统，2020 (26).

[11] 蒋传海，唐丁祥．厂商动态竞争性差别定价和竞争优势实现：基于消费者寻求多样化购买行为的分析 [J]. 管理科学学报，2012 (15).

[12] 金亮，吴应甲，赵新杰．消费者退货对在线零售商促销与合同设计的影响研究 [J]. 中国管理科学，2020 (28).

[13] 邝云娟，傅科．考虑消费者后悔的库存及退货策略研究 [J]. 管

理科学学报，2021（24）.

［14］李乃梁，何伊，李玉鹏，等．考虑质量水平的产品更新策略研究［J］．中国管理科学，2021（29）.

［15］李宗活，杨文胜，司银元，等．基于电子优惠券投放和服务创新的线上线下渠道竞争分析［J］．运筹与管理，2020（29）.

［16］刘利平，吴敏鑫，李金生．研发不确定性对供应商创新效益的影响［J］．计算机集成制造系统，2017（23）.

［17］刘云志，樊治平．考虑损失规避与质量水平的供应链协调契约模型［J］．系统工程学报，2017（32）.

［18］罗勇，涂奉生．基于博弈理论的产品更新供应链决策模型［J］．计算机集成制造系统，2012（18）.

［19］沈超，王安宁，方钊，等．基于在线评论数据的产品需求趋势挖掘［J］．中国管理科学，2021（29）.

［20］司银元，杨文胜，刘森，等．考虑定向能力的竞争性企业优惠券定向投放与定价策略［J］．控制与决策，2020（35）.

［21］孙燕红，赵骞，王子涵．基于消费者评论的网络预售定价策略研究［J］．中国管理科学，2020（28）.

［22］王春萍，南国芳，李敏强，等．寡头市场信息产品与服务的最优定价策略［J］．管理科学学报，2016（19）.

［23］王克勤，刘朝明．基于在线评论的重要度绩效竞争对手分析的产品设计改进方法［J］．计算机集成制造系统，2022（28）.

［24］魏杰，赵静，涂奉生．差异产品的库存最优控制和价格最优决策［J］．南开大学学报（自然科学版），2010（43）.

［25］魏瑾瑞，王金伟．在线评论回报的动态声誉机制研究［J］．中国管理科学，2022（30）.

［26］谢家平，迟琳娜，梁玲．基于产品质量内生的制造/再制造最优生产决策［J］．管理科学学报，2012（15）.

［27］徐兵，张阳．基于好评返现和差评偏好的体验型产品两阶段定价决策研究［J］．管理工程学报，2020（34）.

［28］张红宇，周庭锐，严欢，等．网络口碑对消费者在线行为的影响研究［J］．管理世界，2014（3）.

［29］张志坚，王鹏，郭军华，等．基于在线评论服务策略的电商供应

链决策 [J]. 系统工程学报, 2021 (36).

[30] 赵娜, 官振中. 显著性理论下基于价格-质量竞争的定价策略选择 [J]. 运筹与管理, 2020 (29).

[31] Altug Mehmet Sekip, Aydinliyim Tolga. Counteracting strategic purchase deferrals: the impact of online retailers' return policy decisions [J]. Manufacturing & Service Operations Management, 2016 (18).

[32] Antioco Michael, Coussement Kristof. Misreading of consumer dissatisfaction in online product reviews: Writing style as a cause for bias [J]. International Journal of Information Management, 2018 (38).

[33] Ba Sulin, Jin Yuan, Li Xinxin, et al. One Size Fits All? The differential impact of online reviews and coupons [J]. Production and Operations Management, 2020 (29).

[34] Banerjee Shankhadeep, Bhattacharyya Samadrita, Bose Indranil. Whose online reviews to trust? Understanding reviewer trustworthiness and its impact on business [J]. Decision Support Systems, 2017 (96).

[35] Brokesova Zuzana, Deck Cary, Peliova Jana. Experimenting with purchase history based price discrimination [J]. International Journal of Industrial Organization, 2014 (37).

[36] Cabral Luis, Li Lvy. A dollar for your thoughts: Feedback-conditional rebates on eBay [J]. Management Science, 2015 (61).

[37] Casalo Luis V, Carlos Flaviάn, Miguel Guinalíu, et al. Avoiding the dark side of positive online consumer reviews: Enhancing reviews' usefulness for high risk-averse travelers [J]. Journal of Business Research, 2015 (68).

[38] Chen Jing, Chen Bintong, Li Wei. Who should be pricing leader in the presence of customer returns? [J]. European Journal of Operational Research, 2018 (2018).

[39] Chen Jing, Grewal Ravneet. Competing in a supply chain via full-refund and no-refund customer returns policies [J]. International journal of production economics, 2013 (146).

[40] Chen Yingju. Optimal Selling scheme for heterogeneous consumers with uncertain valuations [J]. Mathematics of Operations Research, 2011 (36).

[41] Chen Yubo, Xie Jinhong. Online consumer review: Word-of-mouth as

a new element of marketing communication mix [J]. Management Science, 2008 (54).

[42] Chevalier Juditha, Dover Y, Mayzlin D. Channels of Impact: User Reviews When Quality Is Dynamic and Managers Respond [J]. Marketing Science, 2018 (37).

[43] Daniel Kostyra S, Jochen Reiner, Martin Natter, et al. Decomposing the effects of online customer reviews on brand, price, and product attributes [J]. International Journal of Research in Marketing, 2016 (33).

[44] Dhar Vasant, Elaine Chang A. Does chatter matter? The impact of user-generated content on music sales [J]. Journal of Interactive Marketing, 2009 (23).

[45] Dixit Saumya, Badgaiyan Anant Jyoti, Khare Arpita. An integrated model for predicting consumer's intention to write online reviews [J]. Journal of Retailing and Consumer Services, 2019 (46).

[46] Duan Yongrui, Liu Tonghui, Mao Zhixin. How online reviews and coupons affect sales and pricing: An empirical study based on e-commerce platform [J]. Journal of Retailing and Consumer Services, 2022 (65).

[47] Esteves Rosa Branca, Reggiani Carlo. Elasticity of demand and behavior-based price discrimination [J]. International Journal of Industrial Organization, 2014 (32).

[48] Feng Juan, Li Xin, Zhang Xiaoquan. Online product reviews-triggered dynamic pricing: Theory and evidence [J]. Information Systems Research, 2019 (30).

[49] Filieri Raffaele, Mcleay Fraser, Tsui Bruce, et al. Consumer perceptions of information helpfulness and determinants of purchase intention in online consumer reviews of services [J]. Information & Management, 2018.

[50] Filieri Raffaele, McLeay Fraser. E-WOM and accommodation: An analysis of the factors that influence travelers' adoption of information from online reviews. Journal of Travel Research, 2014 (53).

[51] Garnefeld Ina, Helm Sabria, Grotschel Ann-Kathrin. May we buy your love? psychological effects of incentives on writing likelihood and valence of online product reviews [J]. Electron Markets, 2020 (30).

[52] Geng Shidao, Li Wenli, Qu Xiaofei, et al. Design for the pricing

strategy of return-freight insurance based on online product reviews [J]. Electronic Commerce Research and Applications, 2017 (25).

[53] Giri B C, Roy B, Maiti T. Multi-manufacturer pricing and quality management strategies in the presence of brand differentiation and return policy [J]. Computers & Industrial Engineering, 2017 (105).

[54] Godes David. Product policy in markets with word-of-mouth communication [J]. Management Science, 2017 (63).

[55] Gu Bin, Jaehong Park, Prabhudev Konana. Research note—The impact of external word-of-mouth sources on retailer sales of high-involvement products [J]. Information Systems Research, 2012 (23).

[56] Gunday Gurhan, Ulusoy Gunduz, Kilic Kemal, et al. Effects ofinnovation typeson firmper-formance [J]. International Journal of Production Economics, 2011 (133).

[57] Guo Xuege, Liu Yong, Xia Zhenjuan. Decision analysis and coordination of dual supply chain with retailer's offline return service and online reviews [J]. Managerial and Decision Economics, 2022.

[58] Hao Zhaowei, Qi Wei, Gong Tianxiao, et al. Innovation uncertainty, new product press timing and strategic consumers [J]. Omega, 2019 (89).

[59] He Qiaochu, Chen Yingju. Dynamic pricing of electronic products with consumer reviews [J]. Omega, 2018 (80).

[60] Ho-Dac Nga N, Carson Stephen J, Moore William L. The effects of positive and negative online customer reviews: Do brand strength and category maturity matter? [J]. Journal of Marketing, 2013 (77).

[61] Hotelling H. Stability in competition [J]. The Economic Journal, 1929 (39).

[62] Hu Bin, Mai Yunke, Pekec Sasa. Managing innovation spillover in outsourcing [J]. Production and Operations Management, 2020 (29).

[63] Jafar Heydari, Choi Tsan Ming, Saghi Radkhah. Pareto improving supply chain coordination under a money-back guarantee service program [J]. Service Science, 2017 (9).

[64] Jiang Baojun, Yang Bicheng. Quality and pricing decisions in a market with consumer information sharing [J]. Management Science, 2020 (65).

[65] Kuksov Dmitri, Xie Ying. Pricing, frills, and customer ratings [J]. Marketing Science, 2010 (29).

[66] Kwark Young, Chen Jianqing, Raghunathan Srinivasan. Online product reviews: implications for retailers and competing manufacturers [J]. Information Systems Research, 2014 (25).

[67] Li Xiaofei, Ma Baolong, Chu Hongrui. The impact of online reviews on product returns [J]. Asia Pacific Journal of Marketing and Logistics, 2021 (33).

[68] Li Xinxin, Lorin M Hitt. Self-Selection and Information Role of Online Product Reviews [J]. Information Systems Research, 2008.

[69] Li Xitong. Could deal promotion improve merchants' online reputations? The moderating role of prior reviews [J]. Journal of Management Information Systems, 2016 (33).

[70] Liu Bingsheng, Zhu Wenwen, Shen Yinghua, et al. A study about return policies in the presence of consumer social learning [J]. Production and Operations Management, 2022 (31).

[71] Liu Jinrong, Xu Qi. Joint decision on pricing and ordering for omnichannel BOPS retailers: considering online returns [J]. Sustainability, 2020 (12).

[72] Liu Yang, Feng Juan, Liao Xiuwu. When online reviews meet sales volume information: Is more or accurate information always better? [J]. Information Systems Research, 2017 (28).

[73] Liu Yong, Gan Wenxue, Zhang Qi. Decision-making mechanism of online retailer based on additional online comments of consumers [J]. Journal of Retailing and Consumer Services, 2021 (59).

[74] Liu Yong. Word of mouth for movies: Its dynamics and impact on box office revenue [J]. Journal of Marketing, 2006 (70).

[75] Lovett Mitchell, Peres Renana, Shachar Ron. On brands and word of mouth [J]. Journal of Marketing Research, 2013 (50).

[76] Lu Xianghua, Ba Sulin, Huang Lihua et al. Promotional marketing or word-of-mouth? Evidence from online restaurant reviews [J]. Information Systems Research, 2013 (24).

[77] Ma Peng, Wang Haiyang, Shang Jennifer. Contract design for two-

stage supply chain coordination: Integrating manufacturer-quality and retailer-marketing efforts [J]. International Journal of Production Economics, 2013 (146).

[78] Ma Qian, Shou Biying, Huang Jianwei, et al. Monopoly pricing with participation-dependent social learning about quality of service [J]. Production and Operations Management, 2021 (30).

[79] Man Yu, Debo Laurens, Kapuscinski Roman. Strategic waiting for consumer-generated quality information: Dynamic pricing of new experience goods [J]. Management Science, 2015 (62).

[80] Martin Herran Guimar, Sigue Simon Pierre. Trade deals and on package coupons [J]. European Journal Research, 2015 (241).

[81] Mayzlin Dina, Chevalier Judith A. The effect of word of mouth on Sales: Online book reviews [J]. Journal of Marketing Research, 2006 (8).

[82] Michele Samorani, Aydın Alptekinoglu, Paul R. Messinger. Product return episodes in retailing [J]. Service Science, 2019 (11).

[83] Minnema Alec, Bijmolt Tammo H A, Gensler Sonja, et al. To keep or not to keep: effects of online customer reviews on product returns [J]. Journal of Retailing, 2016 (92).

[84] Netzer Oded, Feldman Ronen, Goldenberg Jacob, et al. Mine your own business: market-structure surveillance through text mining [J]. Marketing Science, 2012 (31).

[85] Ofek Eila, Katona Zsolt, Sarvary Miklos. "Bricks and Clicks": The impact of product returns on the strategies of multichannel retailers [J]. Marketing Science, 2011 (30).

[86] Pan Xue, Hou Lei, Liu Kecheng, et al. Do reviews from friends and the crowd affect online consumer posting behaviour differently? [J]. Electronic Commerce Research and Applications, 2018 (29).

[87] Pazgal Amit, Soberman David. Behavior-based discrimination: Is it a winning play, and if so, when? [J]. Marketing Science, 2008 (27).

[88] Pedro Bordalo, Nicola Gennaioli, Andrei Shleifer. Salience in experimental tests of the endowment effect [J]. Social Science Electronic Publishing, 2012 (102).

[89] Peeters Ronald, Martin Strobel. Pricing behavior in asymmetric mar-

kets with differentiated products [J]. International Journal of Industrial Organization, 2009 (27).

[90] Pelin Pekgun, Michel R. Galbreth, Bikram P Ghosh. How unequal perceptions of user reviews Impact price competition [J]. Decision Sciences, 2018 (49).

[91] Pietro De Giovanni, Georges Zaccour. Optimal quality improvements and pricing strategies with active and passive product returns [J]. Omega, 2019 (88).

[92] Proserpio Davide, Georgios Zervas. Online reputation management: Estimating the impact of management responses on consumer reviews [J]. Marketing Science, 2017 (36).

[93] Rokonuzzaman Md, Mukherjee Atmaddep, Iyer Pramod et al. Relationship between retailers' return policies and consumer ratings [J]. Journal of Services Marketing, 2020 (34).

[94] Sahni Navdeep S., Zou Dan, Chintagunta Pradeep K. Do targeted discount offers serve as advertising? Evidence from 70 field experiments [J]. Management Science, 2017 (63).

[95] Sahoo Nachiketa, Dellarocas Chrysanthos, Srinivasan Shuba. The impact of online product reviews on product returns [J]. Information Systems Research, 2018 (29).

[96] Sale Samuel R, Han I. Mesak, Inman Anthony R. A dynamic marketing-operations interface model of new product updates [J]. European Journal of Operational Research, 2017 (257).

[97] Shi Hongyan, Liu Yunchuan, Nicholas C. Pertuzzi. Consumer heterogeneity, product quality, and distribution channels [J]. Management Science, 2013 (59).

[98] Shin Hyun S, Hanssens Dominique, Kim Kyoo I, et al. Impact of positive vs. negative e-sentiment on daily market value of high-tech products [J]. American Journal of Industrial and Business Management, 2011.

[99] Sun Miao, Chen Jing, Tian Ye. The impact of online reviews in the presence of customer returns. International Journal of Production Economics, 2021 (232).

[100] Sun Monic. How does the variance of product ratings matter [J]. Management Science, 2012 (58).

[101] Tulika Chakraborty, Chauhan Satyaveer S, Ouhimmou Mustapha. Cost-sharing mechanism for product quality improvement in a supply chain under competition [J]. International Journal of Production Economics, 2019 (208).

[102] Villas Miguel boas J. Price cycles in markets with customer recognition [J]. The RAND Journal of Economics, 2004 (35).

[103] Vohs Kathleen D, Faber Ronald J. Spent resources: self-regulatory resource availability affects impulse buying [J]. Journal of Consumer Research, 2007 (33).

[104] Wang Cuicui, Fu Weizhong, Jin Jia, et al. Differential effects of monetary and social rewards on product online rating decisions in e-commerce in China [J]. Frontiers in Psychology, 2020 (11).

[105] Wang Jiayun, Shum Stephen, Feng Gengzhong. Supplier's pricing strategy in the presence of consumer reviews [J]. European Journal of Operational Research, 2021 (296).

[106] Wen Ji, Lin Zhibin, Liu Xin, et al. The interaction effects of online reviews, brand, and price on consumer hotel booking decision making [J]. Journal of Travel Research, 2020 (60).

[107] Wu Chunhua, Hai Che, Chan Tat Y, et al. The economic value of online reviews [J]. Marketing Science, 2015 (34).

[108] Wu Xiang, Gong Yeming, Xu Haoxuan, et al. Dynamic lot-sizing models with pricing for new products [J]. European Journal of Operational Research, 2017 (260).

[109] Xie Karen L, Zhang Zili, Zhang Ziqiong. The business value of online consumer reviews and management response to hotel performance [J]. International Journal of Hospitality Management, 2014 (43).

[110] Yang Liu, Dong Shaozeng. Rebate strategy to stimulate online customer reviews [J]. International Journal of Production Economics, 2018 (204).

[111] Zhang Kern Z K, Zhao Sesia J, Cheung Christy M K, et al. Examining the influence of online reviews on consumers' decision-making: A heuristic-systematic model [J]. Decision Support Systems, 2014 (67).

[112] Zhang Min, Sun Lin, Wang G. Alan, et al. Using neutral sentiment reviews to improve customer requirement identification and product design strategies [J]. International Journal of Production Economics, 2022 (254).

[113] Zhang Tao, Li Gang, Cheng T C E, et al. Welfare economics of review information: Implications for the online selling platform owner [J]. International Journal of Production Economics, 2017 (184).

[114] Zhao Cui, Wang Xiaojun, Xiao Yongbo, et al. Effects of online reviews and competition on quality and pricing strategies [J]. Production and Operations Management, 2022 (31).

[115] Zhu Donghong, Zhang Zhijie, Chang Ya Ping, et al. Good discounts earn good reviews in return? Effects of price promotion on online restaurant reviews [J]. International Journal of Hospitality Management, 2018 (77).

[116] Zhu Feng, Zhang Xiaoquan. Impact of online consumer reviews on sales: the moderating role of product and consumer characteristics [J]. Journal of Marketing, 2010 (74).